AF452681

PARIS.—IMP. ADMINIST. ET COMMER. DE J. CARON NOEL, PL. DE LA BOURSE, 1.

DICTIONNAIRE

DE

MUSIQUE

THÉORIQUE ET HISTORIQUE

PAR

LES FRÈRES ESCUDIER

AVEC UNE PRÉFACE

DE M. F. HALÉVY

Membre de l'Institut

TOME I

PARIS

MICHEL LÉVY, FRÈRES, LIBRAIRES-ÉDITEURS.

2 bis, rue Vivienne.

1851

PRÉFACE

Un Dictionnaire de musique se compose d'éléments divers, chaque époque, chaque transformation de l'art ayant nécessairement laissé dans la nomenclature des traces profondes des idées qui servaient de base aux théories, des principes qui en découlaient, des formes qu'adoptaient le génie ou le caprice des compositeurs, des instruments qui étaient leurs interprètes.

On trouve, dès l'abord, dans l'histoire de la musique, en écartant les temps bibliques et les monuments des anciennes civilisations orientales qui ne nous ont laissé que des documents en petit nombre, obscurs et incertains, on trouve les trois grandes divisions qui partagent aussi l'histoire de tous nos arts, de presque toutes nos connaissances : l'antiquité, le moyen-âge, les temps modernes; et chacune de ces époques apporte son contingent au dictionnaire.

Les Grecs se sont beaucoup occupés de musique. Tout le monde sait, et il est presque superflu de le répéter, que la musique faisait partie de l'éducation des jeunes citoyens. Tout le monde sait quelle place occupaient les chants, les chœurs, la lyre ou la cythare, la flûte, dans les temples, dans les fêtes, au théâtre, dans les festins, les concours publics, dans ces jeux si fameux qui passionnaient la Grèce entière. On connait aussi le respect qu'ils conservaient pour leurs vieilles coutumes musicales. Pendant longtemps, les Grecs ont veillé sur le maintien des anciennes lois de la musique, avec cette ardeur qu'apportent au maintien de l'*habeas corpus*, les membres d'un parlement anglais. La moindre tentative de changement était sévèrement réprimée. Terpandre, un peu à l'étroit sur sa lyre à quatre cordes, se présente aux jeux pythiques, une lyre nouvelle à la main, riche d'une corde de plus! A l'aspect de cette corde, les partis s'agitent; mais les conservateurs l'emportent ; Terpandre est condamné à l'amende, et sa lyre, honteusement chassée, subit l'opprobre d'une exposition permanente, comme pour avertir et préserver les téméraires qui seraient tentés de le suivre dans cette voie subversive de l'ordre public. Que les mœurs sont changées! et combien nos célèbres facteurs de piano, aujourd'hui honorablement et légitimement récompensés, doivent rendre de grâces au Ciel de n'avoir pas vécu dans ces temps antiques! Entrainés par leur génie, quelle

concurrence ils eussent faite à Terpandre, et quelles
amendes ils auraient payées !

Cependant, malgré cette grande part faite à la musique dans la vie publique comme dans la vie privée
des Grecs, malgré cette grande consommation de
chœurs de toutes sortes, d'odes, de chansons, il ne
nous est rien parvenu de leurs compositions. Tout a
péri. Trois fragments seulement de musique notée
sont arrivés jusqu'à nous. Cette pénurie, cette absence
presque totale de documents notés, s'explique d'ailleurs par leur musique même, fondée sur un système qui n'admettait pas l'harmonie, qui la repous-
sait en quelque sorte. Ils ne pouvaient, par conséquent, avoir ce que nous nommons des *partitions*,
assemblage qui devient tous les jours plus volumineux, des parties différentes qui, dans notre musique
moderne, forment l'ensemble d'une composition.
Ils n'avaient pas, d'ailleurs, à proprement parler, de
musique notée séparément, et ne connaissaient pas
ce que nous appelons *parties* d'orchestre ou de
chœurs ; les signes qui leur servaient à écrire la musique, tous tirés de l'alphabet, étaient tracés au-dessus du texte, dans le manuscrit même qui contenait
la poésie ; les mélodies s'apprenaient par cœur avec
les paroles. Peut-être le coryphée, le batteur de mesure avait-il seul, sous les yeux, le texte ainsi accompagné des signes nécessaires pour la direction
de l'ouvrage qu'on exécutait ou qu'on représentait.

Il n'existait donc vraisemblablement, et si je ne me trompe, que peu de musique écrite. Beaucoup de chants, d'ailleurs, étaient traditionnels, c'étaient des *nomes* consacrés pour les diverses solennités, et que chacun savait et chantait de mémoire, comme aujourd'hui encore dans les églises, dans les temples réformés, dans les temples israélites, l'assistance chante certains versets, certains plains-chants, certaines mélodies consacrées, pendant le service religieux. Il est à jamais regrettable, pour les poëtes comme pour les musiciens, que quelques-uns, qu'un seul du moins des ouvrages des grands tragiques grecs, n'ait pu venir jusqu'à nous, avec son cortége de signes musicaux, pour nous apprendre comment Eschyle, comment Sophocle faisaient réciter leurs vers, faisaient chanter leurs chœurs. Quelle étude curieuse ! Que d'énigmes à deviner ! Peut-on conserver encore l'espoir que quelques manuscrits ainsi annotés, aient, jusqu'à ce jour, échappé aux recherches des savants ? Qui sait si les couvents du mont Athos n'en recèlent pas quelques-uns ? Qui sait si la fameuse bibliothèque d'Alexandrie n'était pas dépositaire de tant de mélopées à jamais perdues ? Le farouche Omar n'avait aucune raison d'épargner ces chants qui n'étaient pas dans le Coran. Que de regrets il a préparés aux savants, aux Académies, aux Conservatoires du monde entier ! Mais ne nous attendrissons pas outre mesure sur cette perte douteuse, et ne versons pas trop de larmes sur ce désastre imaginaire.

Si notre civilisation devait périr un jour dans un naufrage général, il se passerait peut-être quelque chose d'analogue, mais seulement pour tout ce qui est romance, chanson ou morceau détaché de peu d'étendue. Quoique nous soyons incomparablement plus riches que les Grecs en musique écrite (nous pouvons même nous dire d'une richesse incommensurable), et que nous puissions laisser à nos successeurs cent mille fois plus de romances que les Grecs ne nous ont laissé de statues, il est probable que tous les morceaux détachés périraient ; on en a la preuve par la rapidité avec laquelle disparaissent les romances qui ont seulement quelques années de date. Mais les partitions, les partitions modernes surtout, échapperaient peut-être à la destruction par leur solidité, et leur volume respectable les empêchant d'être aussi facilement dispersées par la tempête, elles resteraient comme des monuments d'un art perdu, comme des pyramides chargées d'hiéroglyphes et attendant un nouveau Champollion.

Mais si nous sommes ainsi déshérités des œuvres des musiciens de l'antiquité, la théorie a été moins avare, parce que beaucoup des principes qui chez eux constituaient l'art ont été recueillis dans des livres. Les Grecs nous ont donc légué, et certes ce n'est pas une compensation qui puisse satisfaire l'artiste ou

l'érudit, presque tous les mots qui entraient dans
l'exposé de leur système musical. Ils fournissent ainsi
au vocabulaire un assez grand nombre de mots,
lesquels, en général, trouvent parfaitement leur
place dans ce que nous savons de leurs théories.
Beaucoup de ces mots figurent encore aujourd'hui
dans la langue usuelle des musiciens de tous les
pays, comme *diapason, coryphée, mélodie, harmonie,*
quoique ce dernier mot chez les anciens fût loin de
signifier ce qu'il signifie pour nous. On puise donc
dans l'antiquité une partie notable des mots qui entrent dans le dictionnaire.

Avec le paganisme et la civilisation des anciens,
s'éteignit et mourut aussi la musique des Grecs. Les
Romains qui avaient pris chez leurs devanciers les
arts tout faits, et qui n'avaient eu que la peine de
les transporter chez eux, n'ont laissé à la musique
rien qui leur appartienne en propre.

Pour la musique, le moyen-âge commence vers la
fin du sixième siècle avec le pape Grégoire le Grand.
Deux cents ans avant lui, l'évêque de Milan, saint
Ambroise, avait déjà tenté de fonder sur les ruines
de la musique des Grecs la musique que réclamaient
les temples chrétiens ; mais Grégoire le Grand jeta les
bases d'une théorie, et, ce qui importe surtout pour
l'histoire des dictionnaires, il donna des noms aux
modes grecs qu'il reconstituait sous une forme nou-

telle pour le service de la liturgie; ces noms se sont maintenus jusqu'à nos jours, ce sont encore ceux que portent aujourd'hui les tons de l'église. Cette période ne se termine qu'à la fin du seizième siècle, embrassant ainsi dans son cours l'espace de dix siècles complets, depuis Grégoire qui monta sur le trône papal en 590, jusqu'en 1594, époque de la mort de l'homme en qui se résument et semblent se personnifier les travaux, la patience, les recherches des maîtres qui avaient traversé cette longue étape, et qui avaient creusé leur sillon plus ou moins profond, plus ou moins fertile. On comprend que nous voulons parler de Palestrina, homme d'un génie simple et modeste, humble chapelain du Vatican, et qui certes ne savait pas, en écrivant les messes et les motets que lui commandaient ses fonctions, qu'il scellait de sa main obscure le couronnement d'un édifice dont un pape illustre avait posé la première pierre, sans qu'il ait été donné non plus probablement à celui-ci de prévoir combien de matériaux, combien de siècles seraient nécessaires à l'achèvement du monument qu'il commençait. Ces tétracordes que Grégoire empruntait aux païens, pour en former ses gammes chrétiennes, ces modes nouveaux auxquels il donnait des noms antiques, tout pleins des souvenirs de la Grèce, et qui, sans cesser d'être phrygiens, doriens, ou lydiens, formaient les chants qui remplissaient l'enceinte des basiliques, allaient devenir pendant mille ans le point de départ de travaux immenses, auxquels concourraient les musiciens de toute l'Europe, pour que des derniers débris de cette musique grecque, où l'harmonie ne pouvait se faire jour, pussent enfin naître et se développer désormais toutes les richesses de l'harmonie, de cet art inconnu aux anciens, de faire entendre à la fois plusieurs voix exécutant des chants différents, et se combinant sans se confondre.

De même que, dans les écoles, l'élève s'exerce d'abord à composer sur des chants qu'il reçoit de son maître, et que pour cette raison on nomme *chants donnés*, de même, il semble que les plains-chants grégoriens aient servi de *chants donnés* aux compositeurs de ces temps. C'est sur ces plains-chants grégoriens qu'ils faisaient leur éducation, en même temps que celle de la génération qui devait leur succéder, jusqu'à ce qu'ils aient enfin dégagé l'harmonie, art grave et pur, brillant d'un éclat doux et qui n'a rien de mondain ; c'est ainsi que du minerai rempli d'impuretés sort le métal sans taches qui doit parer l'autel. Mais il fallut mille ans à cette pénible et glorieuse transformation.

Pendant que la musique religieuse s'était ainsi formée, pendant que les accords, nés de cet art nouveau, s'épanouissaient à l'ombre du sanctuaire, la musique profane ne perdait pas son temps, les trouvères allaient leur chemin, et composaient leurs gaies chansons ; tendres, amoureux, moqueurs, naïfs, et

toujours bien venus dans les nobles manoirs comme
dans les chaumières, ils se souciaient fort peu des
règles inventées par les clercs, et marchaient joyeu-
sement, au grand mépris des canons et des fugues.
Ils avaient bien raison. Ils tenaient la musique en
équilibre. La musique est comme la justice. Elle a
deux plateaux. Les maîtres de la gaie science faisaient
contrepoids aux maîtres de la science sérieuse, et
tout le monde chantait. La musique facile et légère
forçait la main aux chapelains et entrait dans l'église,
bras dessus bras dessous avec le *contrepoint* qui la
couvrait et la déguisait sans la masquer. L'homme
pieux gémissait de ces scandaleuses alliances, l'homme
de goût se bouchait quelquefois les oreilles, le docte
écoutait le contrepoint et s'y délectait à sa façon,
tandis que le bourgeois, le paysan, et le seigneur
aussi, tout ce qui est peuple en musique, écoutaient
avec recueillement la chanson mondaine et quelquefois grivoise, et n'entendaient qu'elle. Car remarquez
que, pour beaucoup de gens, il n'y a pas deux musiques; ces gens-là ne distinguent point en musique
sacrée, en musique profane. Il n'y a pour eux qu'une
musique, celle qu'ils savent, c'est-à-dire celle qu'ils
ont entendue autour d'un berceau, à l'école, à la
danse, dans le village, dans la plaine, sur la mon-
tagne, elle leur est bonne partout, et se trouve sacrée ou profane suivant l'occasion et le besoin. On

sait bien d'ailleurs que le peuple se plaît volontiers au gros vin du cabaret.

Il faut rentrer dans les bornes que nous nous sommes prescrites, et que nous n'avons déjà que trop franchies. Loin de nous la pensée de tracer ici une esquisse, même légère, de l'histoire de la musique. Hâtons-nous donc de dire que cette période, qui commence à la réforme des chants de l'Église par le pape Grégoire le Grand, réforme à laquelle il a laissé son nom, et qui se résume dans le beau style qui a conservé aussi le nom de Palestrina, période complète, dont on embrasse d'un coup-d'œil la portée, et bien encadrée entre ces deux noms qui en marquent le début et la fin, apporte au dictionnaire tout le vocabulaire des anciennes notations, de l'ancienne solmisation, du plain-chant, de l'harmonie, de la composition à plusieurs parties, des artifices de tout genre qu'elle comporte, et des règles auxquelles elle a donné lieu.

Peut-être, si Grégoire, au lieu de rattacher la musique religieuse au système des Grecs, eût laissé plus de liberté à cet instinct mélodique que les peuples ont toujours conservé à des degrés différents, les études des maîtres et des chercheurs eussent-elles pris une autre direction. Certes, il avait raison de mettre, dès le début, une barrière entre la musique consacrée au service de Dieu, et la musique qui sert aux usages habituels de la vie, mais tout en traçant et en main-

tenant d'une main forte et sévère cette limite désira-
rable, et en y installant, pour ainsi dire, une forte
garde, il eût moins enchaîné l'inspiration, s'il n'a-
vait cru devoir lier aussi étroitement la musique
renaissante au cadavre de la musique antique. Peut-
être la musique purement expressive serait-elle née
plus tôt, si les hommes éminents qui ont illustré et dirigé la marche de la musique pendant ces dix siècles
avaient été, au départ, plus maîtres de choisir leur
chemin, et avaient pu s'orienter à leur gré. Qui sait si
cette marche n'eût été plus libre et plus hardie ?
Josquin des Prés, tant d'autres, et Palestrina, obéissant à leur voix intérieure, guidés par ce génie qui les
éclairait, mais chargés de moins d'entraves, et éprou-
vant moins de résistance, n'auraient-ils pas porté plus
haut leur essor, et, dans ce vol plus rapide et plus
élevé, n'auraient-ils pas vu l'horizon s'agrandir autour d'eux ? Devançant et raprochant l'avenir, ils
auraient jeté une lumière plus vive sur la route que
suivaient leurs contemporains, et sur les sentiers bat-
tus par les musiciens vulgaires. Car il ne suffit pas
que le peuple chante, il faut que des hommes habiles
et doués de Dieu se mettent à la tête de l'art et lui
impriment une direction vigoureuse pour qu'il s'é-
carte à temps des ornières banales où le chant populaire s'embourbe volontiers. Sans quoi la musique
reste en l'état où nous la voyons encore aujourd'hui
dans certains pays, éloignés des grands centres de

civilisation; elle y demeure stationnaire. Renfermée dans un cercle étroit qu'elle ne peut plus franchir, confondue avec les vieux usages et les vieilles traditions, elle n'est plus elle-même qu'une de ces vieilles coutumes de la contrée transmises de père en fils, et mérite à peine de porter le nom d'art, quelque puisse être d'ailleurs le charme de certaines mélodies, pleines de coloris, qui souvent reflètent avec une grâce inexprimable les lieux, les mœurs du pays qui les a vues naître, mais qui ne changent jamais, et vieillissent, sans mourir, dans une originalité stérile et improductive. C'est une question qu'on ne peut résoudre aujourd'hui que par des hypothèses, dont il vaut mieux au reste ne pas chercher la solution, et que je n'ai abordée que comme malgré moi et en hésitant, que de savoir si Grégoire le Grand, en indiquant d'une manière aussi absolue le chemin que devaient suivre les musiciens, n'a pas, et pour un long espace de temps, détourné l'art de sa véritable route. Au reste, il faut reconnaître que les travaux de ces musiciens étaient conformes à l'esprit général du temps.

Dès que Palestrina et ses contemporains eurent atteint le but où tendaient les travaux qui avaient rempli ces dix siècles écoulés, tout semble rajeunir autour de la musique. Elle sort de l'église, et quittant peu à peu ses vêtements modestes, elle prend le goût des ornements et des riches atours. Un instinct secret venait de révéler aux jeunes musiciens de ce temps que la science religieuse avait dit son dernier mot, qu'il n'y avait rien à ajouter au style pur, modéré, contenu qu'on admirait dans la chapelle Sixtine. Pour bien marquer que tout était épuisé de ce côté-là, ils élèvent une barrière que le temps n'a pas déplacée, qu'il affermit au contraire chaque jour davantage, et pleins d'un zèle ardent, ils s'engagent sans hésiter dans une voie nouvelle. Ils ferment derrière eux les portes du sanctuaire, et s'élançant dans le monde avec la musique qui désormais leur appartient, ils lui demandent des chants pour toutes les passions humaines.

C'est alors que commencèrent les premiers essais de la musique unie au drame dans une étreinte intime, lui consacrant toutes ses forces, l'animant de sa chaleur, lui apportant une expression plus profonde, une accentuation plus persuasive; mais il faut remarquer que ce furent encore les souvenirs de la Grèce qui inspirèrent ces études nouvelles, comme si tout ce qui tenait à la musique dût nous venir de l'antiquité. L'avenir interrogea encore une fois le passé, et toutes les espérances se tournèrent vers ces monuments, vers ces statues que la Grèce avait légués à l'Italie, modèles impérissables, que les architectes et les sculpteurs, plus heureux que les musiciens, s'empressaient d'étudier dans leur ensemble comme dans leurs détails: on eût dit

qu'un voile venait de tomber, et avait découvert
toutes les richesses qui jusque-là n'avaient frappé
que des yeux sans regards. Un jeune génie, le génie
de la Renaissance, éclairant de son flambeau ces merveilles de l'art, et d'un souffle puissant dissipant tant
de ténèbres, rendait tout leur éclat à ces beautés cachées sous la poussière des siècles. Alors aussi put
jaillir librement l'étincelle que de froides études
avaient glacée dans les cœurs, et la flamme put s'al-
lumer dans les esprits que Dieu avait choisis.

C'est la tragédie d'Eschyle, de Sophocle, d'Euri-
pide, qui passionnait les novateurs, hommes jeunes,
lettrés, élégants dans leur amour de l'antiquité, dont
ils évoquaient ainsi tous les arts oubliés. De même
que des tétracordes et des modes des Grecs était née
la musique chrétienne, de la mélopée, du chœur
antique, devait naître la tragédie lyrique moderne.
Rome, la métropole des papes, avait été le berceau
de la première transformation. Des patriciens de
Florence furent, dix siècles plus tard, les ouvriers
de la seconde, si différente de la première dans sa
tendance, dans ses effets, dans sa poésie. C'est à
Florence, en effet, que brilla d'abord le signal de
cette renaissance, à laquelle s'attachait aussi un nom
déjà illustre, et qui devait bientôt briller d'un éclat
plus vif encore : Vincenzo Galilei, père de Galileo-
Galilei, était un des chefs de cette école nouvelle.

A compter de ces premiers essais, qui eurent lieu

vers le milieu du seizième siècle, commença la marche incessante de l'art musical vers l'expression dramatique. Cette troisième époque, liée à nos jours par une chaîne de travaux non interrompus, apporte donc au Dictionnaire tous les mots qui composent le vocabulaire de la musique destinée au théâtre, lequel comprend principalement : le récitatif ; les coupes différentes des morceaux qui se sont successivement accrus dans leurs proportions diverses, depuis l'air à voix seule, jusqu'aux compositions les plus riches et les plus compliquées, jusqu'aux *finales*, merveilleux assemblage des personnages du drame et du chœur, tous animés de passions diverses ; les mesures nouvelles ; les mouvements, qui indiquent l'allure de la mesure ; les nuances, qui ajoutent à l'expression ; l'instrumentation, qui étendait toujours son domaine, et s'introduisait peu à peu jusque dans la musique d'église ; et enfin la musique purement instrumentale, née tout entière depuis ce temps, depuis les courtes ritournelles des premiers essais d'opéra, jusqu'à la symphonie, dernière création des temps modernes.

Il faut parler maintenant des mots qui n'appartiennent à aucune des trois grandes divisions que l'on vient de tracer, ou plutôt qui se tracent d'elles-mêmes, pour ainsi dire, dans l'histoire de la langue du musicien.

On sait peu de chose de la musique des Hébreux, et cependant la musique remplissait une place
importante dans leurs cérémonies religieuses. Elle
était une des magnificences du temple de Salomon, où
un chœur nombreux de lévites, accompagné de
harpes, chantait les louanges du Seigneur. Ce n'est
pas ici le lieu de traiter cette matière, ni de parler des
chants employés aujourd'hui dans les temples des
Israélites, où toutes les prières se font encore en musique, de la récitation qui leur est particulière, de
leurs accents vocaux. Disons seulement que les mots
que l'on trouve dans les livres saints sont pour la
plupart des noms d'instruments de musique sur la
signification desquels on n'est pas toujours d'accord.

Il faut mentionner aussi les mots qui appartiennent
à diverses civilisations plus ou moins effacées, et qui
servent à désigner différentes mélodies qui ont conservé à la fois, et leur individualité et leur nom primitif; comme les airs venus des pays du Nord, de
l'Irlande, de l'Écosse, de l'ancienne Angleterre, de
l'Allemagne, de la Hongrie, de certaines parties de
l'Italie, de l'Espagne, de la France; comme les chants
nés dans les montagnes, qui ont un parfum plein d'une
âpre suavité et qui leur est particulier. Ces airs sont
tantôt des airs de danse, tantôt des chants consacrés à certaines cérémonies, à certains usages du
pays; d'autres sont des chants patriotiques, devenus
comme des symboles vivaces d'une nationalité

éteinte ou florissante encore, ou bien ce sont des chants inspirés par l'amour, ce mobile éternel des inspirations des poètes et des musiciens. Ce sont là ces mélodies traditionnelles dont nous avons parlé, fleurs sauvages de la musique, que l'art n'a pas fécondées, mais que les compositeurs les plus renommés ne dédaignent pas de ramasser lorsqu'ils les rencontrent sur leur chemin.

Quant aux différentes musiques qui ont aujourd'hui le privilége de charmer les peuples de l'Orient, Turcs, Maures, Arabes, Indous, Chinois, elles apportent aussi leur tribut au Dictionnaire. Il se compose de mots peut-être clairs pour les musiciens de ces contrées, mais que pour la plupart nous ne comprenons pas plus que nous ne comprenons leur musique elle-même, musique dont nous avons eu quelques échantillons apportés en Europe par des artistes de toutes couleurs, lesquels, à la vérité, n'étaient probablement ni les Paganini, ni les Rossini, ni les Mozart de leur pays. Ces mots s'appliquent à des *modes* que nous connaissons peu, à des instruments d'une forme, toute primitive, et d'une sonorité tantôt douteuse et tantôt trop bruyante. Le gong ou tamtam, les cymbales, le triangle, les grelots, les sonnettes, les clochettes, le pavillon chinois, la grosse caisse, les timbales, les tambours sont les seuls emprunts que nous avons faits aux orchestres de l'Orient, et combien de fois, et avec quelle amertume, n'a-t-on pas reproché ces emprunts aux compositeurs de nos jours ! Ils n'ont cependant fait que céder au désir bien légitime d'augmenter les jouissances d'un public trop ingrat, et ce n'est pas leur faute si dans ces bazars si renommés, ils n'ont pas trouvé un bagage moins retentissant. On prend ce qu'on peut, le musicien a l'esprit envahisseur :

> Il a du chamelier emporté les sonnettes
> Plutôt que de sortir du bazar les mains nettes.

Ces musiques, au reste, sont destinées à disparaître devant l'art européen, déjà entré sur leur territoire, en allié ou en conquérant, soit à la tête des régiments, soit avec ces théâtres que de hardis navigateurs ne craignent pas de transporter à travers l'Océan, et qu'ils élèvent comme des temples nomades, au milieu de ces peuples qu'il faut convertir à la vraie musique.

Le premier Dictionnaire de musique qui ait paru en France, est dû à un prêtre, Sébastien de Brossard, grand chapelain et maître de musique de la cathédrale de Meaux. Ce sont les titres qu'il prend au bas de la dédicace de la première édition qui a paru à Paris, en 1703, et cette dédicace est adressée à l'évêque de Meaux, à Bossuet. Bossuet, alors âgé de soixante-quinze ans, un an seulement avant sa mort, ne dédaigna pas d'accepter l'hommage du principal

maître de musique du diocèse qu'il gouvernait depuis vingt-deux ans. « Cette sainte ardeur, » lui dit
Brossard dans son épître dédicatoire, « qui vous
« anime à remplir, dans toute leur étendue, les de-
« voirs sacrés de l'épiscopat, n'éclate pas seulement
« dans les fonctions les plus éminentes ; elle se plaît
« encore à descendre aux emplois les plus simples, et
« ne trouve rien que de Grand et d'Auguste dans les
« moindres parties du culte de Dieu. La musique est
« une de ces parties, on n'en peut disconvenir. Ses
« premiers sons ont été consacrez à chanter les loüan-
« ges du Seigneur ; et si la corruption des hommes a
« entrepris de la détourner de sa source, pour l'ap-
« pliquer à des objets profanes, elle n'en est ny
« moins pure, ny moins édifiante, pour les cœurs
« que l'Esprit saint a préservez de la contagion. »

Le Dictionnaire de Brossard est le premier qui ait
paru en langue moderne. « Il est vrai, dit M. Fétis,
« que dès le quinzième siècle, Tinctor avait composé
« un recueil de définitions des termes de musique en
« usage de son temps ; il est vrai encore que le
« bohême Janowka avait publié à Prague un lexique
« de musique en latin, deux ans avant que Brossard
« donnât son dictionnaire : mais le *Definitorium* de
« Tinctor, manuscrit inédit, était d'une excessive
« rareté, et n'était pas plus parvenu jusqu'à Brossard
« que le lexique de Janowka, ainsi qu'on peut le voir
« dans le catalogue des livres qu'il avait lus. « Car

Brossard a joint à son Dictionnaire, un *catalogue de
plus de neuf cents auteurs qui ont écrit sur la musique,
en toutes sortes de temps, de pays et de langues.*

Brossard n'avait pas pensé d'abord à faire un Dictionnaire. Il avait composé et publié plusieurs livres
de motets ; dans ces compositions, toutes les indications de mouvements et de nuances étaient en italien,
comme on fait encore aujourd'hui. Car si le français
est la langue cosmopolite, la langue de la conversa-
tion, l'italien, langue des musiciens, en vertu d'une
convention excellente, a fourni une espèce de seconde
notation, à l'aide de laquelle tous les pianistes, tous
les violonistes, tous les instrumentistes, tous les compositeurs, répandus sur la surface du globe, se comprennent et échappent aux embarras d'une seconde
tour de Babel. Un musicien allemand, ou slave, ou
anglais, ou caffre, ou hottentot, n'est pas tenu de
savoir ce que signifient les mots français : *lentement,
gaiement, vite ;* un Français n'est pas tenu de comprendre ces mêmes mots dans les langues qu'il ne sait
pas, mais tous les musiciens de tous les pays doivent entendre, et entendent les mots *adagio, allegro,* et *presto,* et *crescendo,* et *smorzando,* et tant
d'autres qui ont cessé d'être italiens pour devenir
techniques, et ont sacrifié leur nationalité pour se
faire naturaliser musiciens. Beaucoup d'artistes n'en
savent pas plus long, et se contentent de ce léger bagage ; mais cet accord tacite, ce traité d'alliance passé

entre toutes les nations, et sanctionné par un long
et constant usage, n'en est pas moins un véritable
hommage rendu à la terre natale des arts.

Toutes les indications nécessaires étaient donc en
italien dans les motets de Brossard, qui, lui, savait
parfaitement l'italien. Mais le prudent abbé, se défiant de l'intelligence ou de l'érudition de ses lecteurs et de ses chanteurs, prit la précaution de faire
précéder ses motets d'un vocabulaire expliquant en
français le sens de tous les mots italiens nécessaires
à la *bonne exécution de la musique*, comme il le dit
lui-même en justifiant timidement son innovation un
peu injurieuse pour les musiciens de son temps.
Son essai réussit, et c'est ce petit catalogue qu'il
compléta depuis, et qu'il publia séparément sous le
titre de *Dictionnaire de musique, contenant une explication des termes grecs, latins et français les plus usités
dans la musique*. Certaines parties de ce travail sont
excellentes et peuvent être encore consultées avec fruit,
surtout pour ce qui touche le *système* grec, c'est-à-
dire l'ensemble des modes et des tétracordes de différents genres, et les anciennes notations, que Brossard
connaissait bien. Ses définitions sont en général conci-
ses et parfaitement claires, et il y a dans tout son livre
un caractère de simplicité et de bonne foi qui séduit.
Il ne se compromet pas, ne s'aventure pas, et, lorsqu'il doute, il s'abstient, principalement quand il
s'agit de noms propres, et lorsqu'il faudrait prendre

un parti à propos de certaines inventions attribuées
quelquefois à plusieurs musiciens différents. Ainsi,
après avoir parlé du tétracorde ou système de Mer-
cure, « auquel on en attribue communément l'invention vers l'an du monde 2000, » et de Pythagore, « qui,
selon la plus commune opinion, avait établi des règles pour trouver les proportions des sons, » il ajoute :
« Mais comme on vit que ces huit sons ne suffisaient
pas, divers particuliers ajoutèrent peu à peu d'autres
chordes, etc. » C'est un moyen naïf de se tirer d'embarras et d'éviter les discussions.

Ce n'était pas tout que d'avoir expliqué, traduit,
commenté tous les mots italiens employés en musique.
L'abbé Brossard n'était pas satisfait, il voulut encore
qu'on sût les lire harmonieusement, qu'on les pro-
nonçât dans toute leur pureté, en véritable Toscan,
en académicien de la Crusca ; il aurait volontiers fait
couler l'Arno dans la Seine. Il mit donc à la suite de
son Dictionnaire un *Traité de la manière de bien prononcer les mots italiens.* Quelques-unes des explica-
tions de l'abbé semblent empruntées à M. Jourdain.
Ainsi il dit que la lettre A doit se prononcer *la bouche
bien ouverte, les lèvres bien séparées,* et, surtout, *les
dents bien desserrées,* c'est-à-dire « qu'il faut que la
» mâchoire d'en bas soit tellement baissée ou sépa-
» rée de celle d'en haut, que du moins la langue
» puisse passer librement entre les dents. Je dis *du
» moins,* car si on peut la séparer davantage, ce ne

« sera que tant mieux. » L'ouvrage est terminé par
la liste des neuf cents auteurs dont nous avons parlé,
après quoi l'auteur, par une prière touchante, adjure
les détenteurs de livres ou de manuscrits qu'il ne
connaîtrait pas, et avec les précautions et les instruc-
tions les plus minutieuses, « de les lui *rendre*, ou de
» les lui *troquer*, ou de les lui *prêter* sous promesses
» et telles assurances qu'on souhaitera. »

Le Dictionnaire de J.-J. Rousseau ne vint que cin-
quante-cinq ans plus tard. La première édition parut
en 1758 ; c'était en grande partie le travail qu'il
avait fait pour l'Encyclopédie, qu'il avait revu et
qu'il aurait voulu refondre en entier. Dans la préface de la seconde édition, datée de Motiers-Travers,
le 20 décembre 1764 (il y aura bientôt un siècle,
et la musique a bien changé depuis ce temps), il fait
bon marché de son œuvre, et regrette de ne pas
avoir eu le loisir d'en faire un ouvrage traité avec
plus de soin. Il avertit ceux qui ne veulent souffrir
que des livres bien faits de ne pas entreprendre la
lecture de celui-là. Il pense cependant que ceux que
le mal ne détourne pas du bien, y trouveront peut-
être assez de bons articles pour tolérer les mauvais,
et dans les mauvais mêmes, assez d'observations
neuves et vraies pour valoir la peine d'être triées et
choisies parmi le reste. « Les musiciens lisent peu,
dit-il, et cependant, je connais peu d'arts où la lecture et la réflexion soient plus nécessaires. » « Les

meilleurs livres, dit-il plus loin, sont ceux que le vulgaire décrie, et dont les gens à talent profitent sans en parler. » Il faut tout pardonner à un homme tel que Rousseau, ses omissions, ses erreurs, ses obscurités, tout jusqu'à son dédain, on peut dire sa haine pour Rameau et ses ouvrages ; il faut avoir son livre, le lire, non le consulter.

Il y a eu deux Dictionnaires publiés en France depuis celui de Rousseau. Le *Dictionnaire de musique moderne*, de M. Castil-Blaze, qui a eu deux éditions, dont la dernière a été publiée en 1825, et celui du docteur Lichtenthal, traduit en 1839 de l'italien par M. Dominique Mondo. A cette liste, il faut ajouter celui de MM. Escudier, qui ont voulu faire un manuel commode, utile à tous, où l'artiste puisse se renseigner, et l'amateur s'éclairer et trouver l'explication des mots qu'emploie aujourd'hui si fréquemment la critique musicale.

En résumé, les mots qui entrent dans un Dictionnaire de musique, ont donc pour origines diverses, et en suivant l'ordre des temps, la Bible et l'ancien Orient, l'antiquité païenne, le moyen-âge, la renaissance, les temps modernes.

S'il était possible de ranger ces mots par ordre chronologique et de les classer par époque, au lieu de suivre l'ordre alphabétique que commande d'une manière absolue l'usage auquel un Dictionnaire est destiné, on aurait, pour ainsi dire, sous les yeux une image des révolutions que la musique a subies. De même que l'œil du géologue interroge la terre, et suit le travail des siècles dans le dépôt des terrains de formations diverses, de même, à l'artiste, au poëte, au philosophe qui voudrait connaître l'état de l'art dans chacune de ses phases, ces mots ainsi disposés par couches successives, témoins parlants de l'histoire de la musique aux différents âges, montreraient chaque époque dans son ensemble, et diraient combien la musique, à mesure qu'elle s'éloignait de son origine, prenait de force et de consistance. Mesurant d'un regard la richesse de ces débris précieux, traversant par la pensée les époques dont ils sont souvent les seuls vestiges, fouillant dans le sein de ce sol toujours fertile, et comparant entre elles les productions variées qu'il n'a cessé de fournir, l'observateur aurait d'abord à percer les ténèbres qui enveloppent les premiers âges, puis remontant par degrés au jour qui nous éclaire, il rencontrerait à la fin le terrain sur lequel nous marchons aujourd'hui; terrain puissant et fécond, riche de ce qu'il a donné comme de ce qu'il promet encore, sur lequel reposent les théories modernes, et que couvrent tant de beaux monuments élevés par nos maîtres et par le génie de nos contemporains. Si quelques-uns de ces monuments chancellent déjà, d'autres sont fermes encore, et seront justement admirés, jusqu'au jour où succombant eux-mêmes sous le poids du temps, et couchés dans la poussière, ils confondront leur souvenir avec le souvenir effacé des races éteintes et des édifices écroulés ; ils cèderont alors leur place aux travaux d'une école dont l'avenir seul a le secret, travaux qui deviendront à leur tour le symbole d'une halte de plus dans le chemin que l'humanité ne cesse de parcourir ; transformation nouvelle, ajoutée à tant d'autres, de cet art toujours le même et pourtant toujours jeune, renaissant de lui-même à l'instant qu'il vieillit, qui descend jusqu'au peuple en restant un mystère, semblable à ces fleuves bienfaisants qui coulent à pleins bords, et dont on ignore les sources cachées, de cet art qui éveille au fond de l'âme la prière pour la porter au ciel, et qui est pour ceux qui le cultivent, un bonheur de plus dans les jours heureux, une consolation suprême dans la douleur.

F. HALÉVY.

FIN DE LA PRÉFACE.

DICTIONNAIRE

DE MUSIQUE.

———————

A

A. Cette lettre désigne, dans la musique moderne, et notamment dans la musique allemande, le sixième degré de la gamme diatonique et naturelle, ou la dixième corde de la gamme diatonico-chromatique, appelée dans l'ancien solfége *a la mi ré, a mi la*, ou *la*. — Dans la musique allemande, *A* majuscule désigne le *la* de la première octave, *a* minuscule indique celui de la seconde octave, *a* marqué avec un petit trait horizontal, celui de la troisième octave, et *a* avec deux petits traits horizontaux, celui de la quatrième octave.—A majuscule, écrit sur une partition, indique l'alto. — Dans l'ancienne gamme française, qui commence par *f*, la lettre A était nommée *mi*, quinte de *la*, quand on chantait au naturel, et *la*, quinte de *ré*, quand on solfiait par bémols. A n'était dans cette gamme que tantôt *mi* et tantôt *la* ; c'est pourquoi on l'appelait A *mi la*. Par la même raison, les mêmes dénominations s'appliquaient à toutes les lettres représentant les notes de la gamme, et l'on disait : B *la si*, C *sol ut*, D *la ré*, E *si mi*, F *ut fa*, G *ré sol*. — Ces dénominations ont été réformées depuis que l'invention du *si* a mis un terme aux difficultés dont était hérissé l'ancien solfége. On dit maintenant : une symphonie en *do*, une sonate en *sol*, etc.; et même, pour faire connaître les tons dans lesquels doivent jouer différents instruments à vent, plusieurs musiciens se servent de simples lettres, comme cors en A, clarinettes en B, trompettes en C.

A, B, C. MUSICAL. Petite méthode de solmisation ou solfége élémentaire à l'usage des enfants, comprenant un abrégé des principes et une série d'exercices vocaux préparatoires.

ABRÉVIATIONS. Nous avons en musique un grand nombre d'abréviations. On les figure avec des barres placées au-dessous d'une ronde, à la queue d'une blanche ou d'une noire, ou seules à chaque temps, ou au milieu de la mesure. Dans le premier cas, la barre signifie que la note, ronde, blanche ou noire, doit être divisée en autant de croches que sa valeur en contient, et en doubles et triples croches, si la barre est double ou triple. La barre seule, après un groupe de notes, signifie que l'on doit répéter ce même groupe autant de fois qu'il y a de barres. — L'abréviation diminue le travail du copiste. Placée avec intelligence dans les parties séparées et les partitions, elle fait connaître d'avance que le trait à redire est exactement le même que celui que l'on vient d'exécuter, et qu'il ne faut par conséquent pas changer d'intonation ni de position.

ABYSSINIE (musique de l'). L'antiquité de cette partie de l'Afrique égale presque celle de l'Egypte. Bruce, qui avait entendu deux filles de cette nation chanter alternativement des strophes, en se répondant l'une à l'autre d'une manière très-mélodieuse, s'attendait à trouver la musique portée à un haut point de perfection dans ce royaume ; mais il ne tarda point à reconnaître son erreur.

Les Abyssins ont six instruments de musique : le sistre, la lyre, le tambourin qu'ils assurent avoir reçu de l'Égypte ou de l'Éthiopie, la flûte, les timbales et la trompette qui furent apportés chez eux de la Palestine, par Menelek, fils de la reine de Saba. La flûte, le tambourin, les timbales et la trompette servent à la guerre; le sistre est consacré au service religieux, et la lyre est réservée pour les fêtes et les réjouissances. La flûte des Abyssins se joue comme notre clarinette.

La trompette est faite d'un morceau de roseau de cinq pieds de long, avec une ouverture large d'environ trois centimètres; à ce long bâton se trouve fixé le cou d'une courge, qui a précisément la forme du pavillon de notre trompette; cette partie est ornée de petites coquilles blanches, et la totalité de l'instrument est revêtue de parchemin; cette trompette ne donne qu'une seule note, *mi*, dont le son est rauque et très-fort.

Le sistre, qui vient de l'Égypte, est d'une haute antiquité; il est fait de lames de métal sonores et de forme ovale; la circonférence est percée de petits trous, par lesquels passent, transversalement, des baguettes du même métal que le corps de l'instrument. Ces baguettes forment un crochet à leurs extrémités, et des anneaux sont suspendus à ces crochets. A la partie inférieure se trouve un manche par lequel on tient l'instrument pour l'agiter et lui faire rendre des sons. Virgile dit que Cléopâtre, reine d'Égypte, s'en servit pour donner un signal.

La lyre des Abyssins a cinq, six, et quelquefois sept cordes. La guitare se trouve aussi dans les mains des Mahométans de l'Abyssinie, mais elle leur a été apportée de l'Arabie.

Il est à regretter que le voyageur Bruce ne nous ait point initié aux éléments et aux effets de la musique des Abyssins. La description de leurs instruments nous donne à penser qu'elle était un peu barbare, du moins dans les temps reculés.

Académie. Nom générique donné à chacune des cinq classes de l'*Institut de France*. L'Académie des Beaux-Arts comprend la peinture, la sculpture, l'architecture, la gravure et la musique. Cette dernière y est représentée par six membres, choisis parmi les plus célèbres compositeurs français. L'académie des Beaux-Arts est chargée de préparer et de juger les concours annuels pour les grands prix de Rome, de faire des rapports sur les ouvrages présentés à son examen, et de rechercher avec soin tout ce qui peut contribuer au progrès de l'art en France. (Voyez Institut.)

Académie royale de musique, maintenant Académie impériale, et sous la République, Académie nationale. L'origine de cette institution musicale remonte au poëte Baïf, contemporain de Ronsard et de Malherbe, qui établit dans sa maison, rue des Fossés-Saint-Victor, une académie de musique autorisée par Charles IX, en 1571. On y exécutait des ballets et des mascarades. Depuis la mort de Baïf, cette institution tomba dans une complète décadence. En 1645, le cardinal Mazarin ayant fait venir des acteurs italiens, les établit dans la rue du Petit-Bourbon, près de la partie du Louvre où fut depuis bâtie la colonnade. Ils y jouèrent et chantèrent une pastorale en cinq actes, *Achille à Scyros*, de Jules Strozzi. Cet opéra, le premier qui ait été donné en France, fut suivi, en 1647, d'un second, *Orpheo et Eurydice*. *Andromède,* tragédie à machines, du grand Corneille, jouée en 1650, était un véritable mélodrame, puisque la musique n'y était qu'accessoire, Les ballets que Benserade commença à faire représenter en 1651, au nombre de vingt et un, et dans lesquels Louis XIV et sa cour ne dédaignèrent pas de danser, n'étaient que des intermèdes adaptés à d'autres pièces. Il est certain que l'abbé Perrin, de Lyon, doit être regardé comme le créateur de notre Académie royale de musique. Il donna à l'opéra une forme plus régulière, et en fournit le premier modèle. Conjointement avec le musicien Cambert, il fit jouer, pour essai, en 1659, une pastorale dont on ignore le titre. Le succès qu'elle obtint engagea les auteurs à en composer deux autres, dont la mort du cardinal Mazarin interrompit les répétitions. Dans ce même temps, un marquis de Sourdiac, opulent amateur, perfectionnait les machines propres à l'opéra, et faisait jouer dans son château la *Toison d'Or*, de Corneille. Associés avec lui, Perrin et Cambert obtinrent par lettres-patentes, en 1659, le privilége pour douze ans d'une Académie de musique où l'on *chanterait au public des pièces de théâtre*. Elle fut établie dans la rue Guénégaud. On y joua *Pomone*, en 1671, et les *Peines et les Plaisirs de l'Amour*, en 1672. Mais la discorde ayant désuni les associés, Lully, plus fin qu'eux, les supplanta. — Surintendant de la musique du roi, Lulli obtint facilement de nouvelles lettres-patentes qui lui concédèrent le privilége retiré à Perrin. Associé avec Vigaroni, machiniste du roi, il disposa une salle de jeu de paume, rue de Vaugirard, près du Luxembourg, et y fit représenter les *Fêtes de l'Amour et de Bacchus*, dont les paroles étaient de Quinault. Après la mort de Molière, en 1673, son théâtre, fondé au Palais-Royal par le cardinal de Richelieu, fut donné à Lulli, qui y poursuivit sa carrière avec autant de gloire que de bonheur, et la termina, en 1686, par *Armide*, qui fut regardé comme le meilleur de ses opéras. — Une innovation importante eut lieu sous l'administration de Lulli. Des danseuses parurent sur le théâtre. Les rôles de femmes, dans le ballet, étaient remplis auparavant par des hommes travestis. — C'est dans la salle du Palais-Royal que, durant près d'un siècle, ont été données toutes les tragédies lyriques, tous les ballets héroïques de Quinault, Campistron, Fontenelle, Lamotte, Fuzelier, Cahuzac, mis en musique par Lulli, Destouches, Campra, Labarre, Rameau, Mondonville. Là chantèrent pendant quarante ans Chassé, Jélyotte, et à diverses reprises la célèbre Lemaure. Là dansèrent Marcelle, qui *voyait tant de choses dans un menuet*, la Camargo et la Sallé, immortalisées par Voltaire. Là enfin débuta le grand Vestris, le *dieu de la danse*. C'est là aussi que la révolution musicale fut commencée par des chanteurs italiens venus en 1752, et par le *Devin du village* de Jean-Jacques Rousseau. Un incendie ayant consumé cette salle, le 6 avril 1763, l'Opéra fut transporté l'année suivante aux Tuileries. Il retourna au Palais-Royal dans une salle qui ouvrit en 1770, et qui fut encore détruite par le feu en 1781. — Cette période est remarquable sous plusieurs rapports. Les ballets acquirent, sous Noverre, plus de mouvement, de grâce, d'expression et de naturel. L'arrivée à Paris de Gluck, de Piccinni et d'une troupe de bouffes italiens acheva la réforme musicale. Gluck ne se borna pas à enrichir notre scène lyrique d'une foule de chefs-d'œuvre, *Iphigénie en Tauride, Orphée, Alceste*; il donna à l'orchestre plus de vigueur, d'énergie et de précision. Il apprit aux acteurs à chanter en mesure, à déclamer le récitatif d'une manière moins traînante et plus animée. Piccinni fit entendre la plus touchante et la plus suave mélodie dans *Atys, Roland, Didon*. — Les Bouffes, dont les représentations alternaient trois fois la semaine avec celles de l'Opéra français, firent goûter aux dilettanti parisiens les chefs-d'œuvre des Sarti, des Anfossi, des Paisiello. Les *Ramistes*, ou partisans de Rameau, qui avaient triomphé des *Lullistes*, furent vaincus à leur tour, et le dernier coup fut porté à la vieille et lamentable musique française. Mais en même temps se formèrent les factions non moins opiniâtres et irascibles des *Gluckistes* et des *Piccinnistes*.

Heureux temps où des légions d'amateurs et d'enthousiastes prenaient l'Opéra pour un champ de bataille, et s'y défiant courageusement, attaquaient un duo, sapaient les fondements d'un chœur, renversaient l'édifice du finale le plus formidable ! L'histoire nous a transmis les noms de ces braves, qui tour à tour impétueux ou calmes, lançaient une grêle de traits piquants ou recevaient avec un flegme stoïque le feu roulant des quolibets et des calembours. On raconte à ce sujet une anecdote assez piquante. Mlle Levasseur, jouant le rôle d'Alceste, chantait le bel air qui finit par ce vers :

Il me déchire et m'arrache le cœur.

Un piccinniste s'écria : « Ah ! mademoiselle, vous m'arrachez les oreilles. — Quelle fortune, si c'est pour vous en donner d'autres ! » répliqua son voisin.

A l'époque dont nous parlons, on applaudissait des chanteurs et des cantatrices d'un très-grand mérite, Sophie Arnoult, Rosalie, Levasseur, Larivière, Legros. C'est encore pendant cette période que l'Académie royale de musique qui, dès son origine, avait langui sous le despotisme des gentilshommes de la Chambre, passa momentanément sous la direction de la ville de Paris, qui en confia la gestion, de 1778 à 1780, aux soins éclairés et actifs de Viseney de Volgay. Le théâtre de la Porte-Saint-Martin ayant été bâti en moins d'un an, on en fit l'ouverture par une représentation *gratis*, afin d'essayer sur le peuple si les gens comme il faut pouvaient y assister sans danger. Cette époque est une des plus brillantes qu'offrent les annales de l'Académie royale de musique. On y réforma les costumes ridicules des acteurs : on y entendit la *Caravane* et *Panurge*, de Grétry ; *Renaud, Dardanus, Œdipe à Colone*, de Sacchini ; les *Danaïdes* et *Tarare*, de Salieri ; les *Noces de Figaro*, de Mozart. Ces remarquables compositions, soutenues par les meilleurs ouvrages du dernier répertoire et par les charmants ballets de Gardel, *Télémaque, Psyché, Pâris*, ont formé pendant trente ans un fonds aussi agréable et varié pour le public, que peu dispendieux pour l'administration.

On applaudissait alors comme acteurs et comme chanteurs Lainé, Lays, Chardini, Rousseau, Chéron et sa femme, la célèbre madame de Saint-Hubert, mademoiselle Maillard, qui la remplaça, sans la faire oublier; dans la danse, Vestris et Didelot, Laborie, Milon, mesdames Guimard, Rose Chavigny, Saulnier. L'orchestre offrait aussi des artistes du premier mérite. — En 1790, l'administration retourna sous la direction de la municipalité de Paris; et en 1793 les acteurs s'en chargèrent comme sociétaires. Depuis la révolution, l'Académie royale de musique avait successivement pris le nom d'*Opéra National* et de *Théâtre de la République et des Arts*. On y sacrifia au goût du temps; mais du moins les ouvrages de circonstance qu'on y représenta ne manquaient pas d'une certaine dignité, et quelques beautés dans la musique y rachetaient les défauts et l'absurdité des paroles. — En 1795, le gouvernement acheta, sans le payer, le *Théâtre National*, qu'on avait permis à la Montansier, deux ans auparavant, de bâtir en face de la Bibliothèque de la rue Richelieu; et malgré le danger d'un tel voisinage pour cet immense et précieux dépôt littéraire, la ci-devant Académie royale de musique fut établie dans la nouvelle salle. On remit alors ce spectacle en direction. Deux hommes de lettres, Lachabaussière et Parny, l'ancien acteur Caillot, et un quatrième personnage, formant le comité d'administration, s'acquittèrent assez mal de leurs fonctions. Une seconde administration n'ayant pas mieux réussi, Devismes fut nommé en 1799. Mais on lui donna pour collègue un ex-législateur avec lequel il ne put s'entendre, et lui céda la place en 1800. — L'époque du Consulat et de l'Empire ne fut pas très-féconde en ouvrages saillants. Les seuls qui obtinrent un succès soutenu sont les suivants : *Anacréon chez Polycrate*, de Grétry ; la *Création du monde*, de Haydn ; les *Mystères d'Isis*, de Mozart ; *Ossian* ou les *Bardes*, de Lesueur ; la *Vestale* et *Fernand Cortez*, de Spontini ; la *Jérusalem délivrée*, de Persuis. Les recrues en talents furent peu nombreuses aussi pendant cette longue période ; elles se bornèrent, pour le chant, à Nourrit père, Dérivis, Lavigne, mademoiselle Armand et madame Branchu ; et pour la danse, à Ferdinand, Albert, Montjoie, mesdames Fanny Bios et Gosselin. — Redevenu Académie royale de musique en 1814, l'Opéra, avec la Restauration, retomba sous l'influence de la Maison du roi et de l'intendant des Menus-Plaisirs. Les mutations dans l'administration y devinrent fréquentes et onéreuses. Après avoir été tenu tour à tour par Persuis, Viotti, M. Habeneck et M. Duplantis, le sceptre de l'Académie royale de musique tomba entre les mains d'un noble vicomte, qui, avec d'excellentes intentions, se donna néanmoins des ridicules en s'occupant de règlements de morale pour les coulisses. — Nommé directeur de l'Opéra en 1827, M. Lubbert, homme d'esprit et passionné pour les arts, immola à grands frais l'École française à l'École italienne. Le théâtre devint le patrimoine du génie ultramontain. Le plus grand compositeur des temps modernes, Rossini, y fit jouer *Moïse*, le *Siége de Corinthe*, le *Comte Ory*, *Guillaume Tell*. A peine la *Muette de Portici*, d'Auber, put-elle y trouver place. Indépendamment de ces ouvrages, plusieurs ballets, *Mars et Vénus*, de Blache ; le *Page inconstant*, de Dauberval ; la *Somnambule*, la *Belle au Bois dormant*, auraient suffi pour donner de l'éclat à l'administration de M. Lubbert. — Sous la restauration, la direction de l'Opéra fit de nombreuses et importantes acquisitions; pour le chant, Adolphe Nourrit, bien supérieur à son père, Dabadie, Dupont, mesdames Cinti Damoreau, Grassari, Javareck; et pour la danse, l'aérien Paul, Perrot, mesdames Montessu, Marie Taglioni. — Depuis 1830, le sceptre de l'Académie royale de musique est tombé entre les mains de M. Véron, puis de M. Duponchel, de M. Monnais, de M. Léon Pillet, et plus tard, de MM. Duponchel et Nestor Roqueplan. Enfin, ce dernier, ayant éloigné M. Duponchel, est resté unique directeur jusqu'au mois de septembre 1853, où il s'est adjoint comme associé M. Aigoin. Cette période a été signalée par quelques ouvrages importants, parmi lesquels se distinguent *Robert le Diable*, les *Huguenots*, le *Prophète*, de Meyerbeer; la *Juive*, d'Halévy; la *Favorite*, de Donizetti, *Jérusalem* et *Louise Müller* de Verdi; et quelques jolis ballets, la *Sylphide*, le *Diable boiteux*, *Giselle*, la *Jolie fille de Gand*, la *Péri*, le *Violon du Diable*, la *Vivandière*, *Ælia et Mysis*, *Jovita*. L'Opéra s'est aussi enrichi de quelques artistes d'un grand talent, Duprez, Barroilhet, Levasseur, mesdames Dorus, Stoltz, Méquillet, Tedesco, Alboni, Bosio, Lagrua, Cruvelli, Poinsot, MM. Gueymard, Roger, Morelli, Obin, Depassio; — de charmantes danseuses, mesdames Fanny Elssler, Carlotta Grisi, Dumilâtre, Fitz-James, Ceritto, Plunkett, Priora, Rosati, Guy-Stéphan, Louise Taglioni, etc.

Académies de musique. On donne ce nom à plusieurs sortes d'institutions relatives à la musique. Appartiennent aux plus remarquables académies musicales :

La Société philharmonique de Vérone, qui florissait déjà dans le seizième siècle ;

L'Académie philharmonique de Rome ;

L'Académie philharmonique de Bologne, fondée en **1666** ;

Le Conservatoire royal et l'Académie royale de musique de Paris;

L'ancienne Société de musique, fondée à Londres en 1710;

L'Académie impériale de Saint-Pétersbourg;

L'Académie royale de Stockholm;

L'Académie de chant, fondée à Berlin en 1789;

La Société philharmonique de l'empire d'Autriche, fondée à Vienne en 1812.

ACADÉMICIEN PHILHARMONIQUE. Titre que portent les membres des Sociétés philharmoniques de Bologne et de Vérone.

A CAPELLA — DE CHAPELLE. Ce terme, en usage dans la musique d'église, signifie que les instruments marchent à l'unisson ou à l'octave avec les parties chantantes, comme dans la fugue. Ce qu'on appelle *tempo a capella* est indiquée par un 2 ou par un C barré. (Voy. *Temps.*) On dit aussi *stile a capella* (style de chapelle), et l'on entend par là un style grave, posé, sans instruments, et qui autrefois était souvent appuyé et formé sur le plain-chant. (Voy. *Alla Palestrina.*)

A CAPRICIO, signifie *à la volonté* de l'exécutant. (Voy. *Ad libitum.*)

ACCÉLÉRER. Presser le mouvement, ce qui arrive dans les morceaux passionnés et pleins de vigueur.

ACCENT. Appliqué à la déclamation, et spécialement au chant et à la musique, ce mot exprime les diverses modifications qu'éprouve le son de voix sous l'impression d'un sentiment, d'une passion quelconque.

Voici les nuances le plus en usage de l'*accent* musical :

Piano-pianissimo (ppp), le plus faiblement possible;

Pianissimo (pp), très-faiblement.

Piano (p), faiblement ;

Mezzo piano (mp), faiblement, d'une manière modérée ;

Poco forte (poco f), un peu fort ;

Mezo forte (mf), modérément fort ;

Forte (f), fort ;

Fortissimo (ff), très-fort ;

Forte fortissimo (fff), le plus fort possible : on dit aussi *Tutta forza*.

Voici les termes qu'on emploie pour indiquer la modification successive des nuances :

Crescendo..... *cres.* ou *cr*....., en augmentant de force par degré ;

Rinforzando..... *rinf.* ou *rfz*....., en renforçant ;

Decrescendo.... *decres*....., avec une force décroissante ;

Diminuendo..... *dimin.* ou *dim*....., en diminuant ;

Calando.... *cal*....., en décroissant ;

Mancando..... *mancand*....., en s'éteignant.

Morendo..... *mor*....., en mourant ;

Perdendosi..... *perdend*....., en laissant mourir le son.

On emploie encore les mots :

Vibrato, qui signifie qu'il faut faire vibrer le son ;

Sforzando, qui signifie qu'il faut tout d'un coup donner plus de force ;

Legato, qui signifie qu'il faut lier et couler les notes ;

Et *staccato*, qu'il faut les détacher.

On emploie d'autres mots encore pour indiquer toutes les nuances de l'accent ; ils sont moins importants ; on les trouvera à leur place.

L'art d'accentuer convenablement constitue en grande partie le talent du comédien, du chanteur ; c'est par le juste caractère de l'accent que se manifestent l'intelligence et la sensibilité. — Il faut éviter de trop multiplier les accents. A force de prodiguer les effets, on finirait par les éteindre, de même qu'on éblouit les yeux en prodiguant les lumières.

La musique dramatique doit-elle imiter les accents de la parole, ou doit-elle se borner à concourir par ses impressions à l'effet général de la scène?— Question souvent agitée, qui n'est pas encore éclaircie. Le premier système est celui de Grétry et de Gluck, le second est celui de Cimarosa et de Rossini. Sans vouloir ici prononcer entre les deux, contentons-nous de remarquer que l'un et l'autre ont produit des chefs-d'œuvre.

Accentuer. Exprimer dans l'exécution, avec exactitude, les accents musicaux conformes aux indications du compositeur, à l'accent des mots et au bon goût ; marquer exactement les accents musicaux, les *forte* et les *piano*.

Accents d'église. On appelait ainsi ces formules mélodieuses que dans l'ancienne Église on devait savoir par cœur, selon la ponctuation, à l'époque où l'on chantait les leçons évangéliques ou épistolaires ; ces formules étaient au nombre de sept : 1° l'*accent immuable*, quand la dernière syllabe d'un mot n'était ni élevée ni abaissée ; 2° l'*accent moyen*, quand on chantait la dernière syllabe d'une tierce plus bas ; 3° l'*accent grave*, en la chantant d'une quarte plus grave ; 4° l'*accent aigu*, lorsqu'on chantait quelques syllabes avant la dernière d'une tierce plus grave, et la dernière sur l'intonation précédente ; 5° l'*accent modéré*, chantant quelques syllabes avant la dernière d'une seconde plus aiguë, et la dernière sur l'intonation précédente ; 6° l'*accent interrogatif*, lorsqu'on chantait la dernière syllabe d'une interrogation, d'une seconde plus aiguë ; 7° l'*accent final*, quand les dernières syllabes descendaient par degrés vers la quarte sur laquelle devait tomber la syllabe finale.

Accessoires. Dans les œuvres de l'art et spécialement dans les compositions musicales, on appelle parties accessoires celles qui, sans être inséparables du sujet traité par l'artiste, servent à le relever, à le mettre dans tout son jour, à y rattacher certaines idées secondaires relatives à ce sujet, en général à l'embellir et à le développer davantage. L'accessoire doit d'ailleurs être lié au sujet principal de manière à en paraître presque inséparable.

Acciacatura. Terme italien de musique, signifiant une espèce d'agrément d'exécution, sur laquelle cependant ou n'est pas généralement d'accord. Selon les uns, elle consiste à frapper rapidement et d'une manière successive toutes les notes d'un accord pour leur donner une plus grande résonnance; elle se marque en écrivant en petites notes et dans leur ordre successif toutes les notes de l'accord, et ensuite l'accord lui-même, ou en faisant précéder l'accord par une espèce de zigzag perpendiculaire. Selon d'autres, elle consiste à frapper dans un accord une ou plusieurs notes qui ne lui appartiennent pas; elle se marque par une petite ligne transversale, traversant l'accord là où la note étrangère à l'accord doit être frappée. Selon d'autres, enfin, c'est une appogiature, mais que l'on frappe presque simultanément avec la note principale. Pour exprimer cette nuance, quelques compositeurs coupent la petite note par un trait.

Accident. En musique les accidents sont des signes, appelés dièses, *bémols*, *bécarres*, *doubles dièzes*, *doubles bémols*, qui viennent altérer accidentellement les sons naturels de la gamme, pendant la durée de la mesure où ils sont placés.

Accidentel. Dièses ou bémols accidentels, lignes accidentelles ou supplémentaires, c'est à dire celles qu'on ajoute en dessus ou en dessous de la portée, lorsque l'étendue des voix ou des instruments l'exige : on n'a mis que cinq lignes à la portée musicale pour ne pas gêner la vue du lecteur.

Accidentia notarum. Expression employée dans la musique ancienne pour indiquer qu'on devait rendre une note d'une moindre valeur, placée entre deux notes d'une plus grande valeur, équivalente à la note précédente ou à la suivante ; ou qu'une note d'une plus grande valeur devait perdre la troisième partie de cette même valeur. Ce moyen n'a été pratiqué que dans les *temps pairs*.

Acclamations. A Rome les acclamations étaient fort usitées au théâtre, et particulièrement dans les représentations lyriques. Ce ne furent d'abord que des cris et des applaudissements confus ; mais dès le règne d'Auguste on en fit un concert étudié : un musicien donnait le ton, et le peuple, formant deux chœurs, répétait alternativement la formule d'acclamations. Le dernier acteur qui occupait la scène donnait le signal des acclamations par ces mots : « *Vadete et applaudite.* » Lorsque Néron jouait de la lyre sur le théâtre, Sénèque et Burrhus étaient alors les coryphées ou premiers acclamateurs ; de jeunes chevaliers se plaçaient en différents endroits du théâtre pour répéter les acclamations, et des soldats, gagés à cet effet, se mêlaient parmi le peuple afin que le prince entendît un concert unanime d'applaudissements. Ces acclamations chantées ou plutôt accentuées durèrent jusqu'au règne de Théodoric.

Accolade. Nom du signe ou du trait de plume qui unit deux ou plusieurs portées.

Accompagnement. On entend par ce mot tantôt l'aide ou le soutien harmonique d'un chant ou d'une voix principale au moyen d'un ou plusieurs instruments, tantôt la science des accords appliquée à l'exécution de la basse continue et des partitions. Le

mot accompagnement, pris dans ce dernier sens, signifie à peu près la même chose qu'harmonie. Ainsi,
apprendre l'accompagnement équivaut à ces mots :
apprendre l'harmonie.

Le chant, placé en première ligne dans une composition, reçoit diverses parties qui le suivent, le sou-
tiennent, lui donnent plus d'expression et de vigueur,
et font éclater simultanément l'harmonie dont la
phrase principale a déterminé l'ordre et le dessin.
L'union de ces parties diversement arrangées s'appelle accompagnement.

Avant qu'on eût pris l'habitude d'arranger les partitions d'orchestre pour le piano, l'accompagnement
sur la partition même était assez en usage. Le pia-
niste devait déchiffrer et analyser à vue d'œil une
partition d'opéra, de symphonie, etc., malgré le grand
nombre des portées et la différence des clefs ; choisir
avec tact, dans toute la partition, les traits mélodiques et les combinaisons harmoniques qui rendaient
le mieux la pensée du compositeur, et improviser un
résumé complet de tout cela qui fût exécutable sur
le piano. Cette espèce d'accompagnement était fort
difficile, exigeait une très-grande habitude et deman-
dait une connaissance parfaite de la musique.

Aujourd'hui presque toutes les partitions remarquables d'opéras ou de symphonies sont arrangées
pour le piano par les pianistes, et ne sont pas d'une
exécution plus difficile que celle de toute autre musique de piano.

L'accompagnement étant toujours subordonné au
chant, quelques personnes l'ont considéré comme un
accessoire de peu d'importance, et l'ont comparé mal
à propos au cadre d'un tableau, au piedestal d'une
statue. Cette comparaison, bien qu'elle ait une apparence de justesse, ne mérite même pas d'être com-
battue.

Les instruments à vent, qui sont d'un si grand secours à l'accompagnement, furent pendant longtemps négligés. On trouve bien quelques solos de ces instruments dans les anciennes partitions ; mais l'art de grouper dans les masses harmoniques les flûtes, les bassons, les cors, les hautbois, était autrefois inconnu. Gluck fut le premier qui fit entendre des accompagnements pompeux et dramatiques ; ceux de Piccinni et de Sacchini sont d'une grande pureté ; mais Mozart est celui qui a porté l'art magique de l'orchestre à son plus haut degré. Depuis cette époque, les beaux modèles se sont multipliés. Les grands maîtres unissent aujourd'hui, par un heureux accord, les grâces de la mélodie à la richesse de l'harmonie et des accompagnements.

Il y a mille manières de conduire un accompagnement, mais il n'existe aucune règle précise qui détermine le dessin, le mouvement et le rhythme de cette importante partie des compositions musicales. Le sens des paroles, les situations dramatiques, la disposition de la scène et le goût sont les seuls guides du compositeur, et les belles partitions des grands maîtres sont ses modèles. La palette présente toutes les couleurs au peintre ; l'orchestre offre tous les sons au compositeur : il s'agit de choisir. De même que le premier, en formant ses teintes, néglige ou rejette à présent la nuance qu'il emploiera dans une autre occasion et pour un autre effet ; ainsi le compositeur, suivant le caractère de la scène qu'il doit traiter, emploie les instruments à cordes ou les instruments à vent, les notes appuyées ou les notes tenues, l'unisson ou des groupes d'accords.

Nous ne saurions trop insister sur l'accompagnement de la partition. Il faut d'abord remarquer que son exécution demande, outre une étude préalable des accords, une prompte lecture de toutes les clefs, l'habitude de passer à chaque instant, non seulement des sons graves aux son aigus, mais encore d'un ton dans un autre, une main accoutumée aux difficultés, et une parfaite connaissance des effets qui résultent de l'orchestre.

L'accompagnement d'un instrument par un autre instrument, comme, par exemple, le piano par le violon, la flûte, etc., demande de la part de l'accompagnateur une lecture exacte de la musique, une oreille très-délicate pour l'intonation, et un grand soin de s'abstenir de tout ce qui pourrait nuire à la partie principale, comme les ornements inutiles; au contraire, si l'accompagnateur s'aperçoit que la partie principale s'écarte un peu de l'intonation ou de la mesure, il doit aussitôt la ramener dans le véritable sentiment du temps, en pressant ou ralentissant le mouvement, afin de rétablir l'équilibre dans l'ensemble. Dans les moments où la partie principale se repose, il est permis à l'accompagnateur de faire briller son instrument par tous les moyens que lui suggère le bon goût.

Accord. On appelle *accord* l'union simultanée de plusieurs sons.

La classification des accords employés dans l'harmonie a subi des variations infinies depuis Rameau jusqu'à nos jours. Nous les ferons connaître en parlant des théories harmoniques.

En réalité, il n'y a que deux accords : l'accord parfait sur la tonique et l'accord de dominante.

L'accord parfait sur la tonique est composé de la tonique, de sa tierce majeure ou mineure, de sa quinte, et, si l'on veut, de son octave; par exemple, *ut, mi, sol, ut,* dans le ton d'*ut* majeur, et *ut, mi* bémol, *sol, ut,* dans le ton d'*ut* mineur.

L'accord de dominante est le même dans les deux modes. Il est composé de la dominante, de sa tierce, de sa quinte, de sa septième, et, si l'on veut de son octave; par exemple, *sol, si, ré, fa, sol,* dans le ton d'*ut*.

L'harmonie entière, dans un ton donné, se réduit à l'emploi successif de ces deux accords. (Voyez le mot HARMONIE.)

On peut employer les accords dans leur état naturel et tels que nous venons de les écrire; on peut aussi *doubler* ou *retrancher* quelques-unes de leurs notes, et les *disposer* de plusieurs manières. On peut les modifier par le *renversement,* les *altérations,* le *retard,* l'*anticipation,* la *substitution,* les *appogiatures,* les *notes de passage,* les *pédales* et les *progressions.* (Voyez ces mots. Voyez aussi RÉSOLUTION des accords et MARCHE des parties harmoniques.)

L'étude des accords et des lois qui les régissent constitue l'*harmonie théorique;* leur emploi, leur enchainement plus ou moins heureux dans une pièce de musique, constitue l'*harmonie pratique.* (Voyez le mot HARMONIE et tous les mots ACCORDS.)

ACCORDS CONSONNANTS. Les accords consonnants sont ceux qui ne se composent que des intervalles agréables appelés consonnances, et qui peuvent toujours être attaqués sans préparation. (Voyez INTERVALLE, CONSONNANCES, PRÉPARATION.)

ACCORDS DÉRIVÉS. Accords tirés des fondamentaux et dans lesquels on ne dispose pas les sons dans l'ordre le plus direct.

ACCORDS DISSONANTS. Les accords dissonants sont ceux qui procurent à l'oreille une sensation moins satisfaisante que les accords consonnants, qui se composent de *dissonances* (voyez ce mot), et qui, le plus souvent, ne peuvent s'attaquer sans préparation.

ACCORDS FONDAMENTAUX. Les accords fondamentaux sont ceux dans lesquels on dispose les sons dans l'ordre le plus simple, c'est-à-dire à la tierce l'un de l'autre. (Voyez Tierce.) Il n'y en a que deux dans un ton donné : l'*accord parfait* sur la tonique et l'*accord de dominante*.

Accord parfait. Il est composé de la tonique de la tierce majeure ou mineure et de sa quinte. C'est le plus doux à l'oreille, et le seul qui donne le sentiment d'une conclusion harmonique.

Accord de dominante. Il est composé de la dominante, de sa tierce, de sa quinte et de sa septième. La dissonnance et les attractions multipliées qu'il renferme lui donnent l'expression du mouvement. (Voyez le mot Harmonie.)

Accords (Positions des). (Voyez le mot Positions.)

Accords (Enchaînement des). L'harmonie entière se réduit à l'emploi alternatif de deux accords. (Voyez le mot Harmonie). Il faut donc apprendre à les enchaîner l'un à l'autre avec régularité:

En général, l'accord parfait et l'accord de dominante se succèdent avec régularité, lorsqu'ils le font d'une manière simple, naturelle, sans contorsion et, pour ainsi dire, de plain pied.

L'accord de dominante doit toujours être suivi de l'accord parfait du ton dans lequel on est. Cette règle ne souffre qu'une exception dont nous parlerons dans l'article spécial du changement de ton. (Voyez Modulation.)

Lorsqu'on passe de l'accord de dominante à l'accord parfait, la sensible doit monter à la tonique, et le quatrième degré descendre sur le troisième. Ce sont précisément les tendances de la sensible vers la tonique et du quatrième degré vers le troisième, qui caractérisent l'accord de dominante, en font un accord de mouvement, et le rendent propre à effectuer le *mouvement* au *passage* d'un ton à un autre ton. Ce n'est que dans les parties intermédiaires et en secret, pour ainsi dire, qu'il est permis de les négliger. Encore les bons auteurs ont-ils évité cette licence.

Les autres notes de l'accord de dominante peuvent marcher au gré du compositeur. Le deuxième degré monte ou descend de manière à compléter l'accord parfait autant qu'il est possible. La basse monte ou descend presque toujours sur la tonique, à moins que l'on n'aime mieux un accord renversé.

Dans les mélodies et dans les parties harmoniques chantantes, il n'est pas nécessaire que le quatrième degré descende immédiatement sur le troisième, ni que la sensible monte immédiatement à la tonique : il suffit que cela ait enfin lieu. Souvent même on évite cette terminaison, en offrant à l'oreille une autre tendance qui fait oublier la première. Ainsi, par exemple, la tendance de la sensible vers la tonique peut faire oublier celle du quatrième degré vers le troisième, et réciproquement. Quelquefois aussi on les néglige tout à fait. Le goût et l'étude des maîtres enseigneront bien vite le reste.

Lorsque l'accord de dominante est trop éloigné de sa forme naturelle par *la substitution, le retard, les altérations*, ou quelque autre modification en usage, on le ramène ordinairement à cette forme naturelle ou à quelqu'un de ses renversements, avant de le terminer. On peut, à son gré, l'y ramener immédiatement, ou se servir un instant de l'accord parfait, si on trouve cette voie plus simple et plus facile.

L'accord parfait et l'accord de dominante peuvent se prolonger aussi longtemps qu'on le désire, avant de les faire succéder l'un à l'autre.

Accords (Modification des). L'harmonie est à la fois une science et un langage. Comme science, elle doit former *un* corps de doctrine, *un* ensemble, *un* tout: elle fait par la tonalité, son principe unique et générateur. Comme langage, elle doit être variée, afin d'exprimer les sentiments variés du compositeur : elle l'est par les modifications qu'on peut faire subir aux accords, par le changement de ton.

Ainsi l'harmonie est à la fois *une* et *variée* : *elle* est *une* par son essence et *variée* par ses formes.

Les modifications harmoniques sont nombreuses ; les voici : changement de mode, doublement des notes, retranchement de quelques notes, disposition variée des notes, renversement, notes de passages et appogiatures, substitution, altérations diverses, prolongation et retard, pédale, progression ou marche de basse. Nous parlerons enfin de la modulation. (Voyez HARMONIE et chacun de ces mots.)

Les modifications harmoniques ne changent absolument rien à la nature de l'accord parfait et de l'accord de dominante : mais elles en changent la physionomie et l'expression.

ACCORDER LES INSTRUMENTS. C'est tendre ou lâcher les cordes, allonger ou raccourcir les tuyaux de l'orgue, de la flûte, du cor, tendre ou lâcher les peaux des timbales ; en un mot, c'est augmenter ou diminuer la tension des corps sonores, jusqu'à ce que toutes les parties de l'instrument soient au ton qu'elles doivent avoir.

Le parfait accord de tous les instruments est une des principales qualités pour une bonne exécution d'ensemble. C'est pourquoi l'on a l'habitude, quelque temps avant de commencer à jouer, non-seulement d'accorder les instruments à cordes d'après le diapason, mais encore d'essayer tous les instruments à vent, pour voir s'ils sont d'accord entre eux. Au théâtre, ces préparatifs doivent se faire avant de descendre à l'orchestre.

ACCORDEURS. On nomme accordeurs d'orgue ou de piano ceux qui vont dans les églises ou dans les maisons accorder ces instruments. Quand les accordeurs raccommodent aussi ces instruments, ils prennent le nom de facteurs. (Voyez FACTEURS.)

ACCORDÉON. L'accordéon est un instrument à anche, renfermé dans une petite caisse qui se dilate et se resserre à volonté, et produit ainsi les tons au moyen du mécanisme d'un doigté à touches. — Son étendue est diatoniquement du *sol*, clef de violon, au-dessous des lignes, au *do*, même clef, au-dessus de la portée, excepté le *la* au-dessous et le *si* au-dessus des lignes de la même clef du violon. Il y a cependant des accordéons qui peuvent donner dans cette étendue les tons diésés et bémolisés. — On peut se servir de cet instrument pour jouer de petits airs simples, et même pour donner quelques accords.

ACETABULUM. Instrument ancien appelé en italien *crepitacolo*. Les acetabulums étaient des instruments de bronze ou d'argent qui faisaient un grand bruit, et on les frappait comme les sistres.

ACHÉENS. Les Achéens chantaient en l'honneur d'Apollon des hymnes et des poëmes dont plusieurs portaient le nom de *péan*, pour obtenir la faveur de cette divinité.

A CHULA, A FOFA. Danses portugaises qui ressemblent au fandango. A défaut de castagnettes, on bat la mesure avec les doigts.

A CINQ PARTIES. Se dit d'un morceau à cinq voix ou à cinq instruments, qui, par d'heureuses combinaisons de chants et d'accords, concourent à former un ensemble harmonieux. S'il n'y a qu'une seule voix à chaque partie, c'est un *quintette* (voyez ce mot) ; s'il y a plusieurs voix à chaque partie, c'est un *chœur* (voyez ce mot).

ACOUSTIQUE, du mot grec *akouô*, qui signifie *j'entends*. Chladni, dans son ouvrage sur l'acoustique, publié en allemand à Leipsick, en 1802, et en français à Paris, en 1809, a exposé toutes les découvertes impor-

tantes faites dans cette partie de la physique, soit par
lui, soit par d'autres expérimentateurs. Les principaux sujets qu'il y traite sont : 1º la sience des sons
ou la partie arithmétique, dans laquelle il ne s'agit
que des rapidités relatives et absolues des vibrations,
et d'abord uniquement de leurs rapports primitifs,
puis des légères variations nécessaires pour leur exercice pratique, ou de la température ; 2º les lois d'après
lesquelles se composent tous les corps sonores dans
leurs vibrations, et qui se manifestent par divers phénomènes dans toute espèce de corps sonores. C'est là
la première division de la partie mécanique de l'a-
coustique, c'est-à-dire de celle qui s'occupe de l'origine du son. Dans tous les corps sonores, il faut considérer l'élasticité comme force motrice. Un corps
sonore peut être élastique par tension. Ces corps,
lorsqu'ils ne suivent qu'une direction linéaire, sont
des cordes ; mais lorsqu'ils sont étendus en mem-
branes, ce sont des timbales et des tympans. Un corps
sonore peut encore être très-élastique par la pression
de l'air. L'air renfermé dans les instruments à vent,
qui se dilate ou se contracte, selon la diversité de
grandeur de l'instrument, et qui, dans beaucoup
d'instruments, peut être abrégé ou prolongé par l'ouverture ou par la fermeture des clefs, appartient à
cette catégorie. — Enfin, un corps sonore peut être
élastique par dureté. Ces corps peuvent être ou li-
néaires, c'est-à-dire s'étendant dans une direction
principale, comme toutes les espèces de baguettes
droites ou recourbées ; ou membraneux, c'est-à-dire
s'étendant dans différentes directions, classe à laquelle
appartiennent les vitres, les cloches. — On ne connaissait autrefois d'autre vibration que celle des cordes
ou de l'air renfermé dans des instruments à vent.
Chladni a observé et étudié les vibrations des autres
corps sonores. L'ouvrage de M. Biot, intitulé *Précis*

élémentaire de Physique expérimentale, contient une exposition complète de la théorie de l'acoustique. C'est sans contredit le meilleur ouvrage français que l'on puisse consulter sur cette matière. L'auteur s'est beaucoup aidé des recherches et des découvertes de Chladni. — A l'article *Son*, nous entrerons à ce sujet dans des développements plus étendus.

Acresciuto (augmenté). Quelques auteurs, dans les intervalles augmentés de demi-tons, adoptent ce terme, qui est opposé à *diminué*, au lieu d'employer les mots *excédant, altéré, superflu*. Ils repoussent surtout les deux dernières expressions comme des mots d'une signification équivoque.

Acte. En musique et en poésie ce mot signifie une division du drame, qui sert à reposer l'attention du spectateur. — L'intervalle entre deux actes s'appelle entr'acte. (Voyez le mot Opéra.)

Acte de cadence. Nom de la cadence.

Acteur. C'est le nom général donné par le public aux personnes qui paraissent sur le théâtre, depuis les premiers sujets de la tragédie, de la danse et du chant, jusqu'aux plus modestes comparses. Chez les nations grecques, douées d'une intelligence vive et d'une exquise sensibilité, la profession d'acteur, exercée par des citoyens dans les réunions solennelles et aux fêtes olympiques, dut nécessairement être honorable et honorée. — Il n'en fut pas de même chez les Romains, peuple de mœurs énergiques, mais grossières, plus fait pour la guerre que pour les jeux de l'esprit. Là, les premiers acteurs, sortis de la classe des esclaves, ou tout au moins des affranchis, ou venus des provinces conquises, se trouvèrent en concurrence avec les gladiateurs et des entrepreneurs de combats d'animaux. L'infériorité de position de ceux qui exercèrent les premiers la profession d'artiste dramatique, et notamment celle de chanteur, influa puissamment sur le degré d'estime que le sénat crut devoir accorder à leurs successeurs. Tacite nous apprend que, d'après des ordonnances spéciales, un sénateur ne pouvait les visiter chez eux, ni un chevalier romain les accompagner dans la rue. Il fallut les réclamations d'un tribun du peuple et le bon sens de Tibère pour maintenir une ordonnance d'Auguste, qui les proclamait exempts du fouet, et empêcher le sénat de livrer leurs épaules à l'arbitraire d'un préteur. — Un des reproches que les historiens ont faits à Néron, c'est d'avoir chanté sur le théâtre. Cependant les acteurs n'étaient pas tous méprisés des Romains ; la jeunesse romaine elle-même imita, dans les fêtes solennelles, et surtout dans celle des moissons, les acteurs toscans qui, les premiers, avaient importé à Rome les jeux scéniques de l'Étrurie.

Plus tard, à ce qu'il paraît, ce fut encore la jeunesse romaine qui joua les compositions dramatiques appelées *satires*. Le savant Alexandre Adam ne laisse aucun doute à cet égard, dans les *Antiquités romaines*.

Les poëtes dramatiques étaient presque tous acteurs dans leurs ouvrages, comme Molière dans les siens, c'était l'usage alors. Or, parmi les Nævius, les Ennius, les Plaute, les Cæcilius, les Térence, les Afranius, les Pacuvius, les Accius et les autres poëtes dramatiques romains, il y eut des hommes très-honorables et très-recherchés.

Lorsque le jeu dramatique devint un art, la jeunesse romaine abandonna la représentation des pièces régulières aux acteurs de profession, mais elle joua les compositions bouffonnes ou farces entremêlées de beaucoup de facéties, par lesquelles on terminait ordinairement le spectacle, et que l'on nommait *Exodies* ou *pièces atellanes*.

Les acteurs de ces farces conservaient tous leurs droits de citoyens et pouvaient servir dans les armées.

Le grand Cicéron était l'admirateur et l'ami du célèbre tragédien Esope et du célèbre comédien Roscius. Celui-ci était aussi l'ami de Pison et de Sylla : c'est pour lui que Cicéron fit son beau discours *Pro Roscio*.

Les mimes Labérius et Publius Syrus étaient fort renommés à Rome, sous Jules César. Auguste causait avec Pylade, et Bathylle était le favori de Mécènes.

En France, placés entre la noblesse, qui les nourrissait sur le pied de domesticité, et la bourgeoisie qui, ne les rencontrant dans aucune ville en corporation de quelque importance, oublia de les admettre à cette confraternité d'estime que les arts et métiers s'accordaient mutuellement, la condition des artistes dramatiques devint fort précaire. Elle fut empirée encore par les anathèmes que les ecclésiastiques français fulminèrent contre elle. Il le faut avouer, cependant, ils en avaient le droit. Le gouvernement civil peut refuser son concours, ses honneurs, ses récompenses, ses croix, ses pensions à ceux qui ne les ont point mérités : de même, le gouvernement ecclésiastique peut refuser ses sacrements, ses prières, ce qu'il appelle ses grâces et ses honneurs spirituels à quiconque ne lui en paraît pas digne. Il a pu abuser de son droit ; mais enfin c'était son droit.

Au reste, les anathèmes dont je parle n'ont existé qu'en France et seulement dans quelques diocèses. C'est aux jansénistes qu'on doit cela. Partout ailleurs. en Espagne et en Italie, il n'existe rien de semblable ; et même, lorsque les pièces de théâtre ne sont pas immorales, il est parfaitement loisible aux ecclésiastiques d'assister à leur représentation.

Le diocèse de Paris se montra sévère entre tous, à l'égard des théâtres et des acteurs : on sait ce qui fut fait à Molière. Cela n'empêcha pas la cour et la ville de les fréquenter et même de les honorer. Molière était reçu à la cour puritaine et démesurément aristo-

1   8

cratique de Louis XIV. Le comédien Baron forma à la déclamation dramatique une ou deux altesses royales de la famille de Louis XV. Au reste, Louis XIV et sa famille toute entière, la Pompadour, Marie Antoinette, les ducs de Provence et d'Artois se firent acteurs.

Aujourd'hui qu'on exerce l'art théâtral sans en être moins garde national, électeur, juré et éligible, la femme du monde reçoit dans son salon le comédien, le chanteur ou la cantatrice célèbres. Le bourgeois ne refuse pas à un artiste dramatique sa table et même sa fille, s'il gagne de bons appointements et mène une vie rangée, et le prolétaire professe presque du respect pour tout acteur.

ACTION. Expression des mouvements de l'âme par les mouvements et l'attitude du corps. On se sert particulièrement de ce terme pour la pantomine et l'art du chanteur et du comédien. — Le pantomime ne parle qu'aux yeux, tandis que le comédien y joint la déclamation ou le chant. L'action du chanteur déterminée par la musique, diffère de l'action du comédien qui déclame. — L'action embrasse 1º le maintien, la pose du corps, en un mot, l'attitude ; 2º les mouvements des différentes parties du corps, telles que la tête, les mains, les pieds. Les plus expressives de ces parties sont les yeux et les muscles du visage, les mains et les doigts. Les mouvements des pieds sont du domaine de la danse.

ACUITÉ. C'est cette modification du son qui fait qu'on le considère connmme *aigu* ou *élevé* par rapport à d'autres sons qu'on appelle *graves* ou *bas*. L'acuité du son dépend du nombre de vibrations que le corps sonore exécute dans un temps donné; plus ce nombre est grand, plus le son est *aigu* ou *élevé*.

On a cru longtemps qu'il y avait une limite au-delà de laquelle les sons étaient trop graves ou trop aigus pour être entendus. On avait fixé la limite de ces derniers à **12,000** ou **15,000** oscillations par seconde. M. Savart a prouvé que l'affaiblissement des sons extrèmes était la principale cause, sinon la cause unique, qui avait empêché de percevoir les sons placés en dehors de ces limites, et qu'en augmentant leur intensité on percevait très-bien les sons aigus correspondants à 48,000 oscillations ou 24,000 vibrations par seconde.

Acuto-aigu. Qualité du son qui résulte des vibrations rapides de l'air. (Voyez son.)

Adagio (posément). *L'adagio* est un mouvement un peu moins lent que le *larghetto*. (Voyez le mot mouvement.)

Le mot adagio se prend quelquefois substantivement et s'applique par métaphore aux morceaux de musique dont il détermine le mouvement ; ainsi l'on dira: un *adagio de Boccherini, Baillot exécutait très-bien l'adagio*, etc.

L'exécution de l'*adagio* exige la plus scrupuleuse observation des signes et des accents musicaux et repousse les ornements qui dénaturent la mélodie et détruisent l'idée du compositeur.

Adagio assai. C'est un mouvement plus lent que l'adagio.

Additato. Terme italien qui correspond au mot français *doigté*. Un morceau de musique est bien doigté, quand le compositeur, en écrivant, a facilité la position des doigts sur l'instrument qui doit servir à son exécution.

Additional keys. Terme anglais qui se trouve quelquefois dans les sonates et concertos de piano gravés en Angleterre, et qui signifie *touches ajoutées*, c'est-à-dire les touches qui succèdent à l'aigu, à la cinquième octave du clavier.

Addition des rapports, des intervalles. Calcul qui

est souvent nécessaire dans le canon (voyez ce mot), pour apprendre à trouver le rapport qui est égal au produit de l'addition des rapports.

A **DEUX**. On dit : une sonate à deux pianos, à deux violoncelles, etc. — Cette expression signifie souvent qu'on marche à l'unisson comme dans les parties de basson ; quelquefois même on rencontre ce terme dans un chœur ou ripiène : c'est quand le compositeur y entremêle de petits duos, en les marquant avec les mots *à deux*, indiquant par là que ces passages doivent être chantés à deux voix seules.

ADIAPHONON. L'horloger Schuster, de Vienne, appelle de ce nom un piano inventé par lui et qui ne perd jamais l'accord.

AD LIBITUM (à volonté). Cette expression est ordinairement employée dans les parties et dans les passages où le mouvement de la mesure est interrompu par un point d'orgue. Alors le compositeur laisse à l'exécutant la liberté de lier la note du point d'orgue à la note qui la suit avec des broderies ou des modulations à volonté.

ADONIDION. Espèce de poëme chanté en l'honneur d'Adonis.

ADONION. Chant exécuté par les Spartiates au moment d'attaquer l'ennemi. On avait l'habitude d'accompagner ce chant par des flûtes appelées *tibiæ ambulatoriæ*.

A DORIO AD PHRYGIUM. Proverbe ancien dérivé des modes dorien et phrygien, qui signifiait sauter, dans le discours, d'un objet à un autre, sans aucune transition.

ADRIANALI (adriniens). Jeux fondés par l'empereur Adrien.

ADUFE. Espèce de tambour de basque dont on se sert en Espagne.

AEGUAL. Ce terme désigne un registre d'orgues à huit pieds.

ÆOLINE. Instrument inventé et amélioré dans ces dernières années par Eschembach, Bavarois, mais dont on n'a pas encore une description bien exacte. Le son de cet instrument est produit par l'air, qui agit sur des baguettes en acier de différentes grandeurs. — Dans quelques églises de l'Allemagne on s'en sert pour accompagner le chant, et il a été introduit avec succès dans les orgues en forme de registre.

AFFECTIONS. La musique vit surtout d'affections et de sentiments. Le compositeur a principalement pour mission de traduire, en notes tour à tour vives, joyeuses, passionnées, plaintives et mélancoliques, les affections diverses qui agitent le cœur humain.— Bien qu'il n'ait pas la précision du langage ordinaire, le langage musical offre pourtant des ressources infinies. Écoutez une des belles compositions de Gluck, de Weber, de Rossini, quelle variété d'impressions fait naître en vous l'œuvre de ces grands artistes ! Avec quel art merveilleux ils savent exprimer tous les sentiments, l'amour, la haine, l'ironie, la colère. — La vive expression des affections de l'âme est le plus beau privilége du génie musical ; elle est la source des grands succès dramatiques. On ne saurait donc trop recommander aux compositeurs l'étude de la nature et du cœur humain. La science du contrepoint a son utilité sans doute, mais elle ne saurait produire que des résultats médiocres sans la connaissance des affections et des sentiments.

AFFECTUOSO. Ce mot est le signe d'une expression douce et tendre ; il indique un mouvement moins lent que l'adagio et plus posé que l'andante. Ainsi que la plupart des mots usités dans la musique, ce mot est tiré de l'italien, et se prend aussi substantivement.

Affinité des tons. On appelle ainsi les rapports plus ou moins étroits, plus ou moins nombreux que les tons possèdent les uns avec les autres.

Agada. Instrument à vent des Egyptiens et des Abyssins, qui a la forme d'une flûte, et dont on joue avec une anche semblable à celle de la clarinette.

Agali keman. Instrument à archet des Turcs, qui a une espèce de jambe, et dont on joue comme de notre violoncelle.

Agilité des voix. Exécution rapide de toute mélodie par le moyen des paroles ou de la simple vocalisation.

Agitato. Ce mot, écrit au commencement d'un morceau de musique, indique un caractère d'expression qui rend le sentiment vague du trouble et de l'agitation. Comme l'agitation ne saurait exister sans la vitesse, le mot *allegro* le précède ordinairement. S'il y a seulement *agitato,* on sous-entend *allegro.* La symphonie en *sol mineur* de Mozart, le duo de violon en *fa mineur* de Viotti, renferment chacun un bel *agitato.*

Agnus dei. On appelle ainsi une prière de la liturgie catholique romaine qui commence par ces mots, et que l'on chante ordinairement avant la communion. Suivant une bulle du pape Sergius Ier, de 688, elle doit terminer la messe.

Agoge. Mot grec qui indiquait chez les anciens la forme mélodieuse dans la marche successive des sons, soit en montant, soit en descendant.

Agoge rhythmique. Cette expression, chez les anciens Grecs, avait la même signification que notre mot *mesure.*

Agons musicaux. Luttes musicales, ou concours entre plusieurs instrumentistes ou chanteurs, pour un prix proposé, ainsi que cela se pratiquait dans les anciens jeux des Grecs, et se pratique encore aujourd'hui pour avoir une place vacante dans une chapelle ou dans un orchestre.

AGRÉABLE. Un morceau de musique d'un caractère agréable, est celui qui a un mouvement *moderato* : sa mélodie marche par gradation, évite les sauts, n'admet ni de nombreuses dissonances, ni de modulations éloignées.

AGRÉMENTS. Les agréments sont des sons ou des groupes de sons ajoutés par l'exécutant à ceux qui sont notés pour amener les intonations, lier les sons en remplissant les intervalles qui les séparent et donner ainsi plus de variété, d'effet et d'expression aux compositions. Les principaux agréments sont : le port de voix, la roulade, le trille, le groupe, la mise des voix, l'appogiature, le mordant ; ils sont employés de la même manière par les chanteurs et les instrumentistes. Les clavecinistes du siècle dernier employaient aussi des agréments qui s'appelaient *pincé, tremblement, arpègement,* etc.

AIR. Cette dénomination se donne en musique à un morceau dont le sens peut être compris étant exécuté par une seule voix ou un seul instrument, et lorsque ce morceau a toute l'étendue désirable pour constituer, d'après les règles de l'art, une pièce de musique bien complète. — Un bon air, pour mériter cette qualification, doit être un petit poëme musical, et on en compte un très-petit nombre. Il doit avoir son exposition, son nœud et son dénouement, et surtout cette unité si précieuse dans les beaux-arts, lorsque l'on veut plaire ou charmer. — Voyez les mots ARIETTE, RONDEAU, BARCAROLLE, NOCTURNE, ROMANCE, VAUDEVILLE, pour connaître leurs liens de parenté avec l'air dont ils sont issus, et savoir à quel degré de filiation les placent leurs titres.

ALIQUOTES. En musique l'on entend par parties aliquotes les sons secondaires qu'un corps sonore mis en vibration fait entendre en même temps que le son principal. Quand on frappe ou pince un corps sonore, si l'on y prête attention, on entend vibrer plusieurs sons : mais celui qui frappe le plus l'oreille après le son principal, c'est le douzième, et ensuite le dix-septième. Ces deux sons rapprochés de la tonique, ou son principal, donnent la quinte ou la tierce : en résumé, on appelle parties aliquotes les sons concomitants qu'une corde fait entendre simultanément avec le son principal.

ALLA BREVE, ALLA CAPELLA. Indication d'une mesure à quatre temps, que l'on ne bat que par deux, à cause de sa vitesse. Les notes se frappent également en matière de chant d'église. Dans les compositions musicales cette manière de mesure s'annonce par un C carré. Quoiqu'elle se trouve dans la musique profane, on ne s'en sert guère que dans la musique d'église, *di capella*, d'où vient l'indication *alla capella*.

ALLA PALESTRINA. C'est ainsi qu'on nomme quelquefois le contrepoint jugué, parce que le fameux Palestrina l'a porté à son plus haut degré de perfection. Ce contrepoint consiste à prendre un sujet un trait de plain-chant, tiré de la pièce de plain-chant que portent les paroles, et à le développer en manière de fugue.

ALLA ZOPPA (*à la boiteuse*), c'est une suite de figures dans lesquelles, entre deux notes d'une égale valeur, se trouve une note de la valeur des deux autres réunies.

ALLEGRETTO. Diminutif d'*allegro*, indique un mouvement gracieux et léger, qui tient le milieu entre l'*allegro*, et l'*andantino*.

ALLEGRO. Quoique ce mot signifie gai, il ne faut pas croire que le mouvement qu'il indique ne soit propre qu'à des sujets joyeux. C'est son degré de vitesse qu'il faut considérer, puisque ce mouvement s'applique parfois à des morceaux qui respirent l'emportement et le desespoir.

L'*allegro* est le mouvement le plus vif après le *presto* ; mais il reçoit tant de modifications selon la mesure et les passions des divers morceaux de musique, et même selon la nature des compositions, que l'on pourrait parcourir les deux tiers du métronome sans sortir du domaine de l'*allegro*.

Le mot *allegro*, écrit en tête d'un concerto, d'un air de bravoure, d'une polonaise, marque un mouvement modéré. Le même mot commande une grande vitesse, s'il s'agit d'un menuet de symphonie, ou d'une ouverture d'opéra.

Alleluia. Mot hébreux qui signifie *louez le Seigneur*. Saint Jérome est le premier qui ait introduit le mot alleluia dans le service de l'Église. Pendant longtemps, on ne l'employait qu'une seule fois l'année dans l'Église latine, savoir le jour de Pâques. Mais il était plus en usage dans l'Église grecque, où on le chantait dans la pompe funèbre des saints. Cette coutume s'est conservée dans cette Église, où l'on chante même l'*alleluia* pendant le carême. Saint Grégoire le Grand ordonna qu'on le chanterait aussi toute l'année dans l'Église latine ; ce qui donna lieu à quelques personnes de lui reprocher une prédilection marquée pour le rite des Grecs. Dans la suite, l'Église romaine supprima le chant *alleluia* dans l'office de la messe des morts, aussi bien que depuis la Septuagésime, jusqu'au graduel de la messe du samedi saint, et elle y substitua ces paroles : *Laus tibi, Domine, rex æternæ gloriæ*, comme on le pratique encore aujourd'hui. Haendel a composé sur ce thème un morceau de musique devenu célèbre.

Allemande. Danse originaire de l'Allemagne. Cette figure chorégraphique, composée de passes tout à fait pittoresques, et dans laquelle un cavalier semble coqueter entre deux dames et les courtiser tour à tour, s'exécute avec un air très-gai dont la mesure se bat à deux temps. On l'a dansée autrefois en France. Elle est maintenant exilée de nos salons, et bien à tort, selon nous ; car elle est infiniment plus gracieuse qu'un grand nombre de figures qui l'ont remplacée.

ALLEMAGNE. A l'époque de la renaissance des lettres et des arts, tandis qu'en Italie la musique prenait un brillant essor, elle restait à peu près stationnaire dans les autres contrées de l'Europe. — L'Espagne, toute préoccupée de ses gigantesques projets d'ambition et de sa conquête du Nouveau-Monde, n'attachait qu'une faible importance à la culture des arts. — Les Pays-Bas, où Jean Tinctor avait porté les premiers éléments de l'harmonie, n'avaient encore produit aucun homme de génie qui sût développer et faire éclore ces germes précieux. — L'Angleterre, uniquement absorbée par une pensée fixe, incessante, le désir d'étendre et de consolider sa puissance industrielle et maritime, dédaignait le culte de l'art musical. — La France n'avait encore que des essais informes, des œuvres sans portée, et l'Allemagne ne possédait que les chants populaires de ses *minnesingers*, dont le plus souvent l'harmonie était défectueuse et les paroles totalement dénuées d'euphonie.

Mais à la fin du dix-septième siècle, l'Allemagne subit tout à coup une brillante métamorphose. Le génie de la Germanie, qui s'était longtemps consumé en ébauches grossières, entre dans une voie de régénération, et verse sur l'Europe des flots de poésie. On voit à cette époque se produire dans le domaine de l'art musical des chefs-d'œuvre et des grands maîtres, qui rivalisèrent avec les plus célèbres artistes de l'Italie, tout en conservant un caractère individuel, et en imprimant à leurs compositions ce cachet de grandeur, d'élévation, de mélancolie, de rêverie mystique, qui fait le charme de la poésie allemande. — Charles-Henri Graun est, dans l'ordre chronologique, un des

premiers maîtres qui aient illustré l'école allemande.
Graun a également brillé comme chanteur et comme
compositeur. Lorsque Frédéric II monta sur le trône,
il le nomma son maître de chapelle. Ce prince, excellent virtuose sur la flûte, se connaissait en musiciens.
Le talent principal de Graun comme chanteur était l'*adagio* et il faisait ce qu'on appelle les *traits* avec autant
de facilité que de goût. Comme compositeur la pure
et belle expression de ses ouvrages, le charme de la mélodie et son harmonie savante l'ont justement placé au
rang des classiques. Des cantates, des motets où respire
un profond sentiment religieux, des compositions dramatiques pleines de chaleur et de verve, des compositions plus légères où son talent a déployé beaucoup
de grâce et de souplesse, tels sont les titres de Charles
Graun aux suffrages du monde musical. A côté du
compositeur dont nous venons de parler, Philippe-
Emmanuel Bach figure avec éclat dans les fastes de
l'harmonie allemande. Sébastien Bach eut son père
pour maître et ses frères pour rivaux. Il naquit à
Weimar en 1714, acheva ses études à Leipsick, fonda
à Francfort sur l'Oder une académie dont, jeune encore, il eut la direction, et plus tard fut nommé musicien de la chambre à la cour de Berlin, où il accompagna dans un solo de flûte le grand Frédéric à
son avénement au trône. Une grande richesse d'érudition, une étonnante profondeur et une piquante
originalité d'aperçus, telles sont les principales qualités des ouvrages didactiques de Bach. Par la lucidité
de l'exposition, par l'excellence de la méthode, son
Essai sur le clavecin rivalise avec les écrits théoriques
les plus remarquables et les plus complets que possède
l'Allemagne musicale. Ses compositions dramatiques
et religieuses portent toutes le cachet d'une individualité puissante, et plus d'un artiste a puisé dans l'étude
de ses ouvrages de sérieuses et fécondes inspirations.

2 *a*

Un nom qui brille d'un vif éclat dans les fastes de l'art germanique, c'est celui de Haydn, surnommé le *cygne de l'Allemagne*. A dix ans, Haydn s'essayait déjà avec succès dans la composition de morceaux à seize parties. A quinze ans, il fit son premier quatuor, qui, malgré les clameurs de l'envie, obtint un grand et légitime succès. A dix-huit, il composa pour un chanoine de Cadix son célèbre oratorio des *Sept paroles de Jésus-Christ*, destiné à être exécuté dans la cathédrale de cette ville pendant la semaine sainte. Plus tard, l'illustre maître se retira dans une petite maison d'un des faubourgs de Vienne. C'est là qu'il composa les oratorios de la *Création* et des *Saisons*. Ces œuvres si puissantes, si grandioses, d'une conception si belle, d'un style si élevé, sont la production d'un âge avancé, et cependant on trouve dans toutes les parties de ces vastes compositions tant de sève, tant de verdeur d'imagination, qu'on les croirait écloses dans toute la vigueur de la jeunesse. — Tout près de Haydn vient se placer naturellement le profond et brillant Mozart. Wolfgang Mozart, né à Saltzbourg, en 1756, n'avait que trois ans, lorsque, écoutant son père qui donnait des leçons de clavecin à sa sœur, il manifesta dès cet âge de merveilleuses dispositions pour la musique. A quatre ans, il jouait des menuets ; à cinq, il composait de petits morceaux de musique que son père écrivait. A la fin de sa septième année, il vint à Paris où il composa et publia ses deux premières œuvres. En Angleterre, où il passa bientôt après, il joua à la première vue, avec toute la justesse et la précision désirables, les morceaux les plus difficiles de Bach et Haendel. Il composa à cette époque six sonates qu'il fit graver à Londres. Après cette excursion dans la capitale de l'empire britannique, il vint se réchauffer au soleil de l'Italie. A Florence, à Rome, il excita le plus vif enthousiasme. A Milan, il composa l'Opéra de *Mithridate*, qui eut vingt représentations de suite. Trois ans après, celui de *Lucio Sylla* en eut vingt-trois; et successivement l'Europe vit paraître cette série de créations magnifiques du musicien le plus étonnant peut-être qu'ait produit l'Allemagne.

A ces grands compositeurs, ajoutons Reynard Keiser, surnommé *le père de la mélodie allemande*; Amédée Naumann, qui, d'une obscure école de village, s'élançant dans une sphère éclatante, enrichit successivement l'Italie, le Danemarck, la Suède, de belles productions dramatiques et religieuses; Joachim Quantz, qui fut à la fois un compositeur distingué et un admirable violoniste; Frédéric Haendel, dont le génie profond et vigoureux a exercé sur l'Europe entière une magique influence et commencé l'importante révolution que devait plus tard achever le puissant Gluck. A vingt ans, Haendel donna à Hambourg son premier opéra allemand, intitulé *Almira*. Bientôt il vint en Italie, et fit jouer à Florence son premier opéra italien, intitulé *Rodrigo*. A Venise il fit représenter celui d'*Agripine*; à Rome, *il Trionfo del Tempo*, et à Naples, *Alcide e Galatea*. Plus tard il passa en Angleterre, où l'appelaient également la gloire et la fortune. L'opéra de *Rinaldo*, qui fut son début sur la scène britannique, devint la pièce favorite des Anglais et jeta les bases de la colossale réputation qu'il acquit chez cette nation opulente. Il se fixa dès ce moment en Angleterre. Non content de l'inhumer dans la sépulture de leurs rois, les Anglais lui ont voté une fête funèbre qui se célèbre tous les ans à l'époque de sa mort. — La révolution musicale commencée par Haendel fut achevée par Gluck. Christophe Gluck naquit dans le Haut-Palatinat, en 1714. C'est à Prague qu'il puisa les premières notions de l'art musical, et s'y fit d'abord remarquer comme ex
, cellent violoniste. L'Italie jouit de ses premiers tra-

vaux. C'est là qu'il apprit la composition et qu'il fit jouer son premier opéra. A Venise, il donna celui de *Démétrius*, qu'accueillirent de chaudes sympathies. Il passa ensuite en Angleterre, et fit représenter sur la scène britannique la *Chute des Géants*, sujet grandiose et digne d'un génie aussi élevé. A partir de cette époque, il se fit un système où tout est lié, combiné, senti. Sur cette forte base, il se mit à construire, pierre à pierre, son grand et majestueux édifice dramatique. Fort de ces nouveaux principes, il débuta au théâtre de Vienne par les opéras d'*Hélène et Pâris*, d'*Alceste* et d'*Orphée*. A Paris, le succès d'*Iphygénie en Aulide* mit le seau à sa réputation.

Nous compléterons cette brillante galerie de l'école musicale allemande par les noms de Weber, ce grand musicien, ce grand poëte, qui a déployé dans son *Freischutz* tant d'originalité, tant d'inspiration ; de Bœthoven, dont l'imagination active et féconde produisit en peu d'années une foule de chefs-d'œuvre, et notamment *Fidelio, le Christ au Jardin des Oliviers*, ses concertos de violon, ses trios, ses quatuors, son grand septuor et surtout ses symphonies ; de Schubert, de Meyerbeer, de Lachner, de Mendelsohn, de Spohr, qui a fait *Jessonda, Faust* ; de Schneider, l'auteur du *Déluge* ; de Richard Wagner, l'auteur de *Tannhœuser*, etc.

En Allemagne, l'exécution vocale est loin d'être arrivée à d'aussi beaux résultats que la composition. Comme l'Espagne, l'Angleterre et le Portugal, elle a été longtemps sous ce rapport tributaire de l'Italie. Cependant, depuis quelques années, un grand mouvement artiste s'est opéré en Allemagne et s'est manifesté par la création de nombreuses et remarquables sociétés chorales. On distingue entre toutes, celles de Cologne et de Mayence. Sous les autres rapports, l'Allemagne paraît sommeiller un peu.

Un des titres les plus éclatants de l'école allemande à l'estime du monde musical, c'est la supériorité de ses instrumentistes. Il suffit de citer Benda, Stamitz, Fraentzel, Léopold Mozart, le père de l'immortel auteur de *Don Juan,* Crammer, et, de nos jours, Listz, Thalberg, Doehler.—L'esthétique et la littérature musicales constituent aussi un des plus riches trésors de l'école allemande. La Bohème, la Saxe, l'Autriche possèdent une foule d'établissements, d'écoles élémentaires dans les villes et jusque dans les campagnes. Quant aux traités, aux ouvrages didactiques, les œuvres de Fuchs, de Mathisson, de Marpurg et de Kock, pleines de pensées neuves et profondes, d'aperçus intéressants, égalent et surpassent même les productions des écrivains didactiques les plus distingués de la France et de l'Italie.

ALPHABET MUSICAL. L'alphabet musical n'est composé que de sept mots. Les voici : *A, la, ré, mi (la), B, mi (si), C, sol, fa, ut (do), D, la, sol (ré), E, la, mi (mi), F, la, ut (fa), G, sol, ré, ut (sol).* Ces termes servent à désigner les différents sons de la musique, qui, dans l'ordre naturel, ne sont qu'au nombre de sept, ainsi que les degrés contenus dans l'octave.

Dans l'article *solmisation,* nous ferons connaître l'origine de cet alphabet et ses différentes compositions. Aujourd'hui on a abandonné ces anciennes dénominations, et le solfége moderne a adopté les syllabes *ut, ré, mi, fa, sol, la, si.*

ALTÉRATION. En musique élémentaire, ce mot désigne le changement que l'on fait subir aux notes naturelles ou diatoniques par le moyen de certains signes nommés *dièses, bémols* ou *bécarres.*

Le dièse élève d'un demi-ton la note devant laquelle il est placé, le bémol l'abaisse d'un demi-ton, et le bécarre la remet dans son état naturel, en détruisant l'effet du dièse ou du bémol.

Le demi-ton d'élévation que le dièse produit et le demi-ton d'abaissement produit par le bémol ne coïncident pas tout-à-fait au même point. Ainsi *ut* dièse et *ré* bémol ne donnent pas tout-à-fait le même son; *ut* dièse est un peu plus élevé que *ré* bémol, et réciproquement *ré* bémol est un peu plus bas que *ut* dièse; de sorte qu'en montant d'*ut* à *ré*, on a *ut*, *ré* bémol, *ut* dièse, *ré*. C'est pour cela que *ut* dièse tend à monter vers *ré*, et *ré* bémol, au contraire, à descendre vers *ut*.

En pratique, *ré* bémol et *ut* dièse sont considérés comme donnant le même son. Dans les instruments à sons fixes, comme le piano, l'orgue, etc., on élève un peu le bémol et on abaisse un peu le dièse pour les faire coïncider parfaitement au même point. C'est ce qu'on appelle *tempérament*. (Voyez ce mot.)

Altération. Dans la science harmonique, on appelle accord *altéré* celui dont une ou plusieurs notes sont accompagnées d'un signe altérateur qui les élève ou les abaisse d'un demi-ton, sans que cet accord perde pour cela son individualité. Ainsi, l'accord de dominante *sol*, *si*, *ré* bémol, *fa*, ou *sol*, *si*, *ré* dièse, *fa*, au lieu de *sol*, *si*, *ré*, *fa*, est un accord *altéré*.

Outre la multiplicité d'accents expressifs que les altérations introduisent dans l'harmonie, elles mettent en rapport, les uns avec les autres, les tons les plus divers, et procurent le moyen d'opérer les modulations les plus inattendues. Ainsi, par exemple, le *ré* bémol ou le *ré* dièse de l'accord altéré cité plus haut ne change rien à la nature de cet accord, il y introduit cependant l'attraction puissante de *ré* bémol vers *ut* ou de *ré* dièse vers *mi*. Or, cette attraction puissante donne la faculté de moduler dans plusieurs tons fort différents et fort éloignés d'*ut* naturel. Nous en parlerons en détail à l'article Modulation. (Voyez aussi le mot Prolongation des notes altérées.)

Alto. Voix de femme située au-dessous du soprano

et au-dessus du contre-alto. (Voyez l'article Voix.)

ALTO OU ALTO-VIOLA. On appelle ainsi un instrument à quatre cordes, connu sous le nom de *violle*, d'une dimension un peu plus grande que celle du violon, et qui tient, dans un orchestre, le milieu entre cet instrument et le violoncelle ou la basse. Comme le violon, il est composé de deux tables collées sur des éclisses qui forment le tour de l'instrument, et d'un manche dont le sommier est traversé par des chevilles qui servent à tendre les cordes retenues à l'autre bout par une seconde pièce de bois noirci que l'on appelle la queue. Le manche est également couvert par une seconde pièce de bois dur et noirci qu'on nomme la touche, et sur laquelle posent les cordes légèrement inclinées par le chevalet placé entre lui et la queue. —L'alto n'a que quatre cordes comme le violon, et se joue de même, avec un archet qui lui fait rendre un son plus grave, mais doux et mélancolique. — L'alto nous vient des Italiens, qui excellaient dans la fabrication de cet instrument. Le nom du célèbre Amati donne, de nos jours, un prix très-élevé à ses productions, devenues très-rares. — Le timbre de l'*alto* possède des qualités expressives si saillantes, que dans les occasions où les anciens compositeurs l'ont mis en évidence, il n'a jamais manqué de répondre à leur attente. On sait l'impression profonde qu'il produit toujours dans ce morceau d'*Iphégénie en Tauride*, où Oreste, accablé de fatigue, haletant, respirant à peine, s'assoupit en répétant : *Le calme rentre dans mon cœur!* pendant que l'orchestre, sourdement agité, fait entendre des sanglots, des plaintes convulsives, dominés incessamment par l'affreux et obstiné grondement des altos.

Quelquefois on donne aux altos la partie grave de l'harmonie. Gluck l'a fait pour rendre plus terrible l'attaque des basses, au *forte,* et Sacchini, dans l'air d'OEdipe : *Votre cœur devient mon asile*, pour donner à l'instrumentation une fraîcheur et un calme délicieux.

Autrefois, on appelait alto-basso, un instrument de percussion à cordes que le musicien frappait avec un petit bâton, tandis que de l'autre il jouait sur la flûte un air qui s'unissait aux sons de l'alto-basso accordé à l'octave, à la quinte ou à la quarte. De nos jours, il n'est plus d'usage parmi les musiciens, qui en conservent à peine le souvenir.

AMATEUR. On nomme ainsi celui qui, sans être musicien de profession, fait sa partie dans un concert pour son plaisir et par amour pour la musique. — On appelle encore amateurs ceux qui, sans savoir la musique, ou du moins sans l'exercer, s'y connaissent et fréquentent les concerts et les théâtres lyriques. — Ce mot est traduit de l'italien *dilettante*. (Voyez MÉLOMANIE.)

AMBROISIEN (chant et rit). Lorsque saint Ambroise monta sur le siége épiscopal de Milan, en 374, il y avait incontestablement dans cette Eglise un *ordre* provenant d'un de ses prédécesseurs pour célébrer les saints mystères. Mais les cérémonies en étaient simples, sans fixité, conformes, en un mot, à l'état d'humilité des chrétiens et à l'esprit qui les animait. Quelques-unes des parties de la liturgie n'étaient peut-être pas encore écrites, et certainement elles n'étaient pas toutes recueillies. Saint Ambroise leur donna la forme et la splendeur qui leur convenaient. Il organisa la liturgie dans le diocèse de Milan, et en fit un tout complet. Il composa des messes pour chaque circonstance, un grand nombre de préfaces où l'on voit en peu de mots les sujets des mystères et les actions des saints, beaucoup d'hymnes et d'autres prières.

Quant à la psalmodie, il est constant qu'il établit, en 386, le chant alternatif des psaumes à l'imitation des Eglises orientales, et que, de Milan, il passa dans tout l'Occident, dont quelques contrées le possédaient encore dans le xiie siècle comme saint Ambroise l'avait noté. C'est ce saint prélat qui nous apprend lui-même cette institution dans sa lettre à sa sœur Marceline.

Amen. Ce terme hébraïque, qui signifie *ainsi soit-il*, a été adopté par les chrétiens dans plusieurs cérémonies religieuses. Quand le prêtre a terminé une prière, le peuple, en signe d'approbation, répond *Amen*. Ce mot est employé aussi pour désigner le dernier verset de plusieurs textes ecclésiastiques, tels que les psaumes, les hymnes, les motets, qui se terminent par le mot *amen*.

Amoroso (tendrement). Ce mot indique l'expression tendre et touchante d'un morceau de musique. Il accompagne souvent les mots *andante* et *andantino*, et demande une exécution semblable à celle de l'*affettuoso*.

Anabasis. Ce terme indiquait chez les anciens Grecs une mélodie ascendante.

Anacampos. Expression grecque qui signifiait le contraire de la précédente, c'est-à-dire une progression de l'aigu au grave.

Anche. Deux languettes de roseau fort minces dans leur extrémité, placées horizontalement l'une sur l'autre et assujéties sur un petit tuyau de métal, forment l'anche du hautbois. Celles du cor anglais et du basson, faites de la même manière, ont des proportions plus grandes. — L'anche de la clarinette n'a qu'une seule languette de roseau, qui produit les vibrations en frémissant contre le bec de cet instrument où elle est fixée.

Anciens (Musique des). Lorsque les savants modernes lisent dans les ouvrages de l'antiquité les éloges pompeux qu'on y fait de la musique, et les merveilles qu'on lui attribue, ils ne peuvent les concevoir ; et comme ils ne voient rien dans l'étude et dans la pra-

tique d'un art assez frivole qui justifie ces éloges ou
qui confirme ces miracles, ils traitent les auteurs de
visionnaires et les accusent d'imposture, sans réfléchir que ces écrivains qu'ils osent ainsi calomnier
sont les hommes les plus judicieux, les plus sages,
les plus instruits et les plus vertueux de leur siècle.
Les musiciens eux-mêmes, fort embarrassés d'expliquer au moyen de la musique moderne les effets sur-
prenants attribués à l'ancienne, prennent le parti de
rejeter ces effets tantôt sur la nouveauté de l'art, tantôt
sur le pouvoir de la poésie qui y était unie, tantôt sur la
prétendue grossièreté des peuples. Burette, le moins
excusable de tous, puisque ses connaissances devaient
le rendre plus juste, prétend que les merveilles qu'on
raconte de la musique des anciens ne prouvent en
aucune manière sa supériorité sur la nôtre, et qu'Orphée, Demodocus, Terpandre, n'opéraient rien de
plus que ne pussent opérer les plus mauvais râcleurs
de village s'ils trouvaient de semblables auditeurs.
Cet écrivain, qui croit pouvoir assimiler ainsi les peuples de l'antiquité aux hordes sauvages de l'Amérique, oublie sans doute que ces peuples étaient, de
tous ceux qui ont paru sur la terre, les plus sensibles
aux beautés des arts ; il ne pense pas que c'est peu de
temps après l'apparition d'Orphée que viennent Hé-
siode et Homère, les plus savants des poètes, Lycurgue et Zaleucus, les plus rigides des législateurs. Il
ne veut pas voir que Tyrthée et Terpandre étaient
presque contemporains de Sapho et d'Esope, de Solon
et de Pindare. Nous ne savons pas comment il aurait arrangé des choses aussi contradictoires s'il avait
voulu y réfléchir un moment, ni de quelle manière
il nous aurait prouvé que ceux qui avaient des poésies
comme celles d'Homère et de Sapho, des lois comme
celles de Lycurgue et de Solon, des statues comme
celles de Phidias, se seraient extasiés en écoutant

l'harmonie d'un de nos ménétriers ; car nous, dont la musique est si parfaite à son avis, qui possédons des opéras si magnifiques, nous sommes encore bien loin d'avoir rien de comparable à l'*Iliade* et à l'*Odyssée*, rien qui approche de l'Apollon du Belvédère et de Vénus pudique, quoique nos poëtes et nos statuaires copient et recopient sans cesse ces admirables modèles. Il fallait que le brillant auteur d'*Anacharsis* eût sur les yeux un bandeau bien épais, pour avoir adopté sans examen l'opinion de Burette ; il semble qu'il aurait dû lui préferer celle de Platon, celle de d'Aristote, celle de Plutarque.

Ces opinions valaient pourtant la peine d'être discutées. L'historien Polybe, dont on connaît l'exactitude, raconte que de tous les peuples d'Arcadie, les Cynèthes étaient les plus féroces, et il attribue hardiment leur férocité à l'éloignement qu'ils avaient pour l'art musical. Il s'élève avec force contre un certain Éphore qui avait osé dire que la musique ne s'était introduite parmi les hommes que pour les séduire et les égarer par une sorte d'enchantement, et lui oppose l'exemple des autres Arcadiens qui, ayant reçu de leur législateur des règlements propres à leur inspirer le goût de la musique, s'étaient distingués par leurs mœurs douces et leur respect pour la Divinité. Il fait le tableau le plus flatteur des fêtes où la jeunesse arcadienne s'accoutumait, dès l'enfance, à chanter les hymnes religieux en l'honneur des dieux et des héros du pays.

Ainsi, Polybe attachait à la musique le pouvoir d'adoucir les mœurs. Longtemps auparavant, Platon avait reconnu dans cet art une influence irrésistible sur la forme du gouvernement ; il n'avait pas craint de dire qu'on ne pouvait faire aucun changement dans la musique sans en effectuer un correspondant dans la constitution de l'État. Cette idée, suivant ce philosophe, appartenait à Damon, qui avait donné des leçons d'harmonie à Socrate. Mais, après l'avoir reçue de Socrate, il l'avait fort développée par ses études et ses méditations. Jamais il ne perd dans ses ouvrages l'occasion de parler de la musique et de démontrer ses effets : il assure dès le commencement de son livre des *Lois*, que dans la musique sont renfermées toutes les parties de l'éducation.— L'homme de bien, avait-il dit ailleurs, est le seul excellent musicien, parce qu'il rend une harmonie parfaite, non pas avec sa lyre ou tout autre instrument, mais avec le total de sa vie. Ce philosophe se garde bien, comme le vulgaire commençait à le faire de son temps, de placer la perfection de la musique dans la faculté qu'elle a d'affecter agréablement l'oreille. Il assure, au contraire, que rien n'est plus éloigné de la droite raison et de la vérité. La beauté de la musique consiste, selon lui, dans la beauté de la vertu qu'elle inspire ; il pense qu'on peut connaître les inclinations des hommes par l'espèce de musique qu'ils aimene ou qu'ils louent, et veut qu'on forme de bonne heure leur goût sur cette science en la faisant rentrer dans l'éducation des jeunes gens, d'après un système fix et bien arrêté.

Le système musical que Platon avait en vue dans ce passage était originaire d'Égypte. Porté d'abord en Grèce par Orphée, quant à la partie poétique, il fut ensuite développé par Pythagore, qui en expliqua la partie théorique assez exactement, cachant seulement le principe fondamental de la science, dont il réserve la connaisance aux seuls initiés, ainsi qu'il en avait pris l'engagement dans les sanctuaires ; car les prêtres égyptiens ne communiquaient les principes des sciences en général qu'après les plus terribles épreuves, et les serments les plus solennels de les taire ou de ne les livrer qu'à des hommes dignes de les posséder.

Voilà la cause de ce long silence que Pythagore exigeait de ses disciples, et l'origine de ces voiles mystérieux dont il les obligeait à son tour de couvrir ses enseignements.

Le système musical que nous possédons aujourd'hui nous étant venu des anciens, est, quant à son principe constitutif, le même que le leur ; il n'a varié que dans les formes poétiques. C'est ce même système que Timée de Locres regardait comme institué par les dieux pour le perfectionnement de l'âme, et dans lequel il voyait cette musique céleste qui, dirigée par la philosophie, peut facilement forcer la partie sensible de l'âme d'obéir à l'intellectuelle, adoucir sa partie irascible, et les empêcher de se mouvoir contre la raison, ou de rester oisives quand la raison les appelle.

Les poëtes anciens avaient tracé des modèles de mélodie et d'harmonie, et les avaient fait graver sur des tables exposées aux yeux du peuple dans les temples : il n'était permis à personne de rien changer à ces modèles; en sorte que les mêmes lois règlent tout ce qui concerne la musique, la peinture et la sculpture. On voyait des ouvrages de ces deux derniers arts qui dataient de mille ans, on entendait des chants qui remontaient à la même époque.

L'antiquité de ce système musical en laisse inférer l'universalité ; aussi le trouve-t-on, avec des modifications diverses, dans tous les lieux de la terre qu'ont habités les anciens.

Nous nous sommes bornés, dans cet article, à des idées générales sur la musique des anciens ; nous développerons ce sujet d'une manière plus étendue aux articles *Egypte, Grèce, Rome,* etc.

Andamento. Ce mot italien désigne, relativement à la composition de la fugue, une période, une composition, une espèce de sujet un peu long, qui parcourt toutes les phases du ton, y mêle parfois d'autres sujets, et contient deux ou plusieurs membres.

L'expression *andamento* se prend aussi pour *mouvement*, et l'on dit un andamento, juste, vif, rapide ; quelquefois pour *caractère*, en disant : Cette composition a une marche *andamento* (régulière et calme).

ANDANTE. Placé en tête d'une œuvre musicale, ce mot *andante* commanderait à l'exécution la grâce, le laisser-aller *(andare)*, si la conduite d'un orchestre et le génie d'une œuvre pouvaient dépendre d'un mot, d'un titre. Ici, comme dans tous les cas d'indications italiennes, il faut bien se rappeler que le sens des mots subit la loi des temps, des lieux et des mœurs.

ANDANTINO, diminutif d'andante, imprime à la mesure une certaine régularité qui tient de la raideur plutôt que de la gravité. On aurait tort toutefois de prendre cette définition à la lettre, car *andantino* se trouve dans les mêmes opéras en tête de vingt morceaux d'un génie tout différent. C'est du reste le destin de toutes les indications italiennes. L'andantino doit être exécuté de la même manière que l'andante, mais avec un mouvement un peu plus vif.

ANÉMOCORDE. Instrument à clavier dans lequel les cordes résonnent au moyen d'un courant d'air qui les frappe. Cet instrument fut inventé à Paris, en 1789, par un Allemand nommé Jean Schuel.

ANGELICA VOX. Registre d'orgues à forme cylindrique et à anche.

ANGÉLIQUE. C'est un instrument ancien de la famille des luths, employé en Angleterre, et que l'on croit avoir été inventé dans le dix-septième siècle par Rotz, fabricant d'orgues à Mulhausen, en Alsace.

ANGLETERRE. Dans le moyen âge, la musique eut en Angleterre la même existence qu'en France et en Italie ; elle fut divisée en musique religieuse et en musique séculière. La première était consacrée au

plain-chant ou *canto fermo*; la seconde, aux fêtes de
la ville et de la cour. Dès le règne de Henri VIII, les
ménétriers et les troubadours, ces rustiques Orphées
des temps barbares, disparurent ; et ce prince offrit
aux Anglais le même phénomène qui avait frappé les
Romains sous l'empire de Néron, le spectacle d'un
tyran sanguinaire aimant et cultivant lui-même la
musique, celui de tous les arts le mieux fait pour
adoucir le cœur humain.

Dans ce temps, Londres comptait un grand nombre
d'amateurs, et le goût de l'art musical était tellement
répandu, que son enseignement faisait déjà partie in-
tégrante de l'éducation des personnes nées dans l'o-
pulence. Ce goût général étendit son influence sur le
règne suivant, et l'on vit la reine Élisabeth protéger
la musique et la cultiver elle-même, comme l'avait
cultivée son père. Le poëte Shakspeare connaissait
cet art ravissant et lui adressa d'éclatants hommages
dans plusieurs de ses drames. Ce furent les premiers
vers que les Anglais entendirent chanter sur leurs
théâtres, et l'on peut dire que de là date l'origine de
leur opéra.

Parmi les meilleurs compositeurs de ce temps pour
la musique d'église et la musique séculière, citons
d'abord Thomas Tallis. Tallis fut le plus grand musicien, dit Burney dans son *Histoire de la Musique*,
non-seulement de l'Angleterre, mais de l'Europe,
pendant le seizième siècle. Ses compositions religieuses portent l'empreinte de la plus riche et de la
plus pure harmonie. — Guillaume Bird et Thomas
Morley furent les dignes disciples de Tallis. Morley
était attaché à la chapelle de la reine Élisabeth. Excellent théoricien dans l'art musical, il fut aussi un
praticien très-habile. Les ouvrages de ce compositeur
sont des chansons, des madrigaux et des cantates.

En Angleterre, la musique vocale séculière fut inférieure à celle de l'église, particulièrement sous le règne d'Élisabeth. Les chants à trois et à six voix, composés par Witame, sont, les uns trop longs, les autres trop courts. Quant au dessin musical et à la forme, tous portent l'empreinte encore rude des temps où ils ont été composés. Les paroles de ceux de ces chants faits avant l'apparition de Bird sont extrême-ment barbares. Cependant les fréquents voyages que les Anglais opulents commencèrent à faire dès cette époque en Italie, leur firent apprécier la douceur et le charme de sa musique. Des madrigaux italiens furent adaptés à des vers anglais. Palestrina, Luca Maren-zio et d'autres compositeurs italiens furent les Orphées de l'Angleterre.

Les premiers madrigaux anglais furent ceux de John Wilbie, qu'on chantait solennellement chaque année dans les colléges. — Bientôt parurent les ma-drigaux à trois, quatre, cinq et six voix, dont Thomas Wilkes fit les accompagnements et Shaks-peare les paroles. Ces compositions sont placées avec raison parmi les meilleurs ouvrages du temps.

Nos lecteurs verront avec plaisir sans doute que, parmi les compositeurs anglais de cette époque, fi-gure aussi le père de Milton. Divers historiens ont parlé avec de grands éloges de son talent musical. Il fit, dit-on, jusqu'aux carillons qu'on sonne dans les campagnes, en Angleterre, et les chants que mur-murent les nourrices en berçant leurs enfants. Il com-posa *In nomine Patris* sur quarante tons.

Les airs ou ariettes que Férabosca composa dans le même temps portent tous l'empreinte profonde de la mélodie italienne. Ils firent faire à celle de l'Angle-terre des pas aussi grands que rapides.

En même temps, la musique d'église, les madri-gaux et les chants appelés *en parties* se perfection-nèrent. Le goût, le rhythme, la grâce et l'accent bril-

lèrent également dans ces divers genres de compositions, qui n'étaient point inférieures à celles du con-
tinent.

Sous le règne de Charles Ier, la musique conti-
nuant ses progrès, Thomas Tomkins, élève de Bird,
composa un nombre considérable d'ouvrages d'eglise
justement admirés. Elway Bevia, élève de Tallis, déploya un tel talent dans les siens, que, perdus en partie depuis, ils ont laissé de justes regrets aux amis de
l'harmonie. — Mais le plus grand des maîtres de ce
temps fut Edwar Gibbons. La mélodie de ce profond
compositeur est pleine d'expression et de douceur ;
son harmonie est claire, facile et pure. Il composa,
comme les Tallis et les Bird, ses maîtres, *alla pal-
lestrina*. Ses airs sont majestueux et solennels, ses
fugues sont riches.

C'est également sous le règne de Jacques Ier que
fut jouée la première comédie écrite en anglais, où
l'on introduisit de la musique pendant les entr'actes.

La tragi-comédie intitulée *Cambyse*, où il y eut un
banquet sur le théâtre, pendant lequel une musique
instrumentale se fit entendre, et les masques, dont
l'usage se répandit à la cour comme à la ville, furent
des amusements qui devaient amener nécessairement
l'invention de l'opéra.

Sous le règne de Charles Ier, la musique dut suivre
le sort de l'Etat lui-même ; elle marcha rapidement
vers sa décadence. L'anarchie ne conserve et ne res-
pecte rien. La destruction est son génie.

La restauration anglaise, consommée par le retour
de Charles II, en ramenant la paix et les plaisirs dans
Londres, y ramena aussi la musique. Smith et Harris,
grands compositeurs et grands organistes, vinrent,
l'un d'Allemagne, l'autre de France, pour ranimer
l'harmonie expirante. L'entrée de Charles II et son
couronnement donnèrent à la musique, interprète de

l'allégresse publique, l'occasion de signaler ses progrès. Mais, soit que l'émigration eût influé sur elle, soit que l'interrègne lui eût porté des coups mortels, elle parut à cette époque plus française qu'anglaise. Blow, compositeur, dont plusieurs ouvrages sont admirables, se signala pendant ce règne; Michel Wise, Thomas Tudway, suivirent ses traces. Mais tous furent effacés par Henri Purcell. Son génie embrassa tous les genres de composition. Profond et souvent sublime dans la musique d'église, il fut agréable et plein d'expression dans la musique séculière. Le premier il reconnut le charme et la puissance de la voix, et en respecta les accords. Grâce à lui, la musique dramatique, jusqu'alors informe, subit de notables perfectionnements. Il surpassa tellement ses devanciers dans la musique de chambre, que la plupart de leurs compositions tombèrent dans l'oubli à partir de l'époque où les siennes parurent. Comme musique instrumentale, les airs qu'il a mis à des odes, à des ballets, à des madrigaux, sont des morceaux ravissants.

Sous le règne de Jacques II, et généralement pendant une moitié du dix-septième siècle, la musique anglaise fut atteinte d'un principe de décadence, comme elle l'avait été pendant l'interrègne et le protectorat. Jacques II s'occupa exclusivement d'abstractions et de controverses religieuses, sans encourager les arts et les sciences. Cependant, vers la fin de ce siècle, les progrès de la musique instrumentale furent sensibles, surtout dans le violon, et Nicolas Matheïs et Lestronge n'ont été surpassés dans ce temps que par le tendre et mélodieux instrument de Corelli.

Après la mort de Purcell, Clarke, Holder, Criggton, Tucker, Boyce et plusieurs autres brillèrent encore dans la musique d'église. Mais aucun ne donna mieux que lui de l'expression, du nombre, de l'harmonie à la langue anglaise. Il sut la rendre musicale malgré

sa rudesse, et euphonique malgré son antiphonie naturelle.

L'*Oratorio*, cette sorte de composition mixte, moitié
religieuse et moitié dramatique, conduisit à l'invention et à l'usage du drame lyrique en Angleterre.
Comme nous l'avons déjà dit, ce furent plusieurs
pièces de Shakespeare, dans lesquelles on introduisit
de la musique, qui, formant déjà une espèce d'opéra,
préludèrent à la découverte de ce genre de spectacle,
si naturel à l'Italie. Et Lulli, du sein de la France où
il dirigeait le théâtre lyrique de cette nation, voyait
ses ouvrages influer puissamment sur l'art dramatique dans la Grande-Bretagne. Les Anglais, mettant
l'amour-propre national de côté, sentirent que la
musique italienne était préférable à la leur. Dès
ce moment, les premiers compositeurs et les chanteurs les plus habiles de l'Italie s'empressèrent de
descendre dans cette ile, et ce fut elle qui, devançant
plusieurs autres nations dans l'adoption du grand
opéra, eut de bonne heure un tel spectacle. Le premier qui fut donné sur le théâtre de Londres avait
pour titre : *Arsinoé, reine de Chypre*. Il fut représenté
sous le règne de Marie, et un Anglais, Thomas Clayton,
en fit la musique. Mais il n'avait que la manière italienne; tandis que l'opéra intitulé *Pyrrhus et Démétrius*, dont le célèbre Alexandre Scarlati fit la musique,
et Adrien Morselli les paroles, fut joué moitié en italien, moitié en Anglais. — En 1710, l'opéra d'*Almaïde*
fut exécuté en entier par des chanteuses et des chanteurs italiens. — Bientôt parut Haendel, suivi de l'élite
des artistes ultramontains, et l'opéra sérieux italien ne
fut pas moins nationalisé en Angleterre que l'opéra
comique.

Aujourd'hui, la musique italienne et française a
acquis définitivement droit de cité au delà de la
Manche. L'Angleterre possède peu de compositeurs

indigènes. En revanche, elle possède une foule d'écoles et d'institutions musicales, appropriées au goût et à l'intelligence des diverses classes de la société. Londres fourmille d'établissements spécialement consacrés à la propagation des chefs-d'œuvre de la musique ancienne et moderne. De nombreux amateurs se forment dans leur sein ; et, grâce à cette diffusion de connaissances, l'Angleterre comptera peut-être à son tour quelques talents originaux.

ANKTÉRIASMOS. Nom grec du bandage appelé par les Romains *infibulatio*, avec lequel dans les premiers siècles de l'ère chrétienne, avant l'usage de la castration, on chercha à maintenir dans les hommes la voix aiguë, pour éviter ce qu'on appelle la mutation.

ANTHOLOGIUM. Nom d'un livre où se trouvent recueillis les offices sacrés.

ANTHROPOPHAGES (Musique des). Un voyageur qui a parcouru, il y a quelques années, les îles de Sainte-Christine, raconte les faits suivants : « Bien que le chant de ces sauvages ne soit autre chose qu'une espèce de murmure, l'observateur éclairé distingue facilement dans leurs chansons le mode mineur commun à tous les peuples sauvages, et même aux nations les moins civilisées de l'Europe. Il est très-singulier de voir que ces anthropophages, qui ne doivent pas avoir l'oreille fort délicate, aiment beaucoup la tierce mineure marquée dans leurs chansons par cette ligne X. »

Le narrateur termine son récit de la manière suivante : « Il y a dans l'expression des chants de ces sauvages quelque chose d'effrayant qui vous pousse tellement au désespoir, qu'il vous semble entendre le chant funèbre de votre convoi. J'ai passé dans cette angoisse une nuit entière que les habitants de Sainte-Christine ont bien voulu employer en mon honneur, afin que j'eusse une idée de ce que je viens de vous communiquer. »

ANTICIPATION. L'anticipation est la contre-partie du *retard*. Il n'y a retard dans quelques parties que parce que les autres anticipent, (Voyez le mot RETARD.)

ANTIENNE. Chant d'église, que dans l'origine on chantait à deux chœurs qui se répondaient alternativement ; on comprenait sous ce titre les hymnes et les psaumes que l'on chantait dans l'église à deux chœurs. — Aujourd'hui, la signification de ce terme est restreinte à certains passages courts tirés de l'Ecriture, qui conviennent au mystère, à la vie ou à la dignité du saint dont on célèbre la fête, et qui, soit dans le chant, soit dans la récitation de l'office, précèdent ou suivent les psaumes et les cantiques.

ANTIPHONAIRE OU ANTIPHONIER. — Livre où les antiennes et autres parties de l'office divin, surtout l'*introït*, le *graduel*, le *trait*, l'*alleluia*, l'*offertoire* et la *communion*, sont notés sur une portée de quatre lignes et avec les caractères propres au plain-chant.

ANTITHÈSE. Opposition qui arrive souvent en musique comme un passage cantabile avec un accompagnement bruyant, etc.

ANTKEMPS. Nom anglais d'un morceau de musique d'église, composé très-souvent sur des sentences tirées de la Bible.

APLOMB. On dit qu'un danseur a un bel aplomb quand, après avoir fait un saut, il descend directement. Ce terme métaphorique passa de la danse à la musique, où il indique la précision dans la mesure, soit pour la voix, soit pour les instruments.

APOBATERION. Nom grec d'une chanson de congé.

A POCO A POCO (Peu à peu). — Cet adverbe se trouve ordinairement joint aux mots *crescendo* et *decrescendo*, et il indique qu'on doit successivement renforcer ou diminuer la mélodie.

Apodipna. Expression grecque qui signifie chants qu'on exécute après souper.

Apollon. Dieu des arts, des lettres et de la médecine, le plus beau, le plus aimable des dieux. On le peint souvent sur le Parnasse au milieu de neuf Muses, avec sa lyre en main et une couronne de laurier sur la tête.

Malgré ses qualités remarquables, Apollon eut des rivaux. Pan, qui se croyait un admirable joueur de flûte, le défia ; mais Imole, roi de Lydie, choisi pour juge, déclara Apollon vainqueur. Midas, roi de Phrygie, témoin de ce combat musical, récusa le jugement d'Imole, et Apollon, pour laisser un monument de la stupidité de Midas, lui fit venir des oreilles d'âne. La défaite de Pan ne découragea pas Marsyas, habile joueur de flûte, qui osa provoquer Apollon. Les Muses étaient ses juges ; elles décidèrent en faveur du dieu. Le vaincu fut écorché pour sa punition, et perdit la vie.

Apollon. C'est le nom d'un instrument en guise de luth à vingt cordes, inventé à Paris, en 1678, par un artiste nommé Promt.

Apollonicon. MM Fligh et Robson, de Londres, ont donné ce nom à un nouvel orgue inventé par eux il y a quelques années. Cet instrument unit à la douceur du son la force la plus bruyante ; il peut être joué par une ou plusieurs personnes, et même au moyen d'un seul cylindre.

Apollonion. Instrument à touches, inventé par jean Voller, de Darmstadt, à la fin du siècle dernier, et qui n'est autre chose qu'un piano à deux claviers avec un jeu de tuyau à bouche de huit, quatre et deux pieds, et avec automate de la grandeur d'un enfant de huit ans, qui joue différents concertos de flûte.

Aposiopesis. Dans la musique grecque ancienne, ce mot signifie pause générale.

APOTOME. Terme grec qui signifie la division intégrale du ton entier, ou le demi-ton majeur dans le apport de 2048/2187.

APPEL. C'est le nom de certains airs de chasse que l'on sonne sur la trompe pour appeler les chasseurs ou les chiens. — On se sert aussi de ce terme pour désigner dans la symphonie et la musique dramatique un trait de cors qui offre quelque ressemblance avec les appels de chasse.

APPOGIATURE. Terme de musique emprunté à la langue italienne (*appogiatura*) ; signifie un agrément qui se fait dans le chant, en appuyant la voix sur la note qui précède en dessus de l'harmonie. C'est ce qu'anciennement on appelait *petites notes, notes perlées, ports de voix,* avec cette différence cependant que ces derniers se faisaient presque toujours en dessous.

C'est aussi un terme de la science harmonique. On trouve souvent, dans un morceau d'harmonie, des notes plus ou moins nombreuses qui n'appartiennent point à l'harmonie. Celles de ces notes qui se trouvent aux temps forts de la mesure ou aux parties fortes des temps, sont nommés *appogiatures.*

Les appogiatures sont d'un fréquent usage, et leur emploi est laissé entièrement à la volonté du compositeur. Cependant, comme elles produisent toujours une assez forte dissonance, elles demandent de la discrétion et du goût.

APPRÉCIABLE. Les sons appréciables sont ceux dont on peut trouver ou sentir l'unisson et calculer les intervalles. On compte huit octaves et demi, depuis le tuyau de trente-deux pieds du grand orgue jusqu'au son le plus aigu du même instrument, appréciables à notre oreille. Il y a aussi un degré de force au delà duquel le son ne peut plus s'apprécier. On ne saurait apprécier le son d'une grosse cloche dans le clocher même. Il faut en diminuer la force en s'éloignant pour le distinguer. De même, les sons d'une voix qui crie cessent d'être appréciables. C'est pourquoi ceux qui chantent fort sont sujets à chanter faux.

ARABEBBAII. C'est un instrument dont on se sert sur les côtes de la Barbarie, et qui consiste dans une vessie dominée par une corde.

ARABO-PERSANE (musique). Les anciens Perses n'aimaient pas la musique; ils la considéraient comme un art dangereux. Ce n'est que dans quelques rares occasions qu'ils chantaient des hymnes solennels dans les temples de leurs dieux et dans les palais des rois.

L'aurore de la civilisation, ayant pour cortége les arts, passa de la Médie en Perse. Les Persans n'etaient encore que de grossiers pasteurs qui habitaient des montagnes inaccessibles, lorsque déjà la Médie était occupée par un peuple civilisé, qui connaissait tous les arts qu'inventa le luxe. Les Mèdes furent subjugués par les Persans; mais ils communiquèrent à la nation victorieuse leurs arts, leurs lois, leurs mœurs et leur langage. Les Persans apprirent donc de leurs maîtres en civilisation la musique et les autres arts analogues. Les plaisirs de la table s'accrurent du charme de la musique. Les monarques eux-mêmes voulurent prendre part à ces jouissances et à toutes celles qui pouvaient animer les festins, la danse particulièrement.

Dans la période dont nous parlons, on trouve déjà des *intermèdes*, des *fantaisies* et des *préludes* qui partageaient avec le chant l'attention des auditeurs. Les Perses possédaient déjà beaucoup d'instruments de différents genres.

L'introduction de la musique des Grecs en Perse sous Alexandre et ses successeurs aurait pu exercer une salutaire influence, si on eût cherché à en appliquer les règles aux chants nationaux. Au lieu de cela, les Persans, égarés dans les disputes d'école des harmonistes grecs, préféraient l'étude de l'acoustique aux charmes de la modulation, et traitaient la musique comme une science spéculative. — On ne sait pas d'une manière certaine si le système musical des Indiens était à cette époque connu des Persans, ou s'il ne le fut que plus tard. On peut conjecturer cependant, d'après les recherches historiques faites récemment par la Société littéraire de Calcutta, qu'il existait bien anciennement des relations entre les deux peuples.

Une nouvelle époque pour la musique commença en Perse avec les Arabes. Lorsque le calife Omar détruisit ce royaume et planta sur ses ruines la bannière de l'islamisme, la lutte fut terrible. Les premières années qui suivirent cette révolution furent pleines de meurtres et de désolation, mais la Perse y gagna sous quelques rapports. Le peuple vainqueur était doué d'une organisation plus délicate. Ce mélange d'esprits différents produisit un effet salutaire aux deux nations. La langue arabe, en s'unissant à la langue persane, la rendit plus douce et plus sonore. La musique et la poésie des Persans devinrent les filles chéries de celles des Arabes.

Dès les temps les plus reculés, la musique et la poésie étaient fort estimées chez les Arabes, bien que leurs modulations et leurs instruments de musique fussent extrêmement simples. Dans le principe, leur musique et leur chant n'étaient pas autre chose que les cris avec lesquels ils excitaient leurs chameaux, et l'art de leurs chanteurs, qu'ils appelaient *hadis*, c'est-à-dire piqueurs, consistait en accents sauvages qui pouvaient servir à exprimer les passions brutales de ces conducteurs de troupeaux.

A l'apparition de Mahomet, les mœurs des Bédouins s'adoucirent, et, lorsqu'ils furent devenus les heureux possesseurs des trésors de la Grèce et de la Perse, ils conçurent du goût pour les plaisirs de la vie. Comme on l'a dit plus haut, ils reçurent à leur service des musiciens grecs et persans qui les initièrent aux secrets du plus beau des arts. Bientôt on vit briller les Arabes dans l'art du chant, qui atteignit peu à peu le degré de perfection dont leur système était susceptible. Sous les Abbassides, Bagdad était à cette époque le centre de la bonne musique.

Le kalife Haroun-al-Raschid, qui régna de 786 à 809, était grand amateur de musique ; il avait pour ami et confident un célèbre joueur de flûte nommé Ishac. Les airs composés par Abou-Giafar, de la race des Abbassides, font encore les délices des Arabes, et l'on attribue des effets merveilleux à la musique du kalife Abou-Nasar-Mahomet-al-Farabi, qui était appelé l'*Orphée arabe*.

Voici en abrégé les éléments du système musical arabe :

La musique est divisée en deux parties : le *telif* (composition), ou la musique considérée relativement à la mélodie ; et l'*ikâa*, (cadence), qui est la terminaison mesurée d'un chant, et qui regarde seulement la musique instrumentale.

Les modes principaux sont : 1° le *rast*, ou mode droit ; 2° l'*irak* ou mode des Chaldéens ; 3° le *zirafkend*, et 4° l'*isfehan*, ou mode de la capitale de la Perse. Chacun de ces modes a une propriété différente. Ainsi, par exemple, l'*irak* agite l'âme, le *zirafkend* fait naître l'amour, etc. Les dérivés de ces modes, appelés *furoû* (rameaux), sont au nombre de huit. Leurs noms sont presque tous empruntés à quelque ville, à quelque prince, ou à quelque grand homme. Après les huit modes nommés *furoû*, viennent les six modes appelés *evazat*, ou composés et dérivés ; puis sept autres modes nommés *bohar* (mer), qui sont autant de phrases musicales commençant chacune par un des sept intervalles qui forment la gamme arabe.

Malgré l'origine persane de leur musique, les Arabes employaient quelquefois, pour indiquer les intervalles, les lettres de leur alphabet au lieu des noms de nombre persans. Les lettres dont ils se servaient sont : *alif, be, gim, dal, he, waw, zain*, qui correspondent à nos notes : *la, si, do, ré mi, fa, sol.*

Les Arabes appellent la musique science des cordes, parce qu'ils placent dans un cercle le carré de leurs modes. Cette méthode convient très-bien à une musique aussi simple et aussi limitée que celle de ces peuples.

Les Arabes et les Orientaux, ne passent jamais d'un intervalle à un autre, soit en montant, soit en descendant, sans parcourir et faire sentir tous les intervalles intermédiaires. Cette manière de faire glisser la voix, qui nous semble insupportable, constitue, suivant eux, l'agrément de la musique. Les Arabes ne connaissent pas l'harmonie, et, dans leurs concerts, toutes les parties chantent à l'unisson ou à l'octave.

Le nombre de leurs instruments est considérable ; voici les plus connus :

Le *rebab*, espèce de pandore de forme torse, qui a un manche rond et les cordes de crin, et dont on joue avec un archet, comme de notre violon.

Le *tambur*, espèce de mandoline avec un long manche, qu'on pince avec de l'écorce d'arbre ou avec une plume. Il y en a de deux espèces : le grand *tambur*, qui a deux cordes de laiton tressées, accordées en quinte, avec des touches pour former les tons, et le petit *tambur*, dont les deux cordes sont formées de trois fils de laiton non tressés.

Le *duf* est, comme le tambour de basque, un cercle sur lequel est tendue une peau, entourée de petites cloches de cuivre. Les Arabes en sont les inventeurs.

Le *sanj* est de forme triangulaire ; il ressemble à notre psaltérion et se pince avec les doigts.

Le *kanun* ressemble au précédent.

Le *nai* est une flûte qui a une petite embouchure de corne. C'est au son de cet instrument que dansent les derviches. Deux ou trois joueurs de *nai* sont dans une galerie ; l'iman placé au milieu de ses derviches, donne le signal ; les *nai* se font entendre, et les derviches se mettent à faire des pirouettes avec la plus grande vivacité, jusqu'à ce que l'iman leur fasse signe de cesser.

L'*oûd* ou *aûd* est un véritable luth ; c'est l'instrument favori des Arabes. Ils attribuent à chacune de ses quatre cordes un effet particulier. On croit que c'est à cet instrument que notre luth doit son origine.

Le prince de la Moskowa nous a donné dernièrement un spécimen de la musique arabe à notre époque : c'est charmant, c'est original ; c'est presque la mélodie caractéristique de nos montagnes ; mais on voit que l'Europe a passé par là. Le type de leur musique ancienne s'est considérablement altéré.

Arcata, Coup d'archet. Le coup d'archet est sans contredit la qualité la plus importante pour celui qui joue d'un instrument à archet. La manière de tenir et de gouverner l'archet appartient à l'école de l'art. Qu'il suffise ici de faire observer qu'en général on divise le coup d'archet : 1° en *staccato* (détaché articulé), quand on emploie une petite partie de l'archet pour piquer plusieurs notes du même coup d'archet et avec un certain degré de rapidité ; 2° en *tirato* (détaché), quand on conduit l'archet tout entier ou sa plus grande partie sur les cordes ; 3° en *legato* (lié), quand on prend quatre, huit, seize notes différentes, et plus encore d'un seul coup d'archet. — Chacune de ces trois espèces, qui peut avoir lieu tant en poussant qu'en tirant, est soumise aussi à différentes modifications qu'on doit appliquer selon le mouvement et le caractère de la composition musicale.

Archet. L'archet se compose d'une baguette de bois dur et d'un faisceau de crins de cheval assujétis à ses deux bouts et tendus au moyen d'une vis. C'est en frottant l'archet sur les cordes qu'on obtient un frémissement qui agite l'air et le fait vibrer dans la table d'harmonie des violons, des violes et des basses. Pour donner plus de force à l'action de l'archet sur les cordes, on enduit l'archet de colophane.

C'est Tartini qui a appris aux violonistes à se servir de l'archet et leur en a révélé la magie. C'est de la manière de le tenir et de le gouverner que dépendent la force, la douceur, l'intensité des sons.

Archeggiare (manier l'archet). Se servir de l'archet sur les instruments à cordes.

Archicembalo. Ce clavecin, qui avait des cordes et des touches particulières pour les sons enharmoniques, fut inventé par Nicolas Vicentino dans le 16e siècle.

Archichantre. Dignité ecclésiastique, directeur des chantres.

Archives musicales. Lieu où l'on garde toute espèce de compositions musicales nécessaires au service des chapelles, des académies, des cours, des théâtres, des maisons particulières. — Les archives musicales de la chapelle pontificale dans le palais Quirinal sont les plus riches et les plus importantes de l'Europe : on y compte 350,400 volumes, qui contiennent les compositions musicales des écoles romaine, vénitienne et napolitaine, et 300 volumes renfermant un choix précieux de documents de littérature musicale.

Archiluth. Nom ancien d'un théorbe.

Archiparaphoniste. C'est le nom que l'on donnait anciennement à l'archichantre qui devait chanter l'introduction de la messe et présenter l'eau au prêtre.

Ardito. Ce mot écrit en tête d'un morceau de musique demande que l'on fasse ressortir avec éclat les principales notes de la mélodie, et que l'on mette une certaine énergie dans l'exécution des accents grammaticaux et oratoires.

Ariette. Diminutif d'air, dérivé, selon Saumaise, du latin *œra*. On appelle ariette un chant formé d'une suite de phrases mélodiques, rhythmées et coupées par des repos qu'on nomme *cadences*. Ce chant est ordinairement fait pour être exécuté par un instrument quelconque, ou adapté à certaines poésies faites pour être chantées. — Chaque sorte d'ariette porte un nom particulier, selon le caractère qui lui est propre. Autrefois le nombre en était considérable; ainsi, l'on avait les *villanelles*, les *ariettes* de *bravoure* les *bourrées*, les *gigues*, les *cavatines*, les *barcarolles*, les *gavottes*, les *passe-pieds*, les *musettes*. — De toutes ces ariettes peu sont encore en usage aujourd'hui, et à l'exception de l'*air déclamé*, du *grand air*, de la *cavatine*, du *rondeau*, de la *barcarolle*, de la *romance*, et de quelques autres, les compositeurs modernes ne s'assujettissent plus guère à telle ou telle forme pour le caractère et la coupe de leurs airs. — L'ariette est, en général, un petit air détaché, léger et gracieux, qui tient le milieu entre la romance et la chanson. Les ariettes étaient fort en usage vers le milieu et la fin du dix-huitième siècle; elles sont maintenant presque entièrement passées de mode. — On appelait autrefois *ariette de bravoure*, ce que nous désignons aujourd'hui sous le nom d'*air à roulades*. Les ariettes composées avant le quinzième siècle portaient presque toutes le nom de chanson.

Arioso. Ce mot italien, placé à la tête d'un morceau de musique, indique une manière de chant expressive et soutenue.

Aristoxéniens. Disciples d'Aristoxène, maître de musique grec, et inventeur d'un système opposé à celui de Pythagore, puisqu'il se basait sur le jugement de l'oreille, tandis que ce dernier était appuyé sur le calcul.

Armarius. Archichantre dans les couvents, et même le gardien des livres d'église.

Armer la clef. C'est mettre auprès d'elle les accidents convenables au ton dans lequel on veut écrire la musique.

Armure. Voyez le mot précédent : Armer la clef.

Arpége. De l'italien *arpegio* et *arpa*, harpe. — Manière de faire entendre successivement tous les sons qui entrent dans la composition d'un accord, au lieu de les frapper simultanément. Le piano et la harpe ne pouvant rendre que des sons qui ne durent pas, on est quelquefois obligé, pour soutenir l'harmonie, de frapper plusieurs fois et l'une après l'autre les touches ou les cordes de ces instruments. Ce qu'on fait par nécessité, on le fait aussi par goût. Il y a des instruments qui ne peuvent faire entendre que deux sons à la fois, comme le violon, le violoncelle et la viole, et d'autres qui n'en peuvent rendre qu'un seul, comme tous les instruments à vent. Si donc l'on veut faire entendre sur ces instruments une harmonie pleine, on est obligé de jouer alternativement sur chacune des notes qui composent les accords dont on fait usage. C'est ce qu'on appelle *arpéger* ou faire des *arpéges*. — Les arpéges se font plus souvent sur le violon, le violoncelle, le piano et la harpe, en allant du grave à l'aigu, et revenant sur les mêmes notes de l'aigu au grave. — Les arpéges ne peuvent être exécutés avec la même facilité par les instruments à vent que par les instruments à archet. Aussi ne leur en fait-on faire que très-rarement et avec des modifications qui les simplifient. La flûte et la clarinette sont presque les seuls instruments à vent qui puissent arpéger convenablement.

ARPONE. Cet instrument, inventé par Michel Barbici, de Palerme, ressemble à un piano vertical, monté de cordes de boyau qu'on fait résonner en les pinçant avec les doigts. Les sons qu'on en obtient sont doux et flatteurs, surtout dans l'adagio.

ARRANGER. C'est mettre à la portée d'un ou de plusieurs instruments ce qui a été composé pour un ou plusieurs instruments d'une nature différente. Il signifie encore resserrer le dessin harmonique dans ses formes et ses moyens, pour que les exécutants puissent rendre en sextuor, en quatuor, ou simplement sur le piano, la harpe et même la guitare, une symphonie ou un accompagnement destiné pour le grand orchestre.

L'arrangement peut avoir son utilité ; mais, en général et au point de vue de l'art, il est presque toujours une insigne trahison à l'égard du compositeur. Comment pourra-t-on conserver sa pensée ? Les éléments sonores qu'il avait choisis, leur disposition, leur combinaison, leur opposition ou leur harmonie, leur ensemble, en un mot, était précisément, à ses yeux, le moyen nécessaire et choisi entre mille d'exprimer sa pensée : si tout cela disparaît, que devient-elle ? Et si la pensée disparaît, qu'a-t-on conservé de l'auteur primitif ?

Beaucoup de virtuoses, dit un critique célèbre, grands et petits, chanteurs ou instrumentistes, ont l'insupportable tendance à mettre toujours en première ligne ce qu'ils croient l'intérêt de leur personnalité. Ils tiennent peu compte du respect inaltérable que tout exécutant doit à tout compositeur, et

de l'engagement tacite, mais réel, que le premier
prend envers l'auditeur, de lui transmettre intacte la
pensée du second, soit qu'il honore un auteur médiocre en lui servant d'interprète, soit qu'il ait l'honneur de rendre la pensée d'un homme de génie. Et,
dans l'un et l'autre cas, l'exécutant qui se permet
ainsi, obéissant à son caprice du moment, d'aller à
l'encontre des intentions du compositeur, devrait bien
penser que l'auteur de l'œuvre telle quelle qu'il exécute, a probablement mis cent fois plus d'attention à
déterminer la place et la durée de certains effets, à
indiquer tel ou tel mouvement, à dessiner, comme il
l'a fait, sa mélodie et son rhythme, à choisir ses accords et ses instruments, qu'il n'en met lui, l'exécutant, à faire le contraire. On ne saurait trop se récrier,
en toute occasion, contre cette insensée prérogative
que s'arrogent trop souvent *les arrangeurs*, les instrumentistes, les chanteurs et les chefs d'orchestre. Une
telle manière n'est pas seulement ridicule, elle doit,
si l'on n'y prend garde, amener dans l'art d'inquali-
fiables désordres et les résultats les plus désastreux.

Arsis. En levant, ou la partie non accentuée de la
mesure. — *Per arsin* signifie spécialement un chant
ou contre-point dans lequel les notes descendent de
l'aigu au grave.

Art. Dans le sens étendu du mot on appelle *art* ce
travail au moyen duquel on fait servir la matière à
un but déterminé. Ce but est l'utilité ou le plaisir.
Dans le premier cas on lui donne le nom de *métier*,
dans le second, celui d'*art*.

Les *arts mécaniques* ou métiers demandent de préférence des forces physiques; les *arts libéraux* exigent particulièrement des forces intellectuelles.

Autrefois les Grecs placèrent au rang des arts libéraux la poésie, la musique, le dessin, la géométrie, la
philosophie, et comme la nation grecque était divisée

en deux classes d'hommes, en hommes libres et en esclaves, il n'était permis qu'au Grec libre d'apprendre et d'exercer les arts libéraux.

Les termes *art* et *science* ne sont pas du tout synonimes. L'art est la réunion des préceptes dont la connaissance est nécessaire ou simplement utile pour faire une chose. Ainsi, par exemple, on dit : l'art de jouer du violon, de chanter. L'art n'a pas de rapport nécessaire avec l'explication rationnelle ou scientifique des choses dont il s'occupe. La *science*, au contraire, est précisément la connaissance raisonnée, philosophique ou scientifique, des choses dont l'art s'occupe et des préceptes qu'il donne.

Toutefois ces deux mots sont employés souvent l'un pour l'autre, ainsi qu'on le verra à l'article ARTISTE.

ART DE L'ARCHET. Maniement de l'archet, dans lequel on doit considérer : 1º la force ; 2º le prolongement du son ; 3º la juste mesure ; 4º le jeu ; 5º la reprise.

On peut compter cinq différentes manières de jeu d'archet : le détaché *(sciolto)*, le lié *(legato)*, le porté *(portato)*, le piqué *(picchettato)*, le mixte *(misto)*. Dans le détaché, on fait la première note en tirant et et la seconde en poussant. Ce jeu, on peut l'appeler maniement de l'archet *droit et régulier* ; mais si l'on détache la première note en poussant et la seconde en tirant, alors on l'appelle *contre-archet*.

ARTICULATION. L'articulation est aujourd'hui comptée pour peu de chose chez la plupart des musiciens. Il ne suffit pas de prononcer correctement, c'est-à-dire de donner aux lettres et aux syllabes les sons qu'elles doivent avoir dans l'idiome dont on se sert, il faut, de plus, faire entendre ce qu'on prononce d'une manière nette et distincte, de telle sorte qu'il soit impossible de perdre une syllabe des paroles ou une note de la musique. Il faut, en somme, bien articuler. Bien articuler, c'est faire ressortir les diverses syllabes d'un mot en attaquant les voyelles qui forment ce mot, au moyen des consonnes qui entrent dans sa composition.

ARTICULER. Ce mot désigne en musique une manière d'exécuter nette et distincte qui ne laisse pas perdre une syllabe des paroles ni une note de la musique.

ARTISTE. Le musicien artiste qui s'étudie à perfectionner son art, doit le rendre non-seulement l'objet d'une pratique mécanique, mais encore l'objet de la réflexion et d'une étude scientifique. Les anciens artistes en musique étaient aussi poètes, philosophes et orateurs du premier ordre. Boëce n'appelle pas artiste celui qui pratique seulement la musique avec le servile secours des doigts et de la voix, mais celui qui possède la science du raisonnement et de la méditation. On ne saurait douter aussi que pour s'élever aux grandes expressions de la musique dramatique il ne faille avoir fait une étude particulière des passions humaines et du langage de la nature.

ASCARUM. Nom d'un instrument appartenant aux peuples de la Libye. Il était muni de petits canons de plumes qui, pendant qu'on tournait l'instrument, produisaient des sons.

ASCENDERE (monter). C'est faire succéder les sons de bas en haut, c'est-à-dire du grave à l'aigu.

ASOR. Instrument de musique des anciens Hébreux ; il avait la forme d'un carré oblong, et il était monté de dix cordes que l'on faisait résonner avec une plume.

ASOSTA. Espèce de trompette des anciens Hébreux.

ASPIRATION, ASPIRER. Défaut du chanteur qui consiste à mettre un *h* devant les voyelles, et quelquefois même devant les consonnes. Ce mot se prend aussi dans un bon sens : c'est lorsque le chanteur emploie une espèce de soupir à peine marqué pour orner son chant avec l'aspiration ; ou lorsqu'un chanteur, par ce moyen et sans qu'on s'en aperçoive, sait prendre la respiration, et peut ensuite prolonger insensiblement, au grand plaisir et au grand étonnement de l'auditeur, la tenue et la progression de la voix.

Assyriens, Musique des Assyriens, des Babyloniens, des Mèdes, des Perses, etc.,

Nous n'avons point de documents assez précis pour parler en détail et avec connaissance de cause de la musique de chacun de ces peuples en particulier. Ce qui nous intéresse avant tout, c'est de savoir qu'ils l'ont aimée et pratiquée.

Il n'est pas étonnant, dit Rollin, que, dans un pays comme l'Asie, livré au plaisir, aux délices et à la bonne chère, la musique, qui en faisait le principal assaisonnement, y ait été en honneur et cultivée avec un grand soin. Le seul nom des principaux modes de l'ancienne musique, et que la moderne a conservé, le *Dorien*, *le Phrygien*, *le Lydien*, *l'Ionien l'Eolien*, marque quel a été le lieu de sa naissance ou du moins celui où elle s'est accrue et perfectionnée.

L'écriture Sainte nous apprend que, du temps de Laban, la musique et les instruments étaient fort en usage dans le pays qu'il habitait, c'est à dire dans la Mésopotamie, puisque entre autres reproches qu'il fait à Jacob, son gendre, il se plaint que par sa fuite précipitée il ne lui ait pas laissé l'occasion de le reconduire, lui et sa famille, *avec des chants de joie, au bruit des tambours et au son des harpes.*

Dans le butin que Cyrus fit mettre à part pour Cyaxare, son oncle, il est fait mention de deux musiciennes très-habiles qui accompagnaient une dame de Suse et qu'on avait fait prisonnières avec elle...

Il est à remarquer que, dans les livres de plainchant moderne, et à la fin des bréviaires, on a rapporté aux différents modes précipités les différents tons qui sont en usage dans les chants de l'Église. Le 1er et le 2e ton appartienennt au mode dorien, le 3e et le 4e au mode phrygien ; les autres aux modes lydien et mixolydien.

ASTABOLO. Instrument de musique des Maures, qui ressemble au tambour.

ATHENA. Espèce de flûte des anciens Grecs. On croit que Nicophèle a été le premier à s'en servir dans les hymnes à Minerve. Il y avait aussi une espèce de trompette appelée *athena*.

A TROIS, QUATRE, CINQ PARTIES. Composition musicale dans laquelle trois, quatre, cinq voix sont unies harmoniquement, de manière à ce que chacune d'elles exécute une mélodie différente de l'autre.

ATTACA. Ce mot, quand il précède un morceau de musique, signifie que ce morceau suit immédiatement le précédent sans aucun repos.

ATTAQUER. C'est l'action du chanteur ou de l'instrumentiste qui commence un morceau de musique, ou le continue après un silence. On prend aussi ce mot dans le sens d'*entonner*, *émettre la voix*, et pour indiquer l'entrée immédiate d'une partie quelconque dans l'exécution d'un morceau de musique vocale ou instrumentale. On attaque le son avec grâce, force, netteté.

AUBADE. Musique qu'on exécute à l'aube du jour sous les fenêtres de quelqu'un.

AUGMENTÉ. L'intervalle naturel qui sépare deux notes étant altéré par un dièse ou un bémol, on dit qu'il est *augmenté* quand le signe qui l'altère augmente cet intervalle naturel.

Les harmonistes français du 18me siècle appelaient *superflus* les intervalles *augmentés*. Cette expression n'est pas rationnelle : il n'y a rien de superflu dans les éléments constitutifs d'un art.

Aulemata. Sonate de flûte et de fifre.

Aulète. Joueur de flûte.

Aulétique. Art de Jouer de la flûte.

Aulos, mot grec, qui se rend ordinairement par *flûte*.

Aura (guimbarde). Nom particulier de l'instrument appelé en italien *spassa pensieri*.

Dans les dernières années qui viennent de s'écouler, on a perfectionné cet instrument, en réunissant six, dix guimbardes en une seule, et plus encore. La *Gazette musicale de Leipsick* de l'année 1816 contient dans son numéro 30 une description détaillée de la guimbarde, avec plusieurs morceaux de musique que l'on peut exécuter sur cet instrument.

Auteurs dramatiques. Dans le siècle de Louis XIV et même dans le dernier siècle, les ouvrages dramatiques étaient d'un faible rapport. Corneille mourut pauvre. Racine, quoique historiographe et pensionné, n'avait que de l'aisance. Nous n'avons vu nulle part que Molière ait acheté des terres, et si Regnard en eut une, ce fut comme trésorier de France, et non comme poëte dramatique. — Les auteurs de ballets, de libretti ou de poëmes lyriques ne furent pas plus heureux. Quinault et Benserade, ces habiles collaborateurs de Lulli, n'amassèrent point de rentes avec leurs ouvrages, et vécurent des faveurs de la cour.

L'auteur de *Figaro*, homme d'esprit et de talent, qui savait compter aussi bien qu'écrire, mérita la reconnaissance de ses confrères en réclamant et obtenant pour tous des rétributions qui rendirent leurs travaux plus fructueux. Ainsi le produit très considérable alors, de la location des loges à l'année, fut ajouté à la recette journalière sur laquelle se prélevaient leurs droits. On raya aussi du règlement de l'Opéra et de la Comédie-Française l'article abusif par lequel une grande pièce devenait la propriété

du théâtre, à partir du jour où elle n'avait pas produit une somme déterminée. Un grand abus existait
encore. Les théâtres de province pouvaient s'emparer
de tous les ouvrages représentés à Paris, sans rien
payer aux auteurs et aux compositeurs. La révolution
de 89 détruisit cet abus. Ce fut encore Beaumarchais
qui, secondé par Mercier et plusieurs gens de lettres,
obtint de l'assemblée constituante la liberté des théâtres et l'obligation pour tous, sans exception, de traiter
de gré à gré avec les auteurs, avant de pouvoir repér-
senter leurs ouvrages. Ces améliorations ont été com-
plétées depuis que les auteurs et compositeurs dramatiques, sentant aussi la nécessité d'avoir leur
assemblée représentative, ont formée une commission
chargée, entre autres attributions, de défendre et de
protéger leurs intérêts.

AUTOMATES MUSICIENS. On a avancé à ce sujet un
grand nombre de faits plus ou moins fabuleux, plus
ou moins invraisemblables, qu'il serait trop long de
reproduire ici. — Le plus célèbre des automates
musiciens est celui que l'abbé Mical construisit vers
la fin du siècle dernier. Il fit un groupe de figures qui
jouaient de différents instruments et formaient un
concert. En 1780 et 1783 il présenta à l'Académie des
sciences deux têtes humaines qui avaient, dit-on. la
faculté d'articuler des sons. Suivant Vicq d'Azyr, qui
fit un rapport sur ces machines, Mical avait atteint
en partie le but qu'il s'était proposé. Mais il avouait
que les sons rendus par ces têtes n'étaient que des
imitations *très-imparfaites* de la voix humaine. —
Voici le mécanisme de ces automates : les têtes posaient
sur des boîtes dans l'intérieur desquelles on avait disposé des glottes artificielles qui rendaient des sons
plus ou moins graves. On faisait parler ces glottes au
moyen d'un clavier. Le joueur de flûte et le joueur de
tambourin de Vaucanson sont beaucoup plus célèbres

et beaucoup plus parfaits. Les Autrichiens nous les ont volés en 1815.

B

B représente la septième note de la gamme que nous appelons *si*. Cette lettre placée à la tête d'une partie, marquait dans la musique ancienne la basse chantante, pour la distinguer de la basse continue marquée par BC. — B ou COL B écrit sur une partition, à la partie de l'alto, signifie que cette partie doit marcher à l'unisson avec la basse. Parfois aussi on écrit cette lettre sur la partie du violoncelle, ce qui est ordinairement indiqué par la clef de basse. — B indique aussi le signe accidentel qui abaisse le son naturel d'un demi-ton.

B CANCELLATUM. N'est autre chose que le dièse ordinaire.

BABYLONIEN. Nom d'un des modes arabes, exprimant la joie, qu'on ajoutait au mode guerrier, lorsque le vainqueur revenait du combat porté en triomphe. (Voyez le mot ASSYRIENS.)

BACCHANALES. Fêtes des anciens Grecs et Romains célébrées en l'honneur de Bacchus, et accompagnées de musique. — On donnait aussi ce nom à certaines compositions vocales, ordinairement sans instruments, écrites sur des poésies burlesques et populaires, qui ressemblaient aux chants du carnaval jadis en usage à Florence, surtout au temps des Médicis.

BACCHIA. Danse à la manière des ours, en usage

parmi les Kamtschadales, qui, en murmurant une mélodie mesurée à 2/4, et d'un mouvement vif, poussent par intervalles de forts gémissements et marquent les temps de la mesure en frappant avec force la terre de leurs pieds.

Bacciocolo. Instrument dont on se sert dans quelques parties de la Toscane. Il consiste en un vase qui a la forme d'une écuelle. On le tient de la main gauche, et de la main droite on le frappe avec un pilon de la longueur de quatre pouces environ, et assez semblable à ceux qu'on emploie pour les mortiers en bronze. Les sons qu'on tire de cet instrument ne sont pas harmonieux, mais ils plaisent aux paysans.

Balafo. Espèce d'épinette en usage parmi les nègres de la Côte-d'Or.

Balance pneumatique. Instrument à l'aide duquel on mesure le degré de force et de compression de l'air dans les orgues.

Ballade. Chanson ou espèce d'ode à plusieurs couplets ou strophes, que l'on chante ordinairement, mais qui sert aussi quelquefois d'air de danse, comme les vaudevilles. Il a a des ballades très-anciennes, qui sont fameuses et méritent de l'être par leur simplicité, la naïveté et le pittoresque des pensées. Telle est la ballade des *deux Enfants dans les bois.* — On sait quel succès a obtenu en Allemagne, la ravissante ballade *Léonore*, par Burger.

Ballet. On entend généralement par ballet un spectacle composé de pantomime et de danses exécutées par plusieurs personnages et accompagnées par la musique.

La musique des ballets doit-être fortement rhythmée et s'identifier en quelque sorte avec le caractère des danses, la physionomie des personnages qui sont sur la scène et les diverses situations du drame.

Les ballets sont réglés par des danseurs qui portent le nom de chorégraphes. Un des meilleurs ouvrages à consulter est celui de M. Saint-Léon, intitulé : la Sténochoregraphie, dans lequel on trouve d'excellentes biographies des plus célèbres maîtres de ballets, anciens et modernes.

La danse est un des premiers besoins, des premières expériences, des premières joies de l'homme ; quelquefois aussi les temps antiques la jetaient comme une guirlande funèbre autour des tombeaux. La danse est la véritable forme poétique des premiers âges. David, dont la loi est placée comme une borne lumineuse entre l'Orient primordial et l'Occident moderne, rendait grâce au Seigneur par le geste et par la voix : il dansait devant l'arche, et chantait ses psaumes dans le temple.

Le ballet qui est un drame dansé, un dialogue de gestes, fut pratiqué par les Égyptiens dans leurs cérémonies sacrées. Il était composé alors sur des dessins hiéroglyphiques. Il exprimait la doctrine sacerdotale et le mouvement des astres. La théocratie égyptienne enseignait l'astronomie à ses fidèles en leur apprenant à danser.

Les Grecs dansaient beaucoup. Socrate, déjà vieux, termina son cours d'études en prenant des leçons d'Aspasie, danseuse très-renommée.

On dansait dans l'aréopage, et les membres de cette docte assemblée s'avançaient en cadence pour venir déposer leur boule ou leur coquille dans l'urne.

Pylade et Bathyle, fameux pantomimes, se partagèrent les faveurs du public de Rome sous le règne d'Auguste. Le premier inventa le ballet noble, tendre et pathétique. Les compositions de Bathyle étaient vives, légères et pleines de gaieté. Réunis d'abord, ils construisirent un théâtre à leurs frais, et représentèrent ensemble des tragédies et des comédies, sans autre secours que ceux de la pantomime, de la danse et de la symphonie. Cette heureuse association de deux talents, à la fois si divers et si originaux, fut pour le public romain une source de vives jouissances. Pylade et Bathyle jouirent pendant quelque temps en commun de leur fortune et de leur célébrité. La jalousie altéra leur amitié et rompit leur union; ils se séparèrent.

Les divisions des Pyladiens et des Bathyliens ensanglantèrent souvent la scène. A la fin du spectacle, ces acteurs, enorgueillis ou bien irrités de la diversité de leurs succès, se battaient, s'égorgeaient derrière le théâtre.

Tibère chassa de Rome les pantomimes; Caligula, Néron les rappelèrent et rétablirent les spectacles publics.

Les pantomimes employaient quelquefois des moyens violents pour représenter au naturel la mort, l'assassinat, ou le supplice d'un personnage. Un criminel, la figure couverte du masque de l'acteur qu'il remplaçait au dénoûment, était réellement empoisonné, torturé, poignardé, livré aux flammes, etc...

Les historiens de la musique sautent à pieds joints plusieurs siècles, et d'une seule enjambée passent du règne de Constantin à celui des Médicis. L'art dramatique s'était perdu; la pantomime et le ballet théâtral étaient déchus de leurs prestiges, au milieu des ténèbres dont le moyen âge avait enveloppé l'Europe. Le premier ballet régulier et somptueux qui fut exécuté lors de la renaissance des lettres, n'eut d'autre objet que d'offrir à une société d'illustres amateurs de quoi satisfaire l'appétit de leurs estomacs. Toutes les notabilités de la fable et de l'histoire furent évoquées pour servir un repas splendide. Bergonzo di Botta, de Tortone, dont les annales de la gastronomie et de la danse ont conservé le nom, signala doublement son goût dans la fête par lui donnée en 1489 à Galéas, duc de Milan, qui venait d'épouser Isabelle d'Aragon. — Les grands ballets parurent bientôt après. On les réserva d'abord pour célébrer dans les cours les mariages des rois, la naissance des princes, et tous les événements heureux qui intéressaient les nations. Ils formèrent seuls un spectacle d'une dépense vraiment royale.

Les ballets poétiques, tels que *la Nuit, les Saisons, les Ages;* les ballets allégoriques et moraux, tels que *les Plaisirs troublés, la Curiosité,* leur succédèrent. La division de toutes ces compositions chorégraphiques étaient en cinq actes; chacun présentait trois, six, neuf et même douze entrées.

Catherine de Médicis introduisit les ballets poétiques à la cour de France. Baltasarini apporta le premier une certaine régularité dans ce genre de spectacle. Ce fut lui qui, en 1581, composa le fameux *Ballet comique de la reine,* pour les noces du duc de Joyeuse. Ce ballet n'était qu'un intermède destiné à l'embellissement de ces fêtes nuptiales.

La danse était un des amusements favoris d'Henri IV. Sully, le grave Sully, préparait les fêtes, faisait construire les salles, était l'ordonnateur suprême des ballets. Il y figurait comme danseur, en exécutant les pas que la sœur du roi lui montrait. Plus de quatre-vingts grands ballets contribuèrent aux divertissements de la cour d'Henri IV, sans compter des bals magnifiques et une infinité de mascarades singulières.

Au commencement du dix-septième siècle, les ballets divinrent un travestissement agréable des passions et des secrets de la cour. Benserade mettait dans les siens, qui jouissaient d'une vogue immense, des rondeaux où se peignaient adroitement les dames et les seigneurs qui les chantaient.

Quinault accomplit une révolution dans le ballet.

Déjà Pierre Corneille avait écrit des pièces comme *Andromède*, où la danse et le chant sont subordonnés; au récit dramatique. C'est un retour vers les traditions grecques et romaines, entièrement conforme au mouvement des arts à cette époque. Quinault fit ses opéras où la danse n'est qu'un divertissement accessoire; il escamota le ballet au profit du chant. Du reste, Quinault n'était préoccupé que d'une certaine manie du merveilleux, du besoin de féerie et de grandeur. Il était en cela l'écho des désirs souverains de de Louis XIV.

L'art s'étiola dans l'atmosphère du dix-huitième siècle, et le mauvais goût qui régnait alors exerça sa funeste influence sur les ballets. — Noverre parut : il retrouva l'art de la pantomime, et donna les premiers modèles du ballet d'action, tel que nous le possédons. Le 13 juin 1763, on représenta *Ismène et Isménias*, dans lequel plusieurs scènes de *Médée et Jason*, ballet-pantomime, sont intercalées. On ne goûta les œuvres de Noverre que quand il vint en France pour y faire exécuter ses ouvrages.

La famille Vestris, originaire de Florence, a régné plus d'un siècle sur notre empire dansant. Gaëtan Vestris parut en 1748 à l'Opéra, qu'il n'a quitté qu'en 1800. Il avait quatre frères qui suivirent la même carrière. Son fils Auguste, virtuose de grand talent, se fit admirer dans la pantomime et l'exécution des pas.

Le ballet résista à l'action destructive du torrent révolutionnaire. On dansait encore au milieu des sanglantes orgies de 93. Les danseurs de l'Opéra figurèrent à la fête que Robespierre dédia à l'Etre-Suprême; et plusieurs pièces révolutionnaires, telles que l'*Offrande à la Liberté*, ballet, la *Réunion du 10 août*, opéra en cinq actes, furent représentées du temps de la république.

La restauration vit s'accomplir une importante révolution dans le ballet. — Mademoiselle Taglioni débuta à l'Opéra, le 23 juillet 1827, dans le *Sicilien*, avec un succès prodigieux. Sa grâce naïve, ses poses décentes et voluptueuses, sa légèreté extrême, la nouveauté de sa danse, dont les effets paraissaient plutôt appartenir aux inspirations de la nature qu'aux combinaisons de l'art, excitèrent une admiration générale. La danse de Taglioni ne semblait pas de ce monde, elle appartenait à celui de la féerie. Voyez-la donc si gracieuse, si souple, si idéale ! A peine elle touche la terre, et quand elle y pose le pied, on dirait que ce n'est de sa part que simple fantaisie, pur caprice.

Dans ces derniers temps. l'Opéra a vu éclore plusieurs compositions chorégraphiques d'un intérêt relatif, telles que le *Diable boiteux*, *Giselle*, *la Péri*, *le Violon du Diable*, *la Vivandière*, *Œlia et Mysis*, *Jovita*.

Dans ces divers ouvrages ont paru avec éclat mesdames Fanny Elssler, Lucile Grahn, Carlotta Grisi , Fitz-James ; MM. Petipa, Perrot, et plus récemment, M. St. Léon et Mmes Cerrito, Plunkett, Priora, Guy-Stéphan, Caroline Rosati, etc.

Bande (Compagnie). Ce mot signifie un corps de musiciens jouant de toutes sortes d'instruments à vent et de percussion. En Italie, on donne habituellement le nom de *banda* à quelques instruments de percussion, comme les cymbales, les pavillons chinois, le triangle, qui, réunis dans les orchestres des grands théâtres, servent à renforcer au besoin les *forte* dans les différents morceaux de l'opéra et du ballet.

Le mot *Bande* s'applique principalement aux musiques militaires, composées d'instruments à vent; ainsi l'on dit : la bande de tel régiment. La musique militaire de la cavalerie ne se compose que d'instruments de cuivre.

Barbiton. C'est le nom d'un instrument à cordes des anciens Grecs, dont on ne sait pas préciser positivement l'espèce. Les uns attribuent l'invention de cet instrument à Alcée, les autres à Anacréon.

BARCAROLLE. Sorte de chanson en langue vénitienne, que chantent les gondoliers à Venise. Quoique les airs de barcarolles soient faits pour le peuple, et souvent composés par les gondoliers eux-mêmes, ils ont tant de mélodie et un accent si agréable, qu'il y a peu de musiciens dans toute l'Italie qui ne se piquent d'en savoir et d'en chanter. L'entrée gratuite qu'ont les gondoliers à tous les théâtres les met à même de se former sans frais l'oreille et le goût ; de sorte qu'ils composent et chantent leurs airs en amateurs qui, sans ignorer la finesse de la musique, ne veulent point altérer le genre simple et naturel de leurs barcarolles. Les paroles de ces chansons sont communément sans prétention, sans apprêt, comme les conversations de ceux qui les chantent. Mais ceux à qui les peintures fidèles des mœurs du peuple peuvent plaire, et qui aiment d'ailleurs le dialecte vénitien, se passionnent facilement pour ces chants, séduits qu'ils sont par la beauté des airs.

N'oublions par de remarquer, à la gloire du Tasse, que la plupart des gondoliers savent par cœur une grande partie de son poëme de la *Jérusalem délivrée*, et qu'ils passent les nuits d'été sur leurs barques à le chanter alternativement d'une gondole à l'autre.

Les chansons des gondoliers vénitiens ont tant d'agrément, que les compositeurs ont imaginé d'en placer dans leurs opéras, en leur donnant cependant un cadre plus étendu. *A Venise, jeune Fillette*, de *Michel-Ange*, *Blondinette*, *joliette*, d'*Aline*, sont des barcarolles ; celle du *Roi Théodore*, à plusieurs voix, est d'un effet charmant.

BARDES. Hommes très-respectés chez les Germains, les Gaulois, les Anglais et les Irlandais. Ils étaient à la fois poëtes, musiciens et guerriers. Fingal et son fils Ossian sont regardés comme les plus fameux; ils vivaient vers 260. Fergus, barde comtemporain de Fingal et d'Ossian, fut aussi grand poëte qu'eux. C'est surtout dans les combats que son génie brillait de tout son éclat, et qu'il exerçait son empire. A la bataille de Fiatri, Ossian ayant engagé un combat singulier, commençait à plier. Fergus l'aperçut, et des hauteurs où il était placé, il lui adressa des chants qu'Ossian entendit, et qui lui rendirent le courage et la victoire.

Bardite. On appelait ainsi le chant guerrier des anciens Germains.

Baroque. Une musique baroque est celle dont l'harmonie est confuse, chargée de modulations et de dissonances, le chant dur et peu naturel, l'intonation difficile, et le mouvement contraint. — Ce terme vient du mot grec *baros*, chose désagréable.

Baryton. C'est la seconde espèce de voix d'homme en comptant du grave à l'aigu. Par goût ou par nécessité, les Français ont toujours préféré la voix de baryton à celle de basse. — Cette voix tient le milieu entre la voix de basse, qui est plus grave, et le ténor qui lui succède immédiatement à l'aigu.

On l'appelle aussi troisième tenor ou basse-taille. (Voy. l'article Voix.)

Base. C'est la même chose que tonique, son fondamental.

Bas-dessus. Se dit dans la subdivision des dessus, de celui des trois qui est le plus bas. (Voy. l'article Voix.)

Basse. Celle des quatre parties de la musique qui est au-dessous des autres, la plus basse de toutes, d'où lui vient le nom de *basse*.

La basse est la plus importante des parties. C'est sur elle que s'établit le corps de l'harmonie.

Il y a plusieurs sortes de basses. — La basse fondamentale est celle qui n'est formée que de sons fondamentaux de l'harmonie, de sorte qu'au-dessous de chaque accord elle fait entendre le vrai son fondamental, qui est le plus grave, lorsque l'accord est divisé par tierces. — Basse continue, ainsi appelée parce qu'elle dure pendant toute la pièce. — Basse contrainte, dont le sujet ou le chant, borné à un petit nombre de mesures, recommence sans cesse, tandis que les parties supérieures poursuivent leur chant et leur harmonie en les variant.

BASSE (voix de). C'est la voix d'homme la plus basse. Son diapason commence au second *fa* grave du piano, et s'élève jusqu'au *ré* hors des lignes. Cette voix n'a qu'un seul registre, celui de poitrine. C'est en lisant les partitions allemandes et italiennes qu'on pourra se faire une idée des effets ravissants qu'obtient un compositeur de mérite en employant avec art cette voix de basse, la plus riche de toutes.

BASSE, instrument. (Voy. VIOLONCELLE.)

BASSE (Marche de). (Voy. le mot PROGRESSION.)

BASSE-TAILLE. Voix d'homme qui est immédiatement au-dessus de la basse. On l'appelle aussi baryton et quelquefois troisième ténor. Voix de ténor s'appelait jadis *Taille* en France. (Voy. l'article VOIX.)

BASSE-TAILLE. Bien des personnes confondent la basse-taille avec la basse. Cette erreur vient de ce que les rôles écrits pour ces deux sortes de voix sont chantés en France par les mêmes acteurs. Comme nous avons très-peu de rôles de basse dans nos opéras, les chanteurs dont les moyens seraient disposés par la nature et l'art à remplir convenablement cette partie, sont forcés d'avoir recours à ceux écrits pour des voix plus aiguës, et forcent leur organe pour atteindre aux tons élevés de la basse-taille. Ils ne donnent par conséquent que le rebut de leur voix, et négligent sa quinte grave, dont on aurait pu tirer un grand parti.

Basson. Instrument de musique à vent et à anche, qui, dans la famille du hautbois, tient le même rang que le violoncelle dans celle du violon. Le diapason du basson est de trois octaves à partir du premier *si B* grave du piano. Il commence par conséquent un ton plus bas que celui du violoncelle. — Le basson joue dans tous les tons ; ses tons favoris sont : *ut, fa, si B, mi B,* et leurs relatifs mineurs.

Le caractère du basson est en général tendre et mélancolique ; cependant ses accents, pleins de vigueur et de sentiment, servent parfois à exprimer les grandes passions dans l'*agitato,* invitent au recueillement, et inspirent une douce piété quand ils accompagnent des chants religieux. Si le basson ne peut être très-brillant, il s'unit du moins parfaitement aux instruments qui ont cette qualité ; et lorsque les violons suspendent leur discours pour laisser le champ libre aux flûtes, aux clarinettes, aux cors, c'est lui qui sert de base à leur harmonie éclatante.

Les notes hautes du basson ont quelque chose de pénible et de souffrant dont on peut tirer d'excellents effets. Tels sont les soupirs étranges et étouffés qu'on entend dans la symphonie en *ut* mineur de Beethoven, à la fin du decrescendo. Les sons du medium ont quelque chose de flasque ; c'est là que M. Meyerbeer a trouvé la sonorité froide, décolorée, cadavereuse dont il avait besoin dans la scène de la *Résurrection des Nones.*

Les traits rapides en notes liées peuvent être employés avec succès dans les tons favoris de l'instrument. M. Meyerbeer en a obtenu d'excellents effets dans la scène des *Baigneuses,* au deuxième acte des *Huguenots,* dans l'accompagnement du chœur : *Jeunes beautés, sous ce feuillage,* etc.

Basson-quinte. — C'est un diminutif du précédent, qui possède la même étendue, s'écrit également sur deux clefs, la clef de *fa* et la quatrième clef d'*ut*, mais dont le diapason est plus élevé d'une quinte.

Le basson-quinte s'écrit une quinte au-dessous des sons réels qu'on veut obtenir : ainsi on écrit en *sol* pour jouer en *ré*, etc.

Le cor anglais remplace avantageusement le basson-quinte pour les deux octaves supérieures de ce dernier. Cependant le timbre du basson-quinte a plus de force, et, réuni aux bassons ordinaires, il serait d'un excellent effet dans la musique militaire dont il adoucirait l'éclatante et quelque peu âpre sonorité.

Basson (jeu de basson). Est un jeu d'anches qui dans l'orgue complète le jeu du hautbois et lui sert de basse. Le jeu de basson a une étendue de deux octaves.

Basse-tuba. C'est une espèce de bombardon perfectionné par M. Wibrecht, chef des musiques militaires du roi de Prusse, et par M. Ad. Sax, notre célèbre facteur. Le timbre du basse-tuba est incomparablement plus noble que celui des ophicléides et ressemble un peu à celui des trombones. Son étendue au grave est la plus grande qui existe à l'orchestre ; elle est de quatre octaves, depuis le *la*, *deux octaves* au-dessous des lignes, clef de *fa*, jusqu'au *la* du ténor, une octave au-dessus des lignes de la même clef.

Sans doute, cet instrument n'est pas propre aux passages rapides, mais il n'en est pas moins infiniment précieux comme instrument de basse. On ne saurait se faire une idée de l'effet produit dans les grandes harmonies militaires par une masse de basse-tuba. Cela tient à la fois du trombone et de l'orgue.

Bataille. On donne ce nom à une sorte de composition musicale dans laquelle on cherche à imiter avec les sons les bruits de la guerre et les divers résultats d'une bataille.

Baton. Sorte de barre qui traverse perpendiculairement une ou plusieurs lignes de la portée, et qui, selon le nombre de lignes qu'elle embrasse, exprime une plus grande ou moindre quantité de mesures qu'il faut passer en silence. — Les bâtons ne sont plus en usage, et l'on marque le nombre des pauses avec des chiffres placés au-dessus de la portée.

Baton de mesure. C'est un bâton fort court, ou même un rouleau de papier, dont les chefs-d'orchestres se servent pour marquer la mesure.

Battement. Espèce de *mordante*, ou selon quelques uns, de trille, qui, au lieu de commencer par une note plus élevée, commence par la note plus basse que la note principale.

Butteur de mesure. Le batteur de mesure était appelé chez les anciens Grecs coryphée, parce qu'il était placé au milieu de l'orchestre dans une situaion élevée pour être plus facilement vu et entendu de tout l'orchestre. Les Romains les appelaient *Pedarii*. Pour rendre la percussion rhythmique plus éclatante, ils garnissaient leurs pied de certaines chaussures ou sandales de fer.

Quelques nations ont des manières particulières pour battre la mesure. Les Chinois se servent de tambours; les Hongrois, dans leurs danses nationales, marquent la mesure en dansant, avec les éperons de leurs bottes, qu'ils frappent l'un contre l'autre; les Portugais, dans leurs danses, la battent en faisant claquer leurs doigts, et les Espagnols avec les castagnettes.

Battochio. C'est le nom d'un instrumen auxiliaire qui donne l'intonation à plusieurs autres instruments.

Battre la mesure. C'est en marquer les temps par des mouvements de la main ou du pied qui en règlent la durée, et par lesquels toutes les mesures semblables sont rendues parfaitement égales en valeur chronique dans l'exécution.

BAYADÈRE. Ce mot vient du portugais *bailodeira*, femme qui danse, danseuse. Les bayadères forment dans l'Inde une partie du personnel attaché aux pagodes, où l'on entretient une troupe de huit, douze et même seize femmes. Chaque jour, matin et soir, elles dansent dans le temple et chantent des pièces de vers libres, dont le sujet est tiré de la mythologie indienne; elles reçoivent pour ces fonctions des appointements fixes prélevés sur le trésor de la pagode.

Les bayadères paraissent dans toutes les solennités publiques, et accompagnent les personnes qui rendent des visites d'apparat. On les appelle aussi aux fêtes de famille, et dans ces occasions elles exécutent des danses plus ou moins libres, selon le goût des spectateurs. — L'orchestre qui accompagne la danse des bayadères est ordinairement fort simple, et se compose de *tala*, espèces de petits cylindres qui rendent un son argentin très-aigu, et d'un *dolh*, petit tambour dont la caisse est de terre cuite, et que l'on frappe des deux côtés. Cette musique, et peut-être aussi les applaudissements qu'on leur prodigue, animent tellement les bayadères, que l'on fait venir quelquefois successivement dans une même nuit jusqu'à quatre et cinq bandes de ces danseuses, qui se retirent épuisées de fatigue.

Les Indiens ne regardent pas le métier des bayadères comme infamant, et même dans les castes les plus élevées il se trouve des parents qui font vœu, s'ils ont une fille, de la consacrer de cette manière à la divinité pour laquelle ils ont le plus de respect. Les petites filles destinées au métier de bayadère apprennent de très-bonne heure à lire, à chanter et à danser, et on ne leur laisse ignorer aucun des arts, aucune des ma-

nœuvres qui peuvent les rendre par la suite plus séduisantes et plus dangereuses.

Bec. Partie de la clarinette que l'on place dans la
bouche lorsqu'on veut jouer de cet instrument.

Bécarre. L'un des trois signes accidentels qui se
placent, soit à la clef d'un morceau de musique, soit
dans le courant d'une section de phrase musicale.
Le bécarre détruit l'effet du bémol et du dièse. Le
bécarre n'a de valeur que pendant toute la durée de
la mesure dans laquelle il est employé. — Ce serait
commettre un non-sens musical que de poser des
bécarres à la clef de début d'un morceau de musique,
puisque le ton d'*ut* naturel comporte implicitement
autant de bécarres que ce même ton a de notes pour
former sa gamme. Mais il arrive souvent que pour
passer d'un ton mineur à son majeur synonyme, on
arme la clef d'autant de bécarres qu'il y est nécessaire d'avoir de notes remises naturelles ou dans
l'état de gamme normale.

' Autrefois que la figure de dièse (voyez ce mot) était
inconnue, on remplaçait ce signe par celui du bécarre, l'antipode du bémol (voyez ce mot). Le bécarre
participe du dièse et du bémol tout à la fois : du
dièse, lorsqu'on le place devant une note bémolisée,
et du bémol, lorsqu'on le place devant une note dié-
sée.

Bedon de Biscaye. C'est une espèce de petit tambour de basque, dont le cercle est garni de castagnettes.
En le faisant résonner avec les doigts, les castagnettes
frappent les unes contre les autres.

Beffroi ou tamtam. Instrument de percussion en
usage chez les Orientaux, et admis dans notre musique militaire et nos orchestres. C'est dans sa forme
une espèce de tambour de basque, tout entier d'un
métal composé, qui a une vibration extraordinaire
quand on le frappe avec un marteau.

Le beffroi s'emploie avec succès dans les marches lugubres et funèbres, dans les chœurs qui expriment des passions violentes et dont l'effet doit être terrible, tel que celui qui termine le deuxième acte de *la Vestale.*

BEFFROI. Tour d'où l'on fait le guet et où il y a une cloche pour sonner le tocsin d'alarme. On donne aussi ce nom à la cloche même qui est dans la tour.

On connaît l'expression terrible, sinistre, effrayante du tocsin dans les jours de troubles politiques.

Le tocsin produit des effets qui ont peu de rapports avec la musique : cependant on l'emploie quelquefois dans la musique dramatique. Nous en parlerons à l'article CLOCHE.

BÉMOL. Nom du second signe altératif qui, avec le dièse et le bécarre, se place devant une note pour abaisser, hausser ou remettre naturelle l'intonation. Le bémol, qui se figure par un B, était, dans le système ancien de Guido d'Arezzo, le contraire du B dur, ou bécarre des modernes, parce que ce signe n'était employé, à cette époque reculée, que pour atténuer l'effet assez dissonant produit par la succession des sons naturels *fa, sol, la, si* de la gamme ascendante. On écrivait donc cette gamme en *bémolisant* ou adoucissant la note *si* (septième degré de la gamme moderne).

Depuis que la découverte de la dissonance harmonique a été faite par Monteverde, au commencement du dix-septième siècle, le bémol ne figure plus qu'accidentellement dans la gamme naturelle d'*ut* majeur. Mais alors ce n'est plus pour adoucir l'avant dernier son de l'échelle, mais bien pour déterminer une modulation relative dans le ton majeur du quatrième degré, ou dans celui du relatif mineur de ce même ton.

Lorsque la modulation l'exige on emploie un signe appelé double bémol (BB). Il possède, devant une

note naturelle, la double faculté du bémol simple,
c'est-à-dire que si ce dernier baisse la note d'un demi-
ton mineur, le double bémol la baisse de deux demi-
tons. Lorsque la note est dejà simplement bémolisée,
le double bémol ne la baisse que d'un seul demi-ton
mineur. Enfin, les bémols posés à la clef d'un morceau conservent pendant toute sa durée leur qualité
diminutive des sons naturels ; tandis que, posés seulement devant une note, et par accident, ils n'ont de
valeur que pendant toute la durée de la mesure dans
laquelle ils sont employés.

Les tons bémolisés ont une sonorité bien moins
brillante, surtout dans les instruments à archet, que
les tons naturels et diésés. Aussi les compositeurs les
emploient-ils de préférence dans certains morceaux
d'une expression calme et religieuse. Cependant la
musique militaire, si éclatante et d'un effet souvent
électrique, s'écrit presque toujours et brille davantage
dans les tons bémolisés.

Bémoliser. Placer des bémols à la clef pour changer l'ordre et la place des demi-tons, ou marquer une
note d'un bémol accidentel.

Bergamasque. C'était une espèce de danse et air de
danse en usage dans le siècle dernier. On trouve des
bergamasques dans plusieurs recueils de sonates pour
violon et pour luth.

B fa. C'est le nom que l'on donnait à la quarte
naturelle de *fa*, appelée aujourd'hui *si bémol*.

Bibliographie musicale. Livre qui contient dans
un ordre systématique, chronologique, et de la manière la plus parfaite, la description complète de tous
les titres originaux des œuvres musicales, théoriques
et pratiques, historiques et philosophiques, impri-
mées ou manuscrites, de tous les temps, de toutes les
nations, avec les noms de l'auteur et de l'éditeur ;

plus le format du livre, le nombre des volumes et des éditions.

Bibliothèque musicale. Collection ou recueil d'œuvres musicales. — Les plus fameuses bibliothèques de musique sont : celle de la cour de Vienne, que l'on croit la plus considérable de toutes celles qui existent en Europe, attendu qu'elle a été formée par une série d'empereurs qui étaient tous des musiciens distingués ; celle de Munich, en Bavière ; celle du Conservatoire de Paris ; celle du Lycée musical de Bologne, formée par les recherches de l'infatigable Martini, et celle du Conservatoire de Naples, qui renferme un grand nombre de partitions manuscrites de l'école napolitaine.

Bicordatura. Nom de la double gamme sur les instruments à archet.

Binaire. Qui est composé de deux unités. On donne le nom de binaire à la mesure à deux temps, attendu qu'elle se partage en deux temps égaux. Elle est opposée à la triple, ou mesure ternaire.

Biographie musicale. Livre qui contient des renseignements sur la vie, les œuvres et les écrits des auteurs, compositeurs de musique, chanteurs, instrumentistes, amateurs célèbres, fabricants d'instruments, éditeurs de musique de toutes les nations. Le travail le plus complet que nous possédions en ce genre, est celui qu'a publié M. Fétis, sous ce titre : *Biographie générale des Musiciens.*

Bis. Mot latin qui signifie deux fois, et dont on se sert en musique, soit pour faire recommencer un air quand il est fini, en disant *bis* à celui qui l'a chanté, soit pour marquer dans une même pièce de musique qu'un même trait de chant doit être exécuté deux fois de suite.

Bischero (cheville). Dans les instruments à cordes, on appelle chevilles les petites pièces de fer ou de bois sur lesquelles on roule les cordes, et qui servent ainsi à leur donner plus ou moins de tension pour les accorder.

Biscome. Mot italien qui signifie double-croche.

Blanche. C'est le nom d'une note qui vaut deux noires, ou la moitié d'une ronde. Autrefois on l'appelait minime.

B mi. C'est le nom que l'on donnait à la septième majeure de *do*, aujourd'hui appelée *si*.

Bocal. Petit hémisphère concave de métal, d'ivoire ou de bois dur, percé par le milieu, et qui forme l'extrémité inférieure du cor, du trombone, du serpent, etc., etc.

Bohême (Notice historique sur la musique en). La Bohême a produit un nombre prodigieux de compositeurs et d'exécutants d'un grand mérite. — Dès les quinzième et seizième siècles on vit se former dans la majeure partie des villes de la Bohême plusieurs congrégations, dont le noble but était d'augmenter la splendeur du culte divin au moyen du chant. Rodolphe II, dont le règne fut la plus brillante époque pour la littérature et les arts en Bohême, monta à ses frais une magnifique chapelle composée d'artistes italiens et bohémiens. Mais l'époque qu'on peut appeler à juste titre le plus beau temps de la musique en Bohême, commence l'expulsiou des protestants, sous Ferdinand II et Ferdinand III. — Dans chaque couvent, dans chaque paroisse, il existait des possessions dont le produit était affecté à l'entretien de la musique du chœur. Dans les colléges et les séminaires, la musique formait la partie principale des plaisirs et des récréations. — Les moyens d'apprendre cet art ne manquaient dans aucune partie de la Bohême. Il y avait jusque dans le plus petit bourg un maître d'école chargé d'apprendre la musique. — Il ne faut donc pas s'étonner si la Bohême compte parmi ses enfants, Gossmann, Gluck, les deux Benda, Stamitz,

Weber, et si l'un des plus beaux Conservatoires de l'Europe se trouve à Prague, en Bohême.

BOLERO. Sorte d'air de chant et de danse en usage en Espagne. Le bolero est accompagné par plusieurs instruments, ou par une guitare, ou par un violon.

BOMBARDE. C'est, dans l'orgue, un registre de tuyaux à anche, ouvert de seize et même de trente-deux pieds, imité d'après l'instrument dont il est question dans l'article suivant.

BOMBARDE. Instrument à vent en bois dont on faisait un grand usage dans les siècles passés. Cet instrument était de l'espèce du hautbois, avait six trous pour les doigts, différentes clefs, et se jouait avec une anche.

BOMBARDON. C'est un instrument grave, sans clefs, et à trois cylindres, dont le ton diffère un peu de celui de l'ophicléide. Son étendue va du *fa*, une octave au-dessous de la ligne clef de *fa*, jusqu'au *re* au-dessus des lignes.

Cet instrument, dont le son est très-fort, ne peut exécuter que les successions d'un mouvement modéré. Il produit un bon effet dans les grands orchestres où les instruments à vents dominent.

BOMBO. Anciennement on appelait ainsi la répétition d'une note sur le même degré.

BOMBIX. Nom grec de l'ancien chalumeau.

BOMBY KAS. Nom grec des clefs des instruments à vent.

BOUCHE. On donne ce nom à l'ouverture horizontale pratiquée au bas d'un tuyau d'orgue pour laisser échapper l'air qu'il contient.

BOUFFON, OPÉRA BOUFFE. C'est le titre que l'on donne à un certain genre de drame lyrique en opposition avec le genre sérieux. Cette dénomination est particulièrement en usage en Italie, ou affectée aux ouvrages italiens. En Italie, chaque ville, pour ainsi dire, a son *bouffon* particulier, national, parlant exclusivement le dialecte populaire. Milan a son *Jirolama* ; Venise a le *Pantalon*, le *Scaramouche*, le *Brighella* ; Florence a la *Fiorentino* ; Rome a la *Bergamasque*, l'*Eminente*, bouffon femelle ; Naples en a deux, l'un pour l'opéra, le *Lazzaroni*, l'autre pour la comédie et le mélodrame, *Pulchinella*. Les comédiens chantants ne sont fixés en aucun lieu en Italie ; les engagements ne se font que pour une saison, et rarement on voit les mêmes chanteurs une année entière dans la même ville.

Les drames français, dans le genre bouffe, s'appellent plus ordinairement opéras-comiques. (Voyez Théâtre Italien et Opéra-Comique.)

Bourdon. C'est le nom par lequel on désigne ordinairement les tuyaux ou cordes d'instruments qui donnent toujours le même son dans le grave, comme dans les musettes, les vielles.

Bourrée. Sorte d'air à deux temps, propre à une danse qui est en usage en Auvergne.

Boutade. Nom ancien d'un petit ballet impromptu.

Branle. Sorte de danse fort gaie, qui se danse en rond, sur un air court et en rondeau, c'est-à-dire avec un même refrain à la fin de chaque couplet.

Bravo. Exclamation que nous avons empruntée aux Italiens, et qui nous sert aujourd'hui, comme à eux, à exprimer l'admiration due à un artiste qui excelle dans son art.

Les Italiens ont l'habitude, flatteuse pour le compositeur, de crier au théâtre, pendant un morceau de musique où l'orchestre domine : *Brava la viola ! bravo il fagotto !* Si c'est un chant mélodieux et pathétique qui les flatte, ils ont aussi la coutume de crier tour à tour : *Bravo, Sacchini ! bravo, Cimarosa ! bravo, Rossini ! bravo, Donizetti ! Bravo, Verdi !*

BRAVOURE (Air de). Air dans lequel se trouvent plusieurs passages d'une certaine étendue, que la voix exécute avec tout le *brio*, toute la désinvolture imaginables, et destinés ordinairement à faire briller l'habileté du chanteur.

BRAVOURE. On dit *air de bravoure, genre de bravoure*, qui est opposé au genre simple et *cantabile*.

BRÈVE. Ce mot signifiait autrefois une figure de note qui avait la valeur de deux rondes. — Aujourd'hui on appelle *brèves* les notes dont la valeur est moindre que les précédentes, et spécialement celles qui suivent immédiatement les notes pointées : ainsi, une noire prend le nom de *brève*, lorsqu'elle est après une blanche pointée, la croche après une noire pointée.

BRILLANT. Ce mot indique une modification de caractère. On dit : *musique brillante, exécution brillante*.

BRIOSO (vif). Ce mot joint à l'*allégro* le rend plus vif, plus résolu et plus brillant.

BRISSEX. Instrument monté de douze cordes, qui ressemble à la guitare. Il a été inventé, en 1770, par un chanteur de Paris, nommé Vanhoke. L'étendue de cet instrument était de trois octaves et demie.

BRODERIE se dit en musique de plusieurs notes que le musicien ajoute à sa partie dans l'exécution, pour varier un chant souvent répété, pour orner des passages trop simples, et pour faire briller la légèreté de son gosier ou de ses doigts. Rien ne montre mieux le bon ou le mauvais goût d'un musicien, que le choix ou l'usage qu'il fait de ces ornements.

BRUIT. C'est en général toute émotion de l'air qui se rend sensible à l'organe auditif. Mais, en musique, le mot bruit est opposé au mot son, et s'entend de toute sensation de l'ouïe qui n'est pas sonore et appréciable. — On donne par mépris le nom de bruit à une musique étourdissante et confuse, où l'on entend plus de fracas que d'harmonie. *Ce n'est que du bruit ; cet opéra fait beaucoup de bruit et peu d'effet.*

Buccin. Espèce de trombone que l'on a adopté pour la musique militaire. Il ne diffère du trombone ordinaire que par son pavillon taillé en gueule de serpent. Le son du buccin est plus sourd, plus sec, que celui du trombone.

Buffo. Chanteur qui joue un rôle plaisant dans l'opéra comique. On le divise, en Italie, en *buffo primo* (premier), *buffo secundo e terzo* (second et troisième), *buffo nobile* (noble), *di mezzo carattere* (mixte), *caricato* (exagéré), *buffo cantante e comico* (chantant, comique).

Buonacordo. C'était un clavecin dans lequel l'espace des octaves pouvait s'adapter aux petits doigts des enfants.

Burletta, Burlette. Nom que l'on donne à un petit opéra-comique, à une petite farce en musique.

Busca tibia. Instrument à vent de l'antiquité la plus reculée, qui avait la forme de notre cornet et qui était fait d'ossements d'animaux.

C

C. Cette lettre sert à marquer la mesure à quatre temps. Elle devient le signe de celle à deux temps, si on la traverse d'une ligne perpendiculaire. C'est ce qu'on appelle C barré.

Lorsqu'à la clef d'un canon fermé à deux parties, on trouve un C simple et un C barré l'un sur l'autre, c'est une marque qu'une des parties exécute le chant tel qu'il est noté, et que l'autre donne à toutes les notes, pauses, silences, le double de leur valeur. La partie dont la marque est en haut commence la première.

Le C placé hors des lignes, sifinifie CANTO; s'il est placé hors des lignes et accompagné d'un B, il signifie COL BASSO.

C SOL UT, ou simplement C, caractère ou terme de musique qui indique la première note de la gamme, que nous appelons UT.

C SOL FA UT. On appelait ainsi dans l'ancien solfége le *do*, clef du violon au-dessous des lignes, attendu qu'on y chantait tantôt la syllabe *sol*, tantôt la syllabe *fa*, tantôt la syllabe *ut*.

CABALETTE. Pensée légère et mélodieuse, ou cantilène pleine d'une simplicité qui flatte, dont le rhythme bien marqué se grave facilement dans l'âme de l'auditeur, et qui a tant de naturel, qu'à peine entendue, elle est répétée par ceux qui savent la musique et par ceux même qui la sentent sans la savoir.

CACOPHONIE. Union discordante de plusieurs sons mal choisis ou mal accordés. Ce mot vient du grec *cacos*, mauvais, et *phoné*, son.

CADENCE. La cadence est la terminaison d'une phrase musicale sur un repos.

On peut briser, suspendre ou détourner cette terminaison; de là, plusieurs sortes de cadences : — La cadence parfaite, la cadence à la dominante ou demi-cadence, la cadence imparfaite, la cadence rompue, la cadence évitée et la cadence plagale.

La cadence est parfaite, quand, à l'accord de dominante, succède l'accord parfait sans renversement.

La cadence à la dominante ou demi-cadence est un repos momentané sur l'accord de dominante.

La cadence imparfaite ou suspendue est la résolu-

tion de l'accord de dominante sur l'accord parfait
renversé. Comme celui-ci n'exprime qu'un repos imparfait, la cadence est nommée imparfaite.

Quelquefois on retarde la réalisation de la cadence
parfaite en reproduisant plusieurs fois la cadence à la
dominante ou la cadence imparfaite.

La cadence est rompue lorsqu'on résout l'accord
de dominante, non point dans l'accord parfait naturel ou renversé du ton dans lequel on est, mais en
prenant l'accord parfait du ton relatif. Cet artifice
harmonique est très-fréquemment employé.

La cadence est évitée quand, au lieu de la résoudre,
on passe dans un autre ton.

Nous parlerons ailleurs de la cadence *plagale*. (Voyez
ce dernier mot.)

CADENCE. C'est le battement du gosier qui se fait
quelquefois sur la pénultième note d'une phrase musicale. Le mot de cadence, pris dans ce sens, n'est
plus en usage parmi les musiciens; on l'a remplacé
par celui de trille. (Voyez ce mot.)

CADENCE (la) est une qualité de la bonne musique,
qui donne à ceux qui l'exécutent ou qui l'écoutent un
sentiment vif de la mesure, en sorte qu'ils la marquent et la sentent tomber à propos, sans qu'ils y
pensent et comme par instinct; cette qualité est surtout requise dans les airs de danse.

CADENCE signifie encore la conformité des pas du
danseur avec la mesure marquée par l'instrument.

CADENCÉ. Une musique bien cadencée est celle où
la mesure est sensible, où le rhythme et l'harmonie
concourent le plus parfaitement qu'il est possible à
faire sentir le mouvement.

CAISSE (Grosse). (Voyez le mot TAMBOUR.)

CALACHON. Petit instrument qui a la forme d'un
luth à long manche avec une touche et deux cordes

qu'on pince avec les doigts ou avec un petit morceau de bois.

Calare. Baisser, par opposition à *ascendere.*

Caléographie musicale. Art de graver les notes de musique sur l'airain ou sur les autres métaux.

Calcul. On se sert de ce mot pour désigner la partie purement scientifique de l'art musical, ou pour indiquer un genre de musique qui manque de chaleur et d'invention, et dans laquelle on sent trop le mécanisme de l'art.

Calichon. Ancien instrument de la forme d'un luth, monté de cinq cordes accordées au sol de basse, quatrième espace, *do* au-dessous des lignes en clef de violon, et *fa, la, ré* même clef, premier et second espace, et quatrième ligne.

Callinique. Chanson de danse des anciens Grecs exécutée en l'honneur d'Hercule.

Canarie. Ancienne espèce de gigue, en mesure à 6/16, et exécutée avec un peu plus de mouvement.

Canarder. C'est, en jouant du hautbois, tirer un son nasillard et rauque, approchant du cri du canard; ce qui arrive aux commençants, et surtout dans le bas, pour ne pas serrer assez l'anche avec les lèvres.

Canevas. C'est ainsi qu'on appelait les paroles ajustées par le musicien aux notes d'un air à parodier. Ces paroles, insignifiantes, servaient de guide au poète en lui marquant le mètre et la coupe des vers, et l'ordre à suivre pour les rimes.

Canna d'organo, Tuyaux d'orgue. Tubes ou canaux de bois, d'étain, ou d'un mélange métallique appelé étoffé, de forme carrée, cylindrique ou conique, dans lesquels on fait entrer le vent qui produit le son de l'orgue.

Canna, Roseau. Plante qui croît dans les pays chauds et les contrées méridionales de l'Europe. Les paysans se servent encore de ces tiges creuses pour faire des flageolets, des fifres, etc.

CANON. C'est une sorte de fugue qu'on appelle *perpétuelle*, parce que les parties, partant l'une après l'autre, répètent sans cesse le même chant. Il y a plusieurs espèces de canons ; pour les connaître toutes, il faut avoir égard :

1º Au nombre des parties : le canon peut être à deux, trois, quatre parties, ou davantage ;

2º Au nombre des solutions : il y a des canons qui n'admettent qu'une solution, il y en a qui en admettent un plus grand nombre ;

3º Au nombre des voix principales : un canon d'une seule voix principale s'appelle canon simple ; un canon composé de plusieurs voix principales s'appelle canon double, triple, etc., selon le nombre de ses voix ;

4º Aux intervalles par lesquels se fait la reprise : il y a des canons à l'unisson, à la seconde supérieure ou inférieure, à la tierce supérieure ou inférieure, et de même à la quarte, à la quinte, à la sixte ;

5º A la durée de l'imitation : tout canon se compose de façon, ou que la voix suivante répète le chant de la première en entier, et que pendant que l'une des parties finit, l'autre puisse recommencer le chant de nouveau ; ou il ne se compose pas de cette façon, la voix suivante ne répétant le chant de la précédente que jusqu'à une certaine distance marquée, et la pièce finissant par là. Un canon de la première espèce se nomme canon perpétuel ou obligé ; le second s'appelle canon libre. Quand le canon perpétuel est composé de telle sorte qu'à chaque reprise on change de ton, et qu'il faut faire par conséquent le tour des douze modes, on l'appelle *canon circulaire* ;

6º A la figure des notes : quand l'imitation des parties se fait par augmentation ou par diminution,

il en résulte un canon par augmentation ou diminution ; et cette augmentation ou diminution peut être
double, triple, et davantage ;

7° Au mouvement : il y a des canons par mouvement contraire, par mouvement rétrograde, et par
mouvement rétrograde et contraire ;

8° A la qualité des parties : on fait des canons sur
un *canto fermo,* on en fait d'autres avec des parties
accessoires à la tierce, ou avec une partie qui sert d'accompagnement ;

9° Aux temps de la mesure : on fait des canons à
contre-temps, dans la classe desquels on peut aussi
ranger ceux par imitation interrompue ;

10° A la manière d'écrire le canon : on les écrit de
deux manières : 1° l'on ne met par écrit que la voix
principale du canon, pour en faire deviner les autres
au lecteur, ce qui s'appelle canon fermé ; 2° on y joint
toutes les voix consécutives à la voix principale en
les mettant en partition, ce qui s'appelle canon ouvert.

CANTABILE. Adjectif italien qui signifie *chantable,*
chantant, ce qui est fait pour être chanté, c'est-à-dire
le morceau où l'on doit réunir tous les moyens, tous
les pouvoirs, tous les ornements du chant.

Un morceau de musique tel que le *cantabile* est le
plus difficile qu'on puisse exécuter : aussi il n'appartient qu'aux grands talents de le bien chanter, car il
exige les qualités de la voix les plus parfaites, et l'emploi le plus sévère de la méthode de chant. Les qualités requises pour bien chanter le cantabile sont :
1° de posséder parfaitement l'art de filer les sons;
2° d'exécuter les phases de chant, les agréments
et les traits, avec expression; 3° enfin, de mettre
beaucoup de moelleux et d'onction dans le port de la
voix.

CANTATE. Sorte de petit poëme lyrique qui se chante

avec des accompagnements, et qui, bien que fait pour les salons, doit recevoir du musicien la chaleur de la musique imitative et théâtrale.

Les airs, les scènes, les chœurs d'opéras que l'on exécute dans les concerts et les réunions musicales, ont fait perdre l'usage de la cantate. On en compose cependant encore de temps en temps pour certaines fêtes solennelles.

CANTATILLE. Petite cantate.

CANTATRICE. On désigne ainsi les femmes qui, après avoir reçu de la nature un organe sonore, ont su le rendre propre au chant, en se livrant de bonne heure et avec assiduité à l'étude de la musique et à la pratique des exercices de la bonne école de chant. (Voyez les articles OPÉRA, ACADÉMIE DE MUSIQUE.)

CANTILENA. Nom que les Italiens donnaient autrefois à la musique mondaine pour la distinguer de la musique sacrée, que l'on appelait *motets*.

CANTIQUE. Hymne que l'on chante en l'honneur de la Divinité. Les premiers et les plus anciens cantiques furent composés à l'occasion de quelque événement mémorable, et doivent être comptés parmi les plus anciens monuments historiques. Ces cantiques étaient chantés par des chœurs de musique, et souvent accompagnés de danses, comme nous le voyons dans l'Écriture. La pièce la plus importante qu'elle nous offre en ce genre est le *Cantique des Cantiques*, ouvrage attribué à Salomon.

Dans un sens plus moderne et plus en usage, on appelle cantique une hymne en langue vulgaire, dans lequel on célèbre Dieu, les anges, les saints ou quelque vérité de la religion, et composé expressément pour l'édification des fidèles.

Il doit être religieux, puisqu'il doit exprimer des idées religieuses; noble, puisque toutes les idées reli-

gieuses le sont; varié comme elles, et toujours simple, parce qu'il doit être accessible à la multitude, si
faire se peut.

Les meilleurs compositeurs de cantiques, en France,
sont aujourd'hui l'abbé Lambillotte, dont les mélodies renferment quelquefois des passages trop peu
soignés, mais sont ordinairement faciles, souvent
pieuses, presque toujours pleines de candeur et toujours simples; MM. Dietsch, Labat de Sérène, Adrien
de Lafage, de Brémont, de Dufort, H. Monpou, Choron, Neukomm, Castil-Blaze et beaucoup d'autres
ont composé des recueils de cantiques.

CANTORIA (tribune). Espèce de galerie stable, ou
momentanément élevée dans les églises pour les artistes qui exécutent la musique vocale ou instrumentale.

CAPRICE. Sorte de pièce de musique libre dans laquelle l'auteur, sans s'assujétir à aucun sujet, donne
carrière à son génie, et se livre à tout le feu de la
composition. Les caprices de Locatelli ont joui d'une
grande célébrité.

CARACTÈRE. Pour qu'une musique ait du caractère,
il ne suffit pas qu'elle exprime les paroles auxquelles
elle est appliquée, ni même la situation dramatique,
car une symphonie exécutée dans un concert et dé-
nuée de paroles, peut aussi avoir cette qualité; il faut
que cette expression ait quelque chose de particulier
qui saisisse l'oreille et l'âme de l'auditeur. Le caractère est donc une certaine originalité qui se sent tout
de suite, qui distingue un morceau de la foule, qui
l'élève au-dessus de beaucoup d'autres, peut-être
mieux faits, plus remplis de mérite, mais auxquels
manque cette originalité qui sauve les œuvres d'art
de l'oubli.

CARACTÈRES. Indépendamment des qualités qui appartiennent au style considéré comme art d'écrire, il

en est d'autres qui, tenant de plus près l'expression, donnent à la composition une teinte générale et servent encore à déterminer les styles; c'est ce qu'on nomme *caractères*.

De ces caractères les uns sont généraux, étant relatifs 1o à nos affections; 2o au degré dans lequel nous les ressentons; 3o au ton sur lequel nous les exprimons. Le premier donne le caractère gai ou triste; le second la vivacité ou la douceur; le troisième la sublimité ou la simplicité. Chacun de ces trois états a un caractère moyen : en les combinant, on aura un grand nombre de caractères mixtes, dont voici les principaux :

1o Le caractère ou style tragique, qui réunit la tristesse à la force et à la sublimité; 2o le bouffon, qui joint la gaieté à la vivacité; 3o enfin le *demi-caractère*, qui réunit les situations moyennes.

Les autres caractères sont particuliers; ils se rapportent à diverses circonstances, telles que les habitudes d'un peuple ou d'une classe d'hommes : ainsi on a le style religieux, le style militaire, le style pastoral.

CARACTÈRES DE MUSIQUE. Ce sont les divers signes qu'on emploie pour représenter tous les sons de la mélodie et toutes les valeurs des temps et de la mesure, en sorte qu'à l'aide de ces caractères on peut lire et exécuter la musique exactement comme elle a été composée : cette manière d'écrire s'appelle noter. (Voyez NOTES.)

CARILLON. Les grands carillons ne peuvent être placés que dans les clochers. Presque toutes les églises de Hollande en ont; ceux d'Amsterdam sont les plus fameux. L'église paroissiale de Berlin en possède aussi un, et celui de la *Samaritaine*, à Paris, était mis en jeu par des cylindres qui marchaient au moyen de roues hydrauliques. Les clochers d'Italie sont garnis quelquefois de dix cloches, et même d'un plus grand nombre.

CARNÉES. Nom de certaines fêtes des Spartiates, qui duraient neuf jours, pendant lesquels avaient lieu des concours publics de musique.

CARNIX. C'est le nom d'une trompette en usage chez les anciens Grecs ; elle avait un son aigu et très-doux.

CARTA DI MUSICA, PAPIER RÉGLÉ. On appelle ainsi le papier préparé avec les parties toutes tracées pour y noter la musique.

CARTELLO (Théâtres di). On désigne ainsi en Italie les théâtres de premier ordre, tels que *la Scala* de Milan, *San Carlo* de Naples, *la Pergola* de Florence, *la Fenice* de Venise, *Regio* de Turin, *Apollo* de Rome, *Carlo Alberto* de Gênes, etc., etc. Il y a aussi dans de très-petites villes, à l'occasion des foires, des saisons de théâtres *di Cartello*. La saison *di Fiera* de Bergame, est une des plus renommées. Les artistes dits *di Cartello* sont, en général, les plus célèbres, et par conséquent les mieux payés.

CARTILLES. Grandes feuilles de peau ou de toile, préparées et vernies, sur lesquelles on marque des portées pour pouvoir y noter tout ce qu'on veut en composant, et l'effacer ensuite avec une éponge.

CASTAGNETTES. Instrument de percussion composé de deux petites pièces de bois concaves faites en forme de noix. On fait résonner ces concavités en les appliquant l'une contre l'autre. On tient une castagnette en deux pièces de chaque main, en passant les doigts dans les cordons qui les réunissent. Cet instrument est fort en usage chez les Espagnols, qui s'en servent pour marquer la mesure en dansant le *fandango*, le *bolero*, la *seguidilla*.

CASTORIUM MELOS. Certain air guerrier qui faisait allusion aux exploits de Castor et Pollux, et qui imitait leurs batailles.

Castrat. Chanteur de soprano ou de contralto qu'on a privé dès son enfance des organes de la génération pour lui conserver une voix aiguë, comme celle d'un enfant. Les voix de castrats, dans la musique sacrée, produisaient un effet si merveilleux, qu'on ne tarda pas à les employer dans les théâtres lyriques. Peu à peu le nombre des castrats devint très-considérable, et les plus célèbres d'entre eux firent d'immenses fortunes. Cet exemple poussa à la spéculation, et il se trouva des parents dénaturés qui cherchèrent à s'enrichir par ce moyen odieux. Aujourd'hui cet usage barbare a complètemeut disparu.

Les castrats les plus célèbres des temps passés sont: Farinelli, élève de Porpora, au dix-huitième siècle, le plus admirable chanteur qu'on ait jamais entendu; Bernacchi, qui s'est fait, à la même époque, une grande réputation comme chanteur et comme professeur; Pasi, Minelli, Conti, surnommé Gizziello, du nom de son maître Gizzi; Paul Niccolini et une foule d'autres. Napoléon possédait à sa cour le fameux sopraniste Crescentini, une des dernières et des plus brillantes étoiles de cette pléiade de grands chanteurs.

Catabasis. Ce mot, chez les anciens Grecs, signifiait une progression de son descendante.

Catachoreusis. Cinquième et dernière partie du nome pythien exécuté par les concurrents dans les jeux pythiques.

Catachrèse. Les musiciens pythagoriens expliquaient, au moyen de la catachrèse, une suite de sixtes entre trois parties, c'est-à-dire d'accords de sixtes.

Catacoustique. Science des échos ou sons réfléchis, d'où dépend celle des salles de spectacle.

Cataphonique. Science des sons réfléchis, qu'on appelle aussi catacoustique.

Catapléon. Nom d'une certaine danse pyrrhique des Grecs.

Catch. Nom anglais d'une certaine espèce de petits canons ou fugues, que l'on chante dans les sociétés comme simple divertissement.

Catena, Barre. Petite lame de bois que l'on colle au dedans des instruments à archet dans la longueur de la table d'harmonie.

Cavare il suono, Tirer du son. Manière de faire sortir le son de quelque instrument : de là les différentes qualités ou modifications du son. On dit : *tirer des sons doux et âpres.*

Cavatine. Sorte d'air, pour l'ordinaire assez court, qui n'a ni reprise ni seconde partie, et qui se trouve souvent dans des récitatifs obligés. Ce changement subit du récitatif au chant mesuré, et le retour inattendu du chant mesuré au récitatif, produisent un effet admirable dans les grandes expressions.

Cembalo. (Voyez **Clavecin.**)

Centon, en italien *centone.* On appelle ainsi un oratorio, un opéra composé d'airs de plusieurs maîtres. On lui donne aussi le nom de *pasticcio,* pastiche, composition dans laquelle il entre des morceaux de divers auteurs. Ce mot dérive du grec *centon,* habit de plusieurs morceaux.

Chacone. Air de danse très-étendu, qui servait de finale à un ballet ou à un opéra. Le *chacone* n'est plus en usage sur aucun théâtre.

Chalumeau. Instrument à vent fort ancien, et le premier peut-être qui ait été inventé. Cet instrument pastoral n'était dans l'origine qu'un roseau percé de plusieurs trous. Le chalumeau moderne était une espèce de petit hautbois, que l'on a abandonné à cause de la mauvaise qualité de ses sons.

Chanson (la). L'homme ému d'un sentiment gai, tendre, ardent ou belliqueux qui prolonge ses ac-

accents, les module et varie les tons de sa voix en mêlant des paroles à cette expression naturelle, fait une chanson. Le guerrier scalde, qui s'écriait sur le champ de bataille : « Corbeaux, voici votre pâture ; nos ennemis sont morts, remerciez-moi ; venez, voici votre pâture », et qui accompagnait ces mots d'inflexions diverses, faisait une chanson militaire.

Cette origine est commune à toutes les espèces de chansons. Les règles sont nées ensuite du nombre même des exemples, et ont été soumises à cette manière d'exprimer son émotion par une alliance intime du chant et du langage.

Nous ne nous arrêtons pas, ainsi que l'a fait Rousseau, sur l'origine plus ou moins ancienne de ce petit poëme, et nous avons de bonnes raisons pour nous en tenir à l'opinion d'Aristote, qui prétend que les *lois* elles-mêmes étaient des chansons. Chez les Grecs, les unes et les autres empruntaient le secours de la mélodie.

La chanson, parmi nous, est un petit poëme marqué d'un rhythme populaire et facile ; passant de bouche en bouche, et rapide comme la renommée, il devient l'expression de tout un peuple, qui répète ses refrains joyeux ou passionnés. Comme la chanson se prête à tous les sentiments, elle emprunte aussi tous les tons ; gaie, tendre, satirique, philosophique, jamais fée n'eut dans ses mains un prisme plus variable : la seule teinte qu'elle rejette est celle du pédantisme.

Si nous cherchons à établir une espèce d'ordre dans un sujet qui en comporte si peu, nous trouvons d'abord la chanson religieuse, la chanson politique et patriotique, la chanson guerrière, la chanson philosophique, la chanson satirique ou vaudeville, dans laquelle les Français ont surtout excellé ; la chanson grivoise, qui est l'abus et l'excès de ce dernier genre ; enfin la chanson burlesque, ou parodie, qui tient de la chanson grivoise et de la chanson satirique. Au reste, il est inutile de dire que tous ces genres rentrent souvent l'un dans l'autre, et qu'il est par conséquent impossible d'en déterminer exactement les limites.

De la chanson religieuse. De tout temps l'exaltation religieuse a produit des chants, et les hymnes se sont élevées vers le ciel avec la fumée des anciens sacrifices. Sans parler des hymnes d'Orphée, des *pœans* ou cantiques sacrés des Grecs, de ceux des adorateurs du soleil, dont on retrouve quelques vestiges dans les fragments du Zendavesta, sans nous occuper de ces chants hébraïques connus sous le nom de *psaumes*, passons à cet usage populaire des chants inspirés par la religion chrétienne.

Ces chansons, appelées cantiques ou *noëls*, sont curieuses comme monuments de l'esprit humain. La plus connue, comme la plus burlesque de nos chansons religieuses, est celle que le peuple adressait à l'âne, que l'on fêtait jadis comme l'animal choisi par Dieu même pour porter son fils à Jérusalem.

Plus tard, la malignité satirique, s'emparant du rhythme des anciens cantiques, transforma en épigrames licencieuses les naïvetés des vieux noëls.

La chanson politique ou *patriotique*. L'antiquité nous a laissé quelques chefs-d'œuvre dans ce genre. Le plus célèbre, c'est le chant d'Harmodius et Aristogiton :

« Mon épée est entourée de myrte ; elle me rappelle le souvenir de nos frères qui ont rétabli l'égalité des lois. Harmodius et Aristogiton frappèrent d'un glaive orné de ces feuilles verdoyantes le tyran qui opprimait la république. Mon épée, sois entourée de myrte ; je te consacre à leur mémoire.

« Ombres saintes, vous n'avez pas cessé de vivre invisibles ; vous présidez encore à nos destinées. Vous êtes au milieu de nous, et vous souriez à vos amis, alors qu'en votre honneur ils couronnent leur coupe et leur glaive de myrte vert.

« Mon épée, sois entourée de myrte, et rappelle-moi sans cesse le souvenir des deux frères immortels qui, dans Athènes, ont rétabli l'égalité des lois. »

Cette sensibilité vive, qui faisait dire à Duclos que les Français étaient les *enfants de l'Europe*, s'est de tout temps exhalée en chansons. On chantait quand les Anglais démembraient le royaume ; on chantait pendant la guerre civile des Armagnacs ; on chantait pendant la Ligue, pendant la Fronde, sous la Régence, et c'est au bruit des chansons de Rivarol et de Champcenetz que la monarchie s'est écroulée à la fin du dix-huitième siècle.

Cette révolution de 89, qu'avait prédite en chansons le chevalier Delisle, en 1784, embrasa tous les cœurs de l'amour de la liberté, et des chants vraiment nationaux la célébrèrent ; mais bientôt la plus belle des passions s'exalta jusqu'à la frénésie, et les fureurs populaires déshonorèrent une cause si belle : des refrains de sauvages poussèrent au pillage et au meurtre une population en délire.

La république périt au milieu de ses triomphes et de ses succès. L'ascendant d'un seul homme remplaça l'énergie de la nation, et la servitude glorieuse qu'il imposa au peuple français fit succéder des chants de victoire aux hymnes de la liberté.

La muse patriotique se réveille au bruit de la chute du conquérant. Un poëte, doué de la grâce et de la finesse d'Horace, d'un esprit à la fois philosophique et satirique, d'une âme vive et tendre, d'un caractère qui sympathisait avec toutes les gloires de la patrie, Béranger, la lyre en main, s'assied sur le tombeau des braves. Par un talent qu'il a seul possédé, il a su rassembler, dans des poëmes lyriques de la plus petite proportion, la grâce antique et la saillie moderne, la pensée philosophique et le trait de l'épigramme, la gaieté la plus vive et la sensibilité la plus profonde ; en un mot, tout ce que l'art a de plus raffiné et la nature de plus aimable.

Chanson guerrière. Il y a, dit Montaigne, une harmonie courageuse qui échauffe en même temps le cœur et les oreilles. Les chansons militaires ont partout animé les hommes au combat, et les vers de Tyrtée, répétés par les Athéniens au son des lyres, ne contribuèrent pas moins à la bataille de Marathon, que la valeur et les talents de Miltiade.

Au moyen âge, quelques trouvères, et notamment le célèbre Bertrand de Born, qui florissait au douzième siècle, nous ont laissé des chants guerriers pleins d'entraînement et d'enthousiasme. Tout le monde sait l'influence électrique qu'exerça sous la république l'hymne marseillais. A ces accents belliqueux des millions de combattants jaillirent tout à coup du sol français, et leurs phalanges victorieuses repoussèrent l'Europe coalisée contre nous.

Chanson philosophique. Quelques-unes des plus belles odes d'Horace ne sont évidemment que des chansons, et bien avant lui, les Grecs, qui mêlaient à tout des idées de liberté et de philosophie, animaient leurs repas par des chansons de ce genre. Athénée en rapporte plusieurs. Aristote, après la mort de son ami Hermias, a composé sur ce sujet la plus belle chanson philosophique qui nous soit parvenue. Cette espèce de chanson a dû prendre parmi nous une teinte moins sévère ; elle se confond le plus souvent avec le genre érotique. Panard, Béranger et Pierre Dupont offrent de beaux modèles de la chanson philosophique.

Chanson satirique ou *vaudeville.* De tout temps, les poëtes français ont excellé dans ce genre éminemment national. Sous le rapport de l'étendue, le vaudeville est le poëme épique du genre : comme il ne prescrit point de marche régulière, et qu'il va lançant au hasard l'épigramme et la saillie, il ne s'arrête que lorsque l'auteur a épuisé sa verve satirique.

Panard est le roi de l'ancien vaudeville; il y atteint parfois à la naïveté de La Fontaine et à la gaieté de Piron. Aucun chansonnier avant lui n'avait su rendre la morale plus gaiement populaire. Collé, Jean Monet, Favart, Désaugiers, ont laissé quelques vaudevilles qui méritent de trouver place dans les recueils, mais qui ne leur assignent dans ce genre qu'un rang très-inférieur à Panard et à plusieurs de nos contemporains, notamment Scribe, Théaulon, Bayard, Duvert, Mélesville.

Chanson bachique. Les premières chansons de table furent répétées en chœur, et l'on avait soin de n'y introduire que les louanges des dieux. Mais la chanson de table quitta bientôt ce ton sévère; on célébra le pouvoir du vin et de l'amour. Chacun des chanteurs prit pour sceptre une branche de myrte qu'il passait à son voisin, après avoir achevé sa chanson et vidé son verre. Quand le voisin ne savait pas chanter, il se contentait de garder la branche entre ses mains, tandis qu'un autre chantait pour lui. De là cette expression populaire: *Chanter au myrte.*

Anacréon n'a guère fait que des chansons de table. La meilleure est celle où il fonda sur la certitude de la mort la nécessité de boire. Il y a de la grâce et de l'abandon dans les raisonnements qu'il oppose à la Parque fatale. Tous les chansonniers depuis ont adopté sa logique.

Les chansons bachiques d'Horace ont plus de charme, plus de philosophie. Les guirlandes enlacées par une jeune esclave, le doux murmure des baisers timides, le falerne pétillant dans l'amphore, la brièveté de nos jours, la folie de l'ambition qui tourmente une vie si courte et la nécessité d'en jouir, la combinaison de ces idées riantes et mélancoliques, animent les chansons d'Horace. C'est de lui que Montaigne a dit : *il berce la sagesse sur le giron de la volupté.*

Nos chansons de table ont été longtemps des orgies grossières ; celles de Maitre-Adam ne manquaient pas de verve. Chaulieu et Lafare donnèrent à ce genre de chanson une forme de bonne compagnie. Les *faridondaines,* les *tourlouribo,* régnèrent jusqu'au siècle de Louis XV. Dufrény, Panard et Collé peuvent être regardés comme les restaurateurs de la chanson bachique, où ils ont été surpassés de nos jours par Désaugiers et Béranger.

Chanson érotique. Dans l'ordre naturel, cette espèce de chanson doit avoir précédé toutes les autres. Quoi qu'en disent Hobbes et Machiavel, les hommes ont fait l'amour avant de faire la guerre. Bornons-nous à rappeler ici que plusieurs odes de Catulle et d'Horace sont les premiers modèles de la chanson érotique, et qu'elles seraient encore sans rivales, si de nos jours Béranger en France, et Thomas Moore en Angleterre, n'eussent porté ce genre au plus haut degré de perfection. Quelques chansons érotiques de Boufflers, de Ségur, de Parny et de Longchamps, peuvent être mises au nombre des chefs-d'œuvre du genre érotique.

CHANSONNETTE. C'est ainsi qu'on appelle aujourd'hui une petite poésie lyrique qui n'a rien de recherché ni dans le sujet, ni dans l'exécution.

CHANT. Sorte de modification de la voix humaine, par laquelle on forme des sons variés et appréciables ; observons que pour donner à cette définition toute l'universalité qu'elle peut avoir, il ne faut pas seulement entendre par sons appréciables ceux qu'on peut désigner par les notes de notre musique et rendre par les touches de notre clavier, mais tous ceux dont on peut trouver ou sentir l'unisson, et calculer les intervalles, de quelque manière que ce soit.

Chant, appliqué plus particulièrement à notre musique, en est la partie mélodieuse, celle qui résulte de la durée et de la succession des sons, celle d'où dépend en grande partie l'expression, et à laquelle tout le reste est subordonné. Les chants agréables frappent d'abord, ils se gravent facilement dans la mémoire; mais ils sont souvent l'écueil des compositeurs, parce qu'il ne faut que du savoir pour entasser des accords, et qu'il faut du talent pour imaginer des chants gracieux; inventer des chants nouveaux appartient à l'homme de génie, trouver de beaux chants appartient à l'homme de goût.

Dans le sens le plus resserré, chant se dit seulement de la musique vocale, et dans celle qui est mêlée de symphonie on appelle parties de chant celles qui sont exécutées par les voix.

Chant (l'art du) a pour objet l'exécution de la musique vocale.

La voix, dans son principe absolu, doit être considérée comme un moyen naturel d'exprimer nos sentiments. Appliquée au chant, c'est une force expansive, qui nous porte à produire au dehors nos sensations agréables ou désagréables, surtout quand nous sommes sous l'influence d'une émotion puissante. Il semble que la nature ait établi entre le cœur et l'âme une liaison merveilleuse, tant l'effet d'un air a sur nous de spontanéité. Aussi peut-on dire que la source du chant est en nous, et que la voix nous a été donnée pour nous élever par des accents harmonieux à une nature supérieure. (Voyez l'article Voix.)

Chant alternatif. Manière de chanter les psaumes dans les premiers temps de l'Église, et qui est employée encore aujourd'hui.

Chant du carnaval. Chansons de carnaval qu'on

exécutait dans les anciennes mascarades de Florence. Il existe encore de ces chansons à trois voix composées par Henri Isaak.

CHANT DU CYGNE. Le cygne ne chante pas ; mais on croyait autrefois qu'il exhalait un chant suave lorsqu'il était sur le point de mourir. C'est par suite de cette tradition qu'on a appelé *Chant du cygne* le dernier ouvrage d'un artiste ou d'un compositeur, lorsque cet ouvrage est vraiment digne de son génie. Ainsi le *Requiem* de Mozart a été pour lui le chant du cygne.

CHANT DU LIGO. Chant populaire dans les environs de Riga en Russie, exécuté dans la campagne par un chœur de jeunes filles et de garçons pendant le solstice d'été.

CHANT DUR. Nom ancien d'une mélodie qui modulait dans l'exacorde du *sol*.

CHANT ECCLÉSIASTIQUE. Comme nous l'avons déjà dit, les véritables fondateurs de la musique d'église furent saint Ambroise et saint Grégoire. Dans le siècle qui suivit le règne de ce dernier pontife, le pape Vitellien introduisit dans l'Église romaine le chant qu'on appelle *consonnance* ou *à plusieurs voix*. Il voulut que l'orgue, alors à peine connu en Italie, accompagnât les chanteurs.

Tout attestait, malgré la présence des barbares, que l'art musical, et spécialement le chant d'église, luttait avec avantage contre le génie de la destruction. L'école fondée à Rome par saint Grégoire était dans l'état le plus florissant, et le chant, ouvrage de ce pontife et la gloire de son règne, fut adopté par toutes les églises qui suivaient le rite latin.

En 754, Charlemagne demanda au Pape Étienne des chanteurs tirés de cette école pour enseigner la musique ecclésiastique dans toute la France. Plus tard, il pria le pape Adrien de lui envoyer les deux plus célèbres artistes que possédait Rome, Benoit et

Théodore, dont l'un fut destiné pour la ville de Metz, et l'autre pour la ville de Soissons, chargés tous deux d'y fonder des écoles de musique.

Déjà saint Grégoire avait envoyé saint **Augustin** en Angleterre et saint Boniface en Allemagne. Plus tard, le pape Agathon l'avait imité ; mais leurs efforts, sans être infructueux, n'eurent point le succès de ceux d'Adrien, dont les envoyés propagèrent rapidement les principes de la musique d'église dans toutes les parties de la France.

Au neuvième siècle, les signes tracés au-dessus des lettres employées dans la musique écrite, furent inventés pour indiquer la manière de porter la voix dans le chant. Ces signes prirent le nom de neumes, et firent faire un pas immense à l'art.

Dans le siècle suivant, de nombreuses tentatives furent faites pour hâter le progrès du chant ecclésiastique et de la musique religieuse. La ville de Milan voit Rémi, abbé profondément versé dans cet art et jouissant d'une grande faveur auprès de l'empereur Othon II, ne se servir de son crédit auprès de ce prince que pour répandre le chant ecclésiastique et le faire fleurir ; saint Robert, évêque de Chartres, s'efforce d'apporter des perfectionnements à la manière de chanter en France. Dunstan, évêque de Cantorbéry, introduit en Angleterre la méthode de chant à plusieurs voix, inventée par le pape Vitellien. Théodulphe, évêque d'Orléans, fut, sous Louis le Débonnaire, condamné à une prison perpétuelle ; il y composa le cantique *Gloria, laus et honor tibi, Christe Redemptor,* et le chanta le dimanche des Rameaux au moment où le prince passait processionnellement. Le chant inattendu d'une belle voix, une mélodie pure et simple, et surtout les saintes paroles du cantique émurent le cœur du monarque. Il pardonna à Théodulphe : ses fers furent brisés.

Malgré les tentatives que nous venons de mentionner, le chant ecclésiastique avait encore toutes les imperfections de l'enfance. Il était aride, monotone, et dénué également d'harmonie et de mélodie. Le besoin de règles plus sûres, plus positives, se faisait partout sentir. Il était nécessaire qu'un esprit supérieur vînt imprimer à la musique religieuse une impulsion féconde. Guido d'Arezzo parut.

Quand nous traiterons l'article *Histoire de la Musique*, nous donnerons une analyse détaillée du système de Guido. Bornons-nous à dire ici qu'il introduisit d'importantes modifications dans le chant d'église. Quelques écrivains font même à ce moine laborieux et célèbre l'honneur de l'invention du contre-point ou de l'art de composer à plusieurs voix.

Après Guido parurent plusieurs musiciens qui concoururent aussi à hâter les progrès du chant ecclésiastique. Un des plus célèbres fut Franco, qui appartenait à l'ordre de Saint-Benoit.

Malgré ces heureuses tentatives, on voit la musique religieuse perdre de nouveau sa noble simplicité au douzième siècle. Le mauvais goût l'envahit alors de toutes parts, et la pureté du chant grégorien fut altérée par des cantilènes chantées en langue barbare. L'harmonie fut pendant plus d'un siècle encore faible et languissante. Mais, au treizième siècle, une foule d'écrivains et d'auteurs didactiques lui impriment une vive impulsion. Walter Bington écrit en Angleterre l'ouvrage *de Speculatione musicæ*, renfermant un commentaire de la doctrine de Franco, et Marchetti de Padoue son *Lucidarium de Arte musicali*, qu'il dédia au roi de Naples, Robert, de la maison d'Anjou. Enfin Jean de Murris paraît, et grâce à ses découvertes ingénieuses, l'harmonie fait un pas immense.

Mais de tous les musiciens qui parurent à cette époque, Jean Tinctor est sans contredit celui qui, par ses ouvrages didactiques, exerça sur les progrès de l'art l'influence la plus féconde.

Vers la fin du douzième siècle, pendant le treizième et une partie du quatorzième, on imagina d'accoupler le chant ecclésiastique avec des mélodies de chansons profanes ou même obscènes. Dans les compositions de cette époque, la voix qui avait le chant principal, s'appelait *tenor* ou *teneur* ; lorsqu'elle était accompagnée d'une seule voix, celle-ci s'appelait *discant;* lorsqu'elle l'était de deux voix, la voix supérieure s'appelait *triplum*, la voix intermédiaire *motectus*, et la voix inférieure conservait le nom et la fonction de *ténor*. Or, qu'arriva-t-il? sur un texte sacré qui rappelait la mort du Sauveur, on mettait pour accompagnement *Liesse prendrai;* sur un autre texte, on mettait *en Espoir d'amour merci. — Je m'étais mis en voie. — Baise-moi, ma mie. — Las, bel amy, tu m'as toute arrosée*, et autres choses dévotieuses semblables. Jean XXII, le concile de Trente et l'exemple des grands maîtres de l'école romaine firent cesser enfin cette bizarre et stupide monstruosité.

Le seizième siècle se lève, et une ère nouvelle s'ouvre pour les beaux-arts. Au milieu de ce merveilleux épanouissement de facultés poétiques, la musique religieuse devait nécessairement subir une heureuse métamorphose, et il était naturel de penser qu'il s'élèverait un homme de génie pour compléter l'œuvre de ses devanciers. C'est à Palestrina qu'appartint cette glorieuse mission.

La mélodie, le style de Palestrina sont aussi parfaits que ses ouvrages sont nombreux, et de ses travaux immenses a jailli une multitude de chefs-d'œuvre; on doit le considérer comme le créateur de la musique d'église moderne perfectionnée. Ses productions sont des monuments de science déposés dans les principales chapelles de l'Europe. Grand harmoniste et mélodiste à la fois, il ouvrit à l'art une route nouvelle, et après plus de deux siècles, ses compositions sont encore entendues dans toutes les églises de la péninsule italienne avec le même enthousiasme que lorsqu'elles parurent.

CHANT EN CONTRE-POINT. Cette expression signifiait anciennement un chant avec imitation.

CHANT FIGURÉ. C'est celui où l'on fait usage de notes d'une valeur mixte, par opposition au plain-chant qui est composé de notes principales et uniformes.

CHANT GRÉGORIEN. C'est à saint Grégoire, qui parut dans le sixième siècle, qu'il appartenait véritablement d'être le réformateur de la musique d'église. La première opération de ce saint, appelé aux honneurs de la tiare, fut de réduire à sept les quinze lettres du système qu'avait rajeuni Boèce, pour indiquer les diverses modulations de la musique. Il corrigea ensuite les chants d'église, en rejeta plusieurs, et en substitua de nouveaux. Il fonda à Rome deux collèges ou écoles de chant, et leur affecta les revenus nécessaires pour que la musique fût enseignée à des enfants. C'est de cette époque que date la fondation de la chapelle appelée depuis pontificale, et le nom devenu classique de *Maître de chapelle*, qui est donné à celui qui en dirige la musique. Dès ce moment aussi le chant d'église prit le nom du pape qui venait de le régénérer, et se nomma *grégorien*. Il se transmit de pontife en pontife et d'église en église, et prit spécialement le nom de *plain-chant*, pour le distinguer du chant figuré.

CHANT MILITAIRE RUSSE. (Voyez RUSSIE.)

CHANT SUR LE LIVRE. Plain-chant ou contre-point à quatre parties, que les musiciens composent et chantent impromptu sur une seule, savoir, le livre de chœur qui est au lutrin ; en sorte qu'excepté la partie notée, qu'on met ordinairement au ténor, les musiciens affectés au trois autres parties n'ont que celle-là pour guide, et composent chacun la leur en chantant.

CHANTANT. Epithète que l'on donne à certaines œuvres de musique, dans lesquelles l'auteur s'est attaché principalement aux effets de la mélodie. On dira cet air est chantant, cette sonate, ce quatuor sont chantants.

CHANTER. C'est, dans l'acception la plus générale, former avec la voix des sons variés et appréciables (voyez CHANT); mais c'est plus communément faire diverses inflexions de voix sonores, agréables à l'oreille, par des intervalles admis dans la musique et dans les règles de la composition.

On chante plus ou moins agréablement, selon qu'on a la voix plus ou moins agréable et sonore, l'oreille plus ou moins juste, l'organe plus ou moins flexible, le goût plus ou moins formé, et plus ou moins de pratique dans l'art du chant.

Tous les hommes chantent bien ou mal, et il n'y en a point qui, en donnant une suite d'inflexions différentes de la voix, ne chantent, parce que, quelque mauvais que soit l'organe, l'action qui en résulte alors est toujours un chant.

On chante sans articuler des mots, sans dessein formé, sans idée fixe, dans une distraction, pour dissiper l'ennui, pour adoucir les fatigues. C'est, de toutes les actions de l'homme, celle qui lui est la plus familière, et à laquelle une volonté déterminée a le moins de part.

CHANTERELLE. La corde la plus aiguë du violon et d'autres instruments.

CHANTEUR. Celui qui exécute l'art musical au moyen de la voix. Il y a des chanteurs de *soprano*, de *mezzo soprano*, d'*alto*, de *contralto*, de *haute contre*, de *ténor*, de *baryton* et de *basse*. (Voyez l'article VOIX.)

CHANTEURS ÉROTIQUES. (Voyez MINNESINGER.)

CHANTEURS PROVENÇAUX. (Voyez TROUBADOURS.)

CHANTEUSE. Ce mot est le féminin de chanteur, suivant l'Académie; il devrait par conséquent avoir la même signification. Le vocabulaire musical la lui refuse. La musicienne ambulante, qui mêle sa voix au bruit discordant de l'orgue de Barbarie, est une *chanteuse*. Celle qui parvient à fixer dans sa tête les airs de Grétry et de Dalayrac, à force de les entendre râcler sur un aigre violon, est encore une chanteuse. Mais nous appelons cantatrices les personnes qui unissent à une belle voix la doctrine musicale et une connaissance parfaite de l'art du chant.

CHANTRE. Ecclésiastique ou séculier appointé dans les chapitres pour chanter le plain-chant aux offices religieux.

CHAPELLE. On entend par chapelle le lieu dans une église où l'on exécute la musique, ainsi que le corps même des musiciens qui exécutent cette musique, et par extension tous les musiciens qui sont gagés par un souverain, quand même ils n'exécutent jamais de musique dans les églises.

Quelques chapelles sont composées seulement de chanteurs et d'un ou de plusieurs organistes, comme celle de la cathédrale de Milan. D'autres sont formées par un ensemble complet de chanteurs et d'instrumentistes.

CHAPELLE PONTIFICALE. Dans le sens musical, cette expression indique, à Rome, les *chapelains chanteurs,* les *chanteurs apostoliques,* les *chanteurs pontificaux.* La fondation de la Chapelle pontificale remonte au règne de saint Grégoire le Grand.

CHARGE. Air militaire des trompettes, des fifres et des tambours, qu'on exécute quand l'armée est prête à charger l'ennemi. On dit sonner la charge pour les trompettes, battre la charge pour les tambours.

Le mouvement de la charge est à deux temps, très-vite. Les tambours en marquent le rhythme, en frappant sur chaque temps, et en roulant ensuite pendant quelques mesures.

CHARGÉ. Se dit d'une production d'art dans laquelle on prodigue plus de moyens d'expression ou plus de beautés accessoires qu'il n'en faut.

CHASSE. On donne ce nom à certains airs, à certaines fanfares de cors ou d'autres instruments, dont la mesure, le rhythme, le mouvement rappellent les airs que ces mêmes cors donnent à la chasse.

On appelle aussi *chasse* une symphonie, une ouverture dont les divers motifs sont des airs de chasse, et dont les effets tendent à imiter l'action d'une chasse : telle est l'ouverture du *Jeune Henri*. On donne aussi le caractère et le mouvement d'une chasse à un chœur, à un air. Les opéras de *Didon*, des *Bardes*, l'oratorio des *Saisons* en fournissent la preuve. Le *Freyschutz* de Weber est rempli de chasses admirables. — Le chœur des *gardes-chasse* dans le *Songe d'une Nuit d'Été!* d'Ambroise Thomas, est encore un modèle de ce genre de musique.

CHEVALET. Pièce de bois posée d'aplomb sur la table des instruments, pour en soutenir les cordes et leur donner plus de son en les tenant relevées en l'air.

CHEVALET (Près du). Ce mot placé sous un trait de violon ou d'un autre instrument à archet, signifie qu'il faut exécuter le trait en attaquant les cordes près du chevalet, ce qui donne un son grêle et un peu rauque. (Voyez PONTICELLO.)

CHEVILLE. Dans les instruments à cordes on appelle chevilles les petites pièces de fer ou de bois sur lesquelles on roule des cordes, et qui servent ainsi à leur donner plus ou moins de tension pour les accorder.

CHEVROTER. C'est battre d'une manière inégale les deux notes d'un trille, ou même n'en battre rapidement qu'une seule, ce qui imite à peu près le bêlement des chèvres.

CHIFFRES. Caractères qu'on place au-dessous des notes de la basse pour indiquer les accords qu'elles doivent porter. Quoique parmi ces caractères il y en ait plusieurs qui ne sont pas des chiffres, on leur a généralement donné ce nom, parce que c'est l'espèce de signes qui s'y présente le plus fréquemment.

Le chiffre qui indique chaque accord est ordinairement celui de l'accord. Ainsi l'accord de seconde se chiffre 2, celui de septième 7, celui de sixte 6, etc. C'est Ludovico Viadana, qui, le premier, a représenté les accords par des chiffres. Cet auteur vivait dans le XVIe siècle.

CHINOIS (système musical des). Les historiens de la Chine conviennent unanimement que le principe fondamental sur lequel s'est élevé leur empire a été celui de la musique. Pankou, l'un des plus célèbres d'entre eux, déclare formellement que la doctrine des Kings, livres sacrés de la nation, repose tout entière sur cette science représentée dans ces livres comme l'expression et l'image de l'union de la terre avec le ciel. Ceux que les Chinois regardent comme les auteurs de leur système musical, sont Ling-Lun-Kouei et Pin-Mou-Kia. L'époque où parut Ling-Lun ne saurait être exactement fixée. Le *Yo King*, celui des livres sacrés qui contenait les lois sur la musique, ne nous est point parvenu ; on croit que tous les exemplaires furent livrés aux flammes. Les fragments qui s'étaient conservés dans la mémoire furent soigneusement recueillis, et plusieurs savants mirent leur gloire à les rétablir et firent de grands efforts pour faire refleurir l'ancienne musique ; mais les troubles et les guerres qui survinrent ne leur permirent pas d'achever leur ouvrage, et jetèrent tout dans un nouveau désordre : ce ne fut que très-longtemps après qu'un prince nom-

mé Tsaï, enthousiasmé pour l'art musical, entreprit
de lui rendre son lustre antique. Il s'entoura, pour arriver à ce but, de tout ce qu'il y avait parmi les Chinois, d'hommes savants dans la musique théorique et
pratique, et fouilla dans tous les monuments nationaux dont son rang lui facilitait l'accès. Le résulat
de son travail fut un système musical complet, considéré comme sacré dès l'antiquité la plus reculée.

Le principe appelé koung, c'est-à-dire foyer lumi-
neux, centre où tout aboutit et d'où tout émane, répond au son que nous appelons *fa*. C'est du koung
fondamental ou du principe *fa* que tout reçoit chez
les Chinois, tant dans le moral que dans le physique,
son nombre, sa mesure et son poids. C'est à cet unique
principe que tout se rapporte, et c'est en étudiant ce
principe qu'on peut apprécier jusqu'à la position
exacte que ces peuples donnaient à leurs chants sur
le diapason musical. Ce qui n'est pas moins merveilleux peut-être et ce qui résulte pourtant d'une telle
institution, c'est que, grâce à ce même principe *fa,*
reconnu comme sacré, et dont la forme est invariable-
ment fixée, le peuple a eu les mêmes poids, les mêmes
mesures, et a fait usage des mêmes intonations dans
les mêmes traits de chant.

Maintenant que nous connaissons le principe sur
lequel est fondé le système musical de Ling-Lun chez
les Chinois, et la manière dont ils l'établissent,
voyons sous quels rapports cet homme célèbre en
concevait les développements, et comment il en faisait découler les sons diatoniques et chromatiques
qu'il mettait dans son système.

Ling-Lun ayant pris la corde fondamentale *fa*
comme le son générateur de tous les autres sons et
l'ayant fait vivement retentir, soit sur la pierre sonore
du yuking, soit sur le bronze harmonieux du lien-
chtoung, il saisit dans le retentissement de ces corps

plusieurs sons analogues au son générateur, parmi
lesquels il reconnut que l'octave ou la musique à
l'aigu de ce même son, et sa double quinte ou sa
douzième étaient les premiers et les plus permanents ;
en sorte qu'il fut conduit à penser que le développement des corps sonores en général avait lieu par une
marche combinée qui lui faisait suivre à la fois une
progression double et triple, double comme de 1 à 2
ou de 4 à 8 pour produire son octave, et triple
comme de 1 à 3 et de 4 à 12 pour produire son douzième. Cette marche combinée, qui renfermait les facultés opposées du pair et de l'impair, lui convint
d'autant plus qu'elle dispensait d'admettre un nouveau principe, et lui permettait en apparence de tout
faire découler de l'unité. Nous disons en apparence,
car en supposant possible cette marche hétérogène et
simultanée de 1 à 2 et de 1 à 3, le système où elle ré-
gnera à l'exclusion de celle de 3 à 4 manquera toujours de chromatique descendant et d'enharmonique.
Rameau, qui plus de huit mille ans après Ling-Lun
a voulu en faire la base de son système musical, en
partant de la même expérience, a été forcé d'avoir recours à un fade tempérament qui mutile tous les
sons, et qui, vingt fois proposé en Chine, a vingt fois
été rejeté ; car les savants de la nation, quoique péné-
trés depuis longtemps du vide de leur système, ont
mieux aimé le conserver pur, quoique incomplet,
que de le gâter dans une de ses parties pour suppléer
à celle qui lui manque.

A l'époque où Ling-Lun posait son principe unique,
poussé par l'esprit de schisme qui dominait sur lui,
il ne pouvait pas trouver une théorie meilleure, et il
faut convenir que, malgré ses défauts, elle présente
encore de grandes beautés, et surtout annonce une
grande perspicacité d'esprit dans son auteur.

Un des écrivains dont les ouvrages peuvent donner

les meilleures indications sur la musique des Chinois, est le père Amyot.

Chirogymnaste, ou Gymnase des doigts, à l'usage des pianistes. Le chirogymnaste est un assemblage de neuf appareils gymnastiques destinés à donner de l'extension à la main et de l'écart aux doigts, à augmenter et à égaliser leur force, et à rendre le quatrième et le cinquième indépendants de tous les autres. Le chirogymnaste, inventé par M. Casimir Martin, a été approuvé et adopté par MM. Adam, Bertini, de Beriot, Cramer, Herz, Kalkbrenner, Listz, Moschelès, Prudent, Sivori, Thalberg, Tulou, Zimmerman, etc.

Chœur. C'est, en musique, un morceau d'harmonie complète à quatre, huit, douze parties vocales ou plus, chanté à la fois par toutes les voix, et ordinairement accompagné par tout l'orchestre.

Les chœurs de l'Opéra se rangeaient autrefois sur deux files, et, formant un double espalier le long des coulisses, sans jamais prendre part aux jeux de la scène, ils se bornaient à crier à tue-tête : *Jurons, célébrons, chantons, détruisons, combattons*, de Rameau et de ses émules. Puisque l'Opéra jouissait du beau privilége de faire parler la multitude, il ne devait pas la tenir dans un repos d'autant plus ridicule, que les personnages ne cessaient de dire : *Courons aux armes, ébranlons la terre, rien n'égale ma fureur*, etc., ce qui suppose l'agitation et le mouvement.

Le génie de Gluck, portant une salutaire réforme dans notre système musical, vint animer cette troupe immobile, et la fit participer à l'action scénique.

Les chœurs sont de diverses natures, selon le style auquel ils appartiennent, c'est-à-dire le style sévère, le style libre ou le style mixte, et leurs subdivisions. Outre cela, ils sont à divers nombres de parties : il y a des chœurs à l'unisson, à deux, à trois, à quatre, à cinq, et à un plus grand nombre de parties, formés des différents mélanges de voix.

Les combinaisons de voix pour les chœurs sont très-variées : elles dépendent entièrement du caprice et du bon goût. Haydn, Mozart et d'autres grands maîtres ont presque toujours écrit les chœurs pour *soprano, alto, ténor* et *basse*.

Cette combinaison est bonne; cependant elle est sujette à un inconvénient qui n'est point sans gravité. La partie d'*alto* ou de *contralto* ne ressort pas assez, surtout dans les chœurs à voix nombreuses, et la plupart des effets qui lui sont confiés sont anéantis.

Les chœurs de femmes sont d'un effet ravissant dans les morceaux religieux et tendres.

Quelquefois on donne une partie de ténor pour basse aux voix féminines : Weber l'a fait avec succès pour ses chœurs d'esprits, dans Oberon. Cette combinaison de voix produit un effet doux et calme :

Les chœurs d'hommes, au contraire, produisent les plus énergiques effets. Dans son terrible chœur des Scythes, au premier acte d'*Iphigénie en Tauride*, Gluck fait frissonner de terreur par le subit unisson des ténors et des basses, sur les mots : *les dieux nous amènent des victimes*.

On donne aussi le nom de chœur à la réunion des musiciens qui doivent chanter les chœurs. Chœur signifie encore la partie de l'église où l'on chante l'office divin, et qui est séparée de celle qu'on appelle la nef.

Chœur réel. C'est le nom que l'on donne à un chœur où l'union harmonique des quatre voix humaines est telle, que chacune d'elles a une mélodie qui lui est propre et qui est différente des autres.

Choral. En latin, *cantus choralis, a choro;* en italien, *canto fermo;* en espagnol, *canto llano,* signifie

chant ecclésiastique, ou cette espèce de mélodie dont
dont on fait usage dans les cérémonies du culte divin. Cette mélodie, d'un mouvement lent, est entièrement composée de notes d'une égale valeur, sans aucun agrément.

On trouve chez les Hébreux des traces de chants
sacrés populaires qui, sans doute, n'étaient que de
simples mélodies. La raison d'ailleurs en est naturelle : en effet, si ces chants, dès leur origine, avaient
été surchargés d'ornements artificiels, ils n'auraient pas
pu être exécutés par un peuple nombreux, dont la plus
grande partie, sans doute, ignorait tout élément de
musique. Sous le règne de David et de Salomon, les
chants sacrés prirent une forme plus parfaite, et leur
usage se conserva jusqu'à la captivité de Babylone.

Les anciens Grecs aimaient, dans les hymnes que
le peuple chantait dans les temples, la mélodie la
plus simple.

Les premiers chrétiens chantèrent aussi des psaumes
et des hymnes dans leurs cérémonies religieuses. Au
quatrième siècle de l'ère chrétienne, saint Ambroise,
archevêque de Milan, donna au plain-chant sa forme
primitive, en se servant de quelques anciennes mélodies grecques.

Boèce fut le premier en France qui, au commencement du cinquième siècle, transféra la musique des
Grecs, et surtout leur plain-chant, en Italie. Plus
tard, saint Grégoire le Grand, non-seulement introduisit le plain-chant dans l'église occidentale, mais il
mit en ordre lui-même le recueil des antiennes, des
hymnes et des psaumes ; plaça certains caractères de
musique sur les paroles, forma une école de plain-
chant dont il a été le premier maître, et contribua
puissamment de tous ses moyens à son perfectionnement. C'est en l'honneur de saint Grégoire que le
plain-chant s'appelle encore Grégorien.

Luther fit beaucoup aussi, pour le plain-chant, à l'occasion de la réforme dans l'église. Les chorals de Luther sont justement célèbres.

Le mot choral peut s'appliquer aussi aux chœurs; ainsi on dit une *société chorale*.

Dans un sens plus restreint, ce mot désigne le chœur d'une chapelle, formé de la masse des chantres qui sont au chœur de l'église. On désigne aussi par là le faux-bourdon. (Voyez FAUX-BOURDON.)

CHORISTE. Homme ou femme qui ne chante que dans les chœurs.

CHORUS. Faire chorus, c'est répéter en chœur à l'unisson ce qui vient d'être chanté à une seule voix.

CHROMATIQUE. Genre de musique qui procède par plusieurs demi-tons consécutifs. Ce mot vient du grec *chroma*, qui signifie couleur, soit parce que les Grecs marquaient ce genre par des caractères rouges ou diversement colorés, soit, disent quelques auteurs, parce que le genre chromatique est moyen entre les deux autres, comme la couleur est moyenne entre le blanc et le noir.

On appelle une basse chromatique, une gamme chromatique, une marche d'harmonie qui procède par demi-tons dans le grave, une gamme qui s'élève ou descend par demi-tons.

CHROME. Ce mot vient du grec *chroma*, et signifie *couleur*. En italien, une croche se nomme *croma*, parce qu'on la figure avec une blanche colorée.

CHULA (A). Danse portugaise qui ressemble au fandango. A défaut de castagnettes on bat la mesure avec les doigts.

CLAIRON. C'est le même instrument que la trompette. Dans le style poétique, on appelle clairon tout instrument à embouchure propre à exciter l'ardeur belliqueuse des soldats. (Voyez TROMPETTE.)

CLARINETTE. Instrument de musique à vent, à bec

et à anche. La clarinette a été inventée à Nuremberg, il y a environ cent ans : c'est de tous les instruments à vent celui dont l'invention est la plus récente ; aussi sa structure n'a-t-elle pas atteint toute la perfection que l'on remarque dans la flûte, le hautbois et le basson. Mais quoique cet instrument présente des défauts assez graves, les maîtres habiles ont toujours su les corriger, et les Lefèvre, les Gambaro, les Dacosta, les Klosé, les Cavallini, ont réuni la pureté du son à une exécution aussi rapide que brillante.

La clarinette est le fondement des orchestres militaires ; elle y tient le même rang que le violon dans la symphonie ou dans la musique dramatique. Plusieurs clarinettes en *ut* jouent le chant, tandis qu'un nombre égal forme le second dessus, et qu'une clarinette en *fa* porte l'octave de la mélodie ou exécute des passages en volubilités.

Un instrument aussi utile ne pouvait rester dans cet état d'imperfection Plusieurs facteurs ont cherché à aplanir les difficultés qu'il présente aux exécutants. M. Ivan Muller et surtout M. Adolphe Sax, ingénieux et savant facteur de Paris, sont ceux qui ont obtenu le plus de succès. M. Sax a fait gagner à la clarinette, un demi-ton au grave, en allongeant un peu son tube vers le pavillon. D'un autre côté, grâce à une petite clef placée près du bec de l'instrument, M. Sax a rendu les sons aigus, autrefois l'épouvantail des compositeurs et des exécutants, aussi purs, aussi moelleux et presque aussi aisés que ceux du medium.

La clarinette a quatre registres : le grave, le chalumeau, le medium et l'aigu. Les sons graves ont, surtout dans les tenues, un accent menaçant dont Weber a fait le plus heureux usage ; les sons du medium sont empreints de fierté et de tendresse. C'est la voix noble et poétique d'un héroïque amour. Si les masses d'instruments de cuivre, dit un célèbre critique, réveillent dans les grandes symphonies militaires, l'idée d'une troupe guerrière couvertes d'armures étincelantes, marchant à la gloire ou à la mort, les nombreux unissons de clarinettes semblent représenter les femmes aimées, les amantes à l'œil fier, à la passion profonde, que le bruit des armes exalte, qui chantent en combattant, qui couronnent les vainqueurs ou meurent avec les vaincus. Ce beau soprano instrumental si retentissant, si riche d'accents pénétrants quand on l'emploie par masses, gagne, dans le *solo*, en délicatesse, en nuances fugitives, en affectuosités mystérieuses, ce qu'il perd en force et en puissants éclats.

Weber a parfaitement saisi ces nuances et en a fait une application admirable dans le solo de clarinette qui se trouve au milieu de l'ouverture du *Fryschutz*. Cette voix rêveuse et pure de la clarinette, planant sur un tremolo d'instruments à corde, peint avec une vérité sublime, l'amante du chasseur, qui, isolée au fond des bois solitaires, les mains et les yeux vers le ciel, mêle sa voix suppliante au bruit de la nature tourmentée par l'orage.

CLARINETTE-ALTO. C'est une clarinette en *fa* bas ou en *mi* bémol bas, qui est, par conséquent, à la quinte au-dessous des clarinettes en *ut* ou en *si* bémol.

C'est un très-bel instrument qu'on regrette de ne pas rencontrer dans tous les orchestres bien composés.

CLARINETTE-BASSE. C'est une clarinette encore plus grave que la clarinette-alto, et qui est à l'octave basse de la clarinette en *si* bémol. Il y en a une en *ut*, à l'octave basse de la clarinette en *ut*; mais celle en *si* bémol est beaucoup plus répandue.

Les notes basses de cet instrument sont les meilleures. M. Meyerbeer a fait prononcer à la clarinette basse un éloquent monologue dans le trio du cinquième acte des *Huguenots*.

Selon la manière dont il est écrit et le talent de l'exécutant, cet instrument peut emprunter au grave le
timbre sauvage des notes basses de la clarinette ordinaire, ou l'accent calme, solennel et pontifical de certains registres de l'orgue. Il est donc d'une fréquente
et belle application. Il donne d'ailleurs, si on en emploie quatre ou cinq à l'unisson, une sonorité onc-
tueuse, excellente, aux basses des orchestres d'instruments à vent.

Clavecin. Le clavecin est, en général, composé
d'une caisse et d'une table d'harmonie sur laquelle
les cordes se trouvent tendues. Les petites plaques
collées sur les touches sont ordinairement d'os de
bœuf pour les touches du genre diatonique, et d'é-
bène pour les touches chromatiques. La barre qui
règle l'élévation des sautereaux, et par conséquent l'a-
baissement des touches, est une planche étroite et
massive en bois de tilleul, dont le dessous est garni de
deux ou trois lisses de drap, qui empêchent d'entendre le choc des sautereaux contre la barre.

Le son mâle, robuste, argentin et doux de toutes
les cordes dépend de la bonté de la table, de la justesse du chevalet du diapason, et de la manière d'a-
dapter les barres qui se trouvent collées contre la
table d'harmonie.

Le squelette intérieur qui soutient tout le corps du
clavecin est en bois de sapin ou en tilleul; les deux
chevalets du diapason, ainsi que ceux placés auprès
des leviers, sont presque toujours en bois de chêne,
avec cette différence que le chevalet de l'octave est
beaucoup plus bas et plus près des leviers que l'autre;
le sommier, qui est l'endroit où les leviers sont adaptés, est en bois dur, tel que du chêne, de l'orme, etc.,
et il se trouve solidement fixé des deux côtés pour
soutenir la tension des cordes; les registres et les
guides intérieurs sont en bois de tilleul : les registres

sont aussi garnis de peau pour empêcher le bruit des sautereaux, qui sont en poirier le plus lisse et le plus uni que l'on puisse trouver. Dans le clavecin, les cordes résonnent au moyen de petits becs de plume de corbeau placés dans les languettes des sautereaux. Aujourd'hui, cet instrument a cédé la place au piano. (Voir PIANO.)

CLAVECIN ACOUSTIQUE. CLAVECIN HARMONIQUE. Ce sont deux instruments inventés, il y a soixante ans, par un certain de Verbès, à Paris. Ils se distinguent en ce que par leurs sons on peut imiter plusieurs instruments à cordes, à vent et de percussion, sans qu'il existe dans leur construction, des tuyaux, des marteaux et des pédales.

CLAVECIN D'AMOUR. Cet instrument a le même clavier et les mêmes tangentes que le clavecin, auquel il ressemble aussi dans la forme. Les cordes du clavecin d'amour sont cependant la moitié plus longues que celles de l'autre. La supériorité de cet instrument sur le clavicorde consiste en ce qu'il produit un son plus fort et plus durable, et modifie même son degré de force et de faiblesse.

CLAVECIN ANGÉLIQUE. Cet instrument se distingue du clavecin à queue, en ce que les cordes, au lieu d'être pincées par des plumes de corbeau, sont touchées par de petits morceaux de cuir revêtus de velours, qui donnent au son de la douceur.

CLAVECIN A ARCHET. Cet instrument était monté de cordes de boyau, qu'on faisait résonner au moyen d'un archet garni de crins et mis en mouvement par une roue. Il y a quelques années, on a construit à Venise des clavecins à archet avec des améliorations importantes.

CLAVECIN DOUBLE. Cet instrument a la forme de deux clavecins rapprochés l'un de l'autre, et à chaque extrémité il existe un ou deux claviers au-dessus l'un de l'autre, de façon que deux personnes peuvent jouer en même temps.

CLAVECIN ÉLECTRIQUE. C'est un instrument dans lequel la matière électrique produit le son comme le vent le produit dans l'orgue. Lorsqu'on touchait le clavecin électrique dans l'obscurité, les sons étaient accompagnés d'étincelles de feu, de façon que cet instrument était à la fois acoustique et oculaire.

CLAVECIN OCULAIRE et CLAVECIN A COULEURS. Le P. Louis-Bertrand Castel, inventeur de cet instrument, avait distribué entre les touches les couleurs d'après une certaine gradation, de manière que chaque touche, au moyen de la pression, produisait une couleur selon les principes qu'il avait établis.

CLAVICORDE. Le clavicorde appartient à cette espèce de clavecins acoustiques dans lesquels les cordes résonnent au moyen de petites languettes de cuivre attachées à l'extrémité de chaque corde.

CLAVIER. Le clavier est l'assemblage de toutes les touches du piano, lesquelles représentent tous les sons qui peuvent être employés dans l'harmonie.

Les instruments à clavier sont l'orgue, le piano, la vielle; les carillons ont aussi des claviers. Celui du piano a généralement six octaves et demie, qui commencent par l'*ut* placé au-dessous de l'extrême *mi* grave de la contrebasse à quatre cordes, et finissent à l'aigu au *fa* ou au *sol* qui se trouve immédiatement au-dessus du dernier *fa*. On fait maintenant des pianos de sept octaves : on en trouve même dans les salons de M. Pape, célèbre facteur de Paris, qui sont de huit octaves.

On appelle aussi clavier la portée générale ou somme des sons de tout le système qui résulte de la position relative des sept clefs. Au Conservatoire de Paris, ce nom est donné à une classe de piano consacrée aux élèves chanteurs.

CLEF. Caractère de musique qui se met au commencement d'une portée, pour déterminer le degré d'élévation de cette portée dans le clavier général, et indiquer les noms de toutes les notes qu'elle contient dans la ligne de cette clef. Ce caractère, en faisant connaître les noms et les degrés d'intonation que l'on doit donner aux notes, ouvre pour ainsi dire la porte du chant, et c'est à cause de cette propriété qu'il a reçu le nom métaphorique de clef.

Le nombre des clefs est de sept, savoir : deux clefs de *fa,* quatre clefs d'*ut,* et la clef de *sol ;* on se servait autrefois d'une huitième clef, celle de *sol* sur la première ligne. Mais on l'a supprimée comme inutile, attendu qu'elle donnait les mêmes résultats que celle de *fa* quatrième ligne.

Le nombre des clefs est égal à celui des voix. Il existe entre elles la différence d'une tierce qui se rencontre aussi dans le diapason d'une voix à celle qui la suit immédiatement ; par ce moyen on peut maintenir chaque voix dans l'étendue de la portée, sans avoir recours trop souvent aux lignes additionnelles.

Ainsi, la clef de *sol* présente le diapason du premier dessus ;

La clef d'*ut* sur la première ligne, celui du second dessus. On se sert aussi de la clef d'*ut* sur la première ligne pour écrire le premier dessus ;

La clef d'*ut* sur la deuxième, celui du contralto de femme ;

La clef d'*ut* sur la troisième, celui de la haute-contre ;

La clef d'*ut* sur la quatrième, celui du ténor ;

La clef de *fa* sur la troisième ligne, celui du baryton ou basse-taille ;

Enfin la clef de *fa* sur la quatrième représente le diapason de la voix de basse, la plus grave de toutes.

La clef de *fa* sur la troisième ligne est abandonnée, et l'on a pris l'habitude d'écrire les parties de baryton sur la clef de basse. La clef d'*ut* sur la deuxième ligne ne sert plus qu'au cor anglais, et les parties de contralto s'écrivent avec la clef d'*ut* sur la troisième ou la première ligne. On se sert néanmoins de ces deux clefs dans la transposition.

Clef. On appelle encore clef une espèce de croix de fer, percée par l'un de ses bouts d'un trou carré dans lequel on fait entrer la tête des chevilles des harpes, des pianos, des guitares, pour monter ou lâcher les cordes.

Clefs. Soupapes de métal, adaptées à certains instruments à vent, tels que les hautbois, la flûte, le basson, pour ouvrir ou fermer les trous que leur position rend inaccessibles aux doigts.

Cloche. Instrument de métal destiné à annoncer les cérémonies du culte divin. Les plus grandes cloches vinrent de la Campanie et de la ville de Nola.

Les cloches ont été introduites dans l'instrumentation pour produire des effets plus dramatiques que musicaux. Le timbre des cloches graves convient aux scènes solennelles ou pathétiques ; celui des cloches aiguës, au contraire, fait naître des impressions plus sereines : elles ont quelque chose d'agreste et de naïf qui les rend propres surtout aux scènes religieuses de la vie des champs. C'est pourquoi Rossini a employé une petite cloche en *sol* haut (du ténor) pour accompagner le gracieux chœur du second acte de Guillaume-Tell, dont le refrain est : *Voici la nuit ;* tandis que Meyerbeer a dû recourir à une cloche en *fa* grave, pour donner le signal du massacre des Huguenots, au quatrième acte de l'opéra de ce nom. Il a eu soin, de plus, de faire de ce *fa* la quinte diminuée de *si* bécarre frappé au-dessous par les bassons et qui, aidé par les sons graves de deux clarinettes en *la* et en *si* bémol, lui donne un timbre sinistre d'où naissent la terreur et l'effroi.

Clochette. Ce petit corps sonore était en usage chez les anciens Hébreux. Les prêtres le portaient dans leurs habillements. Les païens s'en servirent aussi, et cet usage fut imité par les prêtres catholiques des premiers temps. Maintenant les clochettes sont employées comme jeu dans les orgues.

Clochettes (Jeu de). — On se sert quelquefois, dans la musique, d'un certain nombre de clochettes disposées diatoniquement sur lesquelles on exécute quelques mélodies simples et assez lentes au moyen d'un marteau léger. On fait de ces espèces de carillon dans différentes gammes : les plus aigüs sont les meilleurs.

On appelle aussi *Jeu de clochettes* ou *Glockenspiel* un instrument à clavier en forme de piano, où les cordes sont remplacées par un très-grand nombre de petites clochettes ou *timbres*, semblables à des timbres de pendules. Morart a donné une partie importante au jeu de clochettes dans son opéra de *la Flûte enchantée*.

A Paris, lorsqu'on a donné l'informe pastiche des *Mystères d'Isis*, on a remplacé les clochettes par des barres d'acier, et l'on a obtenu un son doux, mystérieux, d'une finesse extrême qui, sous tous les rapports, était infiniment préférable au jeu de clochettes proprement dit.

Coda, *queue*. On nomme ainsi une période ajoutée à celle qui pourrait finir un morceau, mais sans le terminer aussi complètement et avec autant d'éclat. Dans les menuets, les rondeaux et tous les morceaux à reprises, on vient à la *coda* après avoir fait toutes les reprises selon l'usage ordinaire. Quelquefois on met au-dessus de la *coda*, ces mots : *pour finir*.

Colisson. Instrument inventé en Pologne il y a quelques années, et qui ressemble à un clavecin vertical armé de cordes de boyaux. Au lieu d'un clavier, on trouve entre les cordes de petits bâtons en bois de prunier, qu'on touche avec la main couverte d'un gant enduit de colophane. Le mouvement de vibration des bâtons se communique aux cordes qui rendent un son semblable à celui de l'*harmonica*.

Collecte. C'est l'oraison *du jour*, que le prêtre récite aux messes basses et psalmodie aux messes hautes, immédiatement avant l'épître.

Colophane. Résine épurée dont on frotte les archets, pour rendre plus forte leur action sur les cordes.

Colorée. On dit musique colorée par opposition à ce qu'on appelle musique monotone; colorée, c'est-à-dire variée par des pianos et des fortés qui forment des nuances bien entendues.

Coloris. Ce mot, dans l'art du chant, signifie que le chanteur doit conformer sa voix au sentiment qui domine dans la composition et dans chaque phrase en particulier.

Comarchios. Sorte de nome pour les flûtes dans l'ancienne musique des Grecs.

Come prima, come sopra. Expressions italiennes qui signifient *comme auparavant, comme ci-dessus*.

Comes. L'égale répétition d'un thème de fugue dans un autre ton.

Comique. En musique, le comique consiste dans une application particulière des expressions mélodieuses et harmonieuses de l'art, au moyen desquelles on tâche d'éveiller chez l'auditeur le sentiment de la gaieté. *Le chant parlant*, qui s'approche le plus de la manière de parler ordinaire, est un des plus sûrs moyens d'arriver à ce résultat.

Comirs. Farceurs provençaux, sachant la musique, jouant des instruments, et débitant les ouvrages des troubadours. (Voyez Jongleurs, Pantomime.)

Comma. Petit intervalle dont on ne peut faire usage dans la musique pratique, mais dont les théoriciens sont obligés de tenir compte dans le calcul des proportions de l'échelle musicale.

Cependant, même en musique pratique, le comma produit un effet certain. Entre *re* bémol et *ut* dièse, par exemple, il n'y a qu'un comma d'intervalle, et ce comma suffit pour que *re* bémol, qui est plus bas que *ut* dièse, ait une tendance descendante, et pour que *ut* dièse, qui est un comma plus élevé que *re* bémol, ait une tendance ascendante. Ces tendances différentes ont une grande importance par rapport à la *modulation*. (Voyez ce mot.)

Commissura. Mot latin qui signifiait autrefois une union harmonique de sons, dans laquelle, entre deux consonnances, on trouvait une dissonance.

Commodo, Commodément. Mot italien qui indique un mouvement intermédiaire entre la lenteur et la vitesse.

Compagnie du gonfalon. Espèce de confrérie fondée à Rome en 1264, qui représentait un drame en musique pendant la semaine sainte.

Comparaison des rapports. Dans la science canonique il arrive quelquefois qu'on doit comparer la puissance des rapports des intervalles et déterminer leur différence. Le moyen le plus facile pour pratiquer cette opération, c'est la soustraction, dont nous parlerons dans un article spécial.

Complainte. Espèce de romance populaire, d'un genre pathétique. Ce petit poëme est ordinairement le récit d'une histoire lamentable, qu'on suppose fait par le personnage même.

Complément. Le complément d'un intervalle est la quantité qui lui manque pour arriver à l'octave; ainsi la seconde et la septième, la tierce et la sixte, la quarte et la quinte sont compléments l'un de l'autre.

Complexio. On se servait de ce mot pour indiquer qu'à la fin d'une période on devait en répéter le commencement.

Complicato, Compliqué. On dit qu'une musique est compliquée lorsque l'enchaînement des parties qui la composent est soigneusement étudié et plein d'imitations artificielles.

Componium. Instrument inventé vers 1820 par un mécanicien hollandais, nommé Vinkel, et dont le mécanisme est resté un secret. Cet instrument, par une combinaison admirable, improvise des variations que MM. Biot et Catel ont dit être inépuisables dans un rapport qu'ils ont fait à l'Institut.

Composer. Inventer de la musique nouvelle selon les règles de l'art.

Compositeur. Celui qui compose de la musique d'après les règles de l'art. Mais tout l'art, toute la science possibles ne suffisent point sans le génie qui les met en œuvre. Quelque effort que l'on fasse, il faut être né musicien, autrement on ne fera jamais rien que de médiocre.

Composition musicale. Pris dans un sens général, ce mot exprime l'art d'inventer et d'écrire des chants, de les accompagner d'une bonne harmonie, de faire, en un mot, une pièce complète de musique avec toutes ses parties. C'est donc l'invention, la puissance créatrice qui constituent le compositeur de génie. Ayez des idées neuves, parez-les de formes séduisantes, trouvez des mélodies simples, gracieuses, tendres et passionnées ; offrez aux sens, à l'intelligence et au cœur une brillante série de tableaux, d'images et de sentiments; à ces conditions vous prendrez rang parmi les génies créateurs ; la foule répétera vos chants, et votre nom deviendra populaire. Mais si, au lieu de toutes ces qualités, vous n'avez à votre disposition que des lieux communs, des banalités musicales, de ces phrases toutes faites qui ont couru dans toutes les partitions ; si vous ne sentez en vous le souffle poétique, cette harmonie instinctive, ce démon musical qui fait pressentir des œuvres grandes et belles, croyez-nous, n'abordez pas la carrière de la composition :

> Soyez plutôt maçon, si c'est votre métier.

On naît compositeur comme on naît poëte. En musique, comme en poésie, les connaissances les plus étendues et les combinaisons les plus savantes ne sauraient remplacer le génie. Une composition musicale vraiment distinguée, suppose le développement et l'exercice des plus hautes facultés intellectuelles : elle exige à la fois de l'esprit, de l'âme et du goût ; l'esprit qui crée et invente, l'âme qui s'émeut et se passionne, le goût qui choisit et dispose dans un ordre convenable les idées, les images. Tous les grands maîtres ont possédé à un degré éminent ces diverses facultés.

Cependant il ne faudrait pas conclure de ceci que l'étude, ce qu'on appelle la *science* musicale, dût être rejetée comme inutile. Bien loin de là, la profonde connaissance des règles dictées par l'expérience et la raison, développe les idées du compositeur le mieux doué de la nature, et décuple les ressources de son génie en l'habituant à se jouer sans effort des combinaisons les plus abstraites. Mais si une intelligence, même supérieure, a besoin du secours d'une éducation forte et solide pour féconder ses heureuses qualités, il faut bien se garder de tomber dans le fatal excès où quelques compositeurs modernes se sont laissé entraîner, en sacrifiant l'inspiration à la science du contre-point. Erreur funeste, et qui a été féconde en déceptions. La science ne saurait émouvoir si elle n'est vivifiée par l'imagination et le cœur. On remarquera que le plus grand nombre des compositeurs dont les œuvres ont acquis une juste popularité, ne semblent avoir déployé qu'une érudition extrêmement bornée. Dans leurs productions, l'aridité de la science disparaît sous les fleurs de la poésie.

Les théoriciens distinguent en musique deux sortes de compositions : les compositions *idéales* et les compositions *rigoureuses*. Dans les premières, le compositeur, se livrant entièrement à son imagination, n'envisage généralement qu'une partie principale, où toutes les idées ne sont liées entre elles que selon les règles du goût et de la cohérence, règles auxquelles on peut même déroger, soit pour l'expression, soit pour l'effet, et où toutes les parties sont absolument accessoires. Tels sont un air d'opéra, un solo de concerto, etc. Dans les compositions rigoureuses, le musicien traite, selon des lois très-précises, toutes les parties de la composition, lesquelles, bien que tendant à produire un effet unique et général, doivent se trouver disposées de façon à ce que chacune présente un intérêt particulier. C'est ce qui constitue l'art d'écrire à plusieurs parties *réelles*.

La composition se fait à divers nombres de parties. On spécifie ordinairement ce nombre par les termes de compositions à deux, trois et quatre parties. Mais l'on comprend généralement sous le nom de composition à *grand nombre* celle qui est formée de plus de quatre parties. Parmi les compositions à grand nombre, on regarde comme la plus parfaite la composition à neuf parties réelles. Il est presque impossible de faire mouvoir un plus grand nombre de parties sans doubler le *dessin* de l'une ou de plusieurs d'entre elles.

Toute composition est vocale ou instrumentale. Dans la musique vocale, on doit d'abord avoir égard à l'étendue des voix. Dans les pièces d'un style sévère, dans les fugues, dans les chœurs, cette étendue ne doit pas excéder une dixième, parce qu'au delà de cette limite le choriste crie dans le haut ou ne se fait pas entendre dans le bas. Dans les grands airs ou autres compositions libres, il est permis d'étendre l'échelle des mélodies, mais en ayant soin de circonscrire les phrases principales dans le diapason *naturel* des voix, et de n'aborder les sons aigus qu'accidentellement.

Dans la musique instrumentale, l'étendue des parties se règle sur l'étendue des instruments. L'Allemagne excelle surtout dans la musique instrumentale. Haydn, Mozart et Beethoven ont porté la symphonie à ses dernières limites.

La composition musicale se divise encore en composition religieuse, composition dramatique, composition de concert ou de salon.

Les compositions religieuses doivent avoir une physionomie grave, sévère, imposante, appropriée aux sentiments qu'elles expriment, à la majesté des édifices où elles sont exécutées. On retrouve ce caractère dans les canons et les fugues des treizième et quatorzième siècles ; mais c'est surtout à l'époque de la renaissance que la musique religieuse prit de beaux développements. Palestrina en fut alors le représentant le plus brillant et le plus élevé. Plus tard, Pergolèse imprima à ce genre de composition cette teinte de tendresse et de mélancolie qui formait le caractère distinctif de son talent.

En Allemagne, Jean-Sébastien Bach, le plus illustre membre de cette famille si féconde en grands musiciens, parut au dix-huitième siècle, et nous a laissé, dans le genre sévère, des œuvres qui serviront éternellement de modèles. En Italie, l'école napolitaine, où ont brillé Léo, Durante, Scarlatti, Iomelli, a produit des chefs-d'œuvre. Mozart, dans son *Requiem* si célèbre ; Cherubini, dans ses messes, ont encore agrandi le domaine de la musique religieuse. De nos jours, Rossini, dans son *Stabat*, a su allier le sentiment religieux aux formes gracieuses de la musique moderne; et Donizetti a prouvé, dans son *Miserere*, que le style sévère de l'Eglise lui était aussi familier que les effets brillants du théâtre.

Indépendamment de la composition religieuse proprement dite, il en existe une autre qui participe à la fois de la musique religieuse et de la musique dramatique; nous voulons parler de l'oratorio. Haendel, dans le *Messie* et le *Judas Macchabée*; Haydn, dans la *Création* et les *Saisons*; Beethoven, dans le *Christ au mont des Oliviers*, Mendelssohn dans *Paulus* et *Elias*, ont laissé sous ce rapport des modèles accomplis.

La passion, le mouvement, la verve, le coloris, l'éclat des images, tels sont les caractères que doivent avoir les compositions dramatiques. Ce genre est sans contredit le plus difficile de tous. Suivre le drame dans toutes ses phases, peindre toutes les situations, s'identifier à tous les personnages, animer les masses chorales et les faire participer à l'action; marier les instruments et les voix, de manière à ce que l'intérêt se soutienne constamment, telle est la tâche du compositeur dramatique. Pour la remplir avec succès, il faut une grande puissance de talent.

L'Allemagne et l'Italie ont rivalisé d'éclat, de verv et d'originalité dans la musique dramatique; la France a aussi le droit de revendiquer sa part de gloire, et, sous ce rapport, l'école française de nos jours peut citer avec orgueil *Guillaume Tell* de Rossini, la *Vestale* de Spontini, *Robert le Diable* de Meyerbeer, la *Muette de Portici* d'Auber, la *Juive* d'Halévy, la *Favorite* et *Dom Sébastien* de Donizetti.

Parlons maintenant des compositions de concert et de salon. On comprend dans cette catégorie les sonates, les concertos, et ce qu'on appelle aujourd'hui *fantaisies* pour le piano, pour le violon et pour la harpe, etc.

Le caractère de ces productions est la coquetterie, la légèreté et la grâce. Bocchérini, Haydn, Mozart, Viotti, ont laissé des chefs-d'œuvre dans ce genre; et, parmi nos contemporains, les Paganini, les Baillot, les Bertini, les Listz, les Herz, les Kalkbrenner, les Zimmerman, les Vieuxtemps, les Beriot, les Thalberg, les Prudent, les Gottschalk, les Tulou, les Moschelès, les Bénédict, etc., ont suivi avec succès les traces de ces maîtres fameux.

Parmi les compositions de concert et de salon, n'oublions pas de mentionner la *Romance*. Sous ce rapport, l'école française s'est placée, sans contredit, au premier rang, dans le monde musical. Rien n'égale la vogue et la popularité dont jouissent en Europe quelques-uns de nos compositeurs de romances et notamment MM. Romagnési, Panseron, madame Duchambge, mademoiselle L. Puget, MM. Théodore Labarre, Masini, Arnaud, Henrion, etc. Mais aussi quel sentiment, quelle naïveté, quelle grâce, quelle délicatesse, quel goût exquis dans leurs petits drames, dans leurs charmantes créations!

En Allemagne, les liéders de Schubert ont ouvert une route nouvelle aux compositeurs de salon et de concert. Sous l'influence des délicieuses mélodies de ce maître, le caractère de la romance française s'est agrandi et développé. C'est à Nourrit que l'art musical, en France, est redevable de ce progrès, car c'est ce grand artiste qui a révélé parmi nous les œuvres de François Schubert, dont Wartel a été plus tard le plus fervent interprète.

Composé. Ce mot se rapporte, 1° aux intervalles, et l'on nomme intervalle composé ou redoublé celui qui passe l'étendue de l'octave; 2° A la mesure et aux temps, et l'on appelle mesures composées celles qui sont désignées par deux chiffres.

COMUS. Nom d'un air de danse des anciens.

CON ANIMA. Avec âme, en donnant à toutes les notes l'expression nécessaire, et en renonçant même à l'observation scrupuleuse de la mesure, si par ce sacrifice on peut produire plus d'effet et d'expression.

CON BRIO. Avec éclat, force, vivacité.

CONCENTUS. (Voyez ACCORD.)

CONCERT. Ce mot vient du latin *concinere*, et signifie une réunion de musiciens qui exécutent des morceaux de musique vocale et instrumentale. En Italie, un concert se nomme *Academia*.

CONCERTS. (Société des Concerts du Conservatoire) Cette Société se compose d'une réunion d'instrumentistes et de chanteurs reçus sociétaires à la majorité des suffrages des membres présents. Elle fut fondée par M. Habeneck aîné, et son premier concert eut lieu au commencement de janvier 1828, dans la salle dite des Menus Plaisirs, au Conservatoire de Musique de Paris. La symphonie héroïque de Beethoven servit de discours d'ouverture et fit sensation. Le premier concert produisit 1060 fr. ; la recette du second s'éleva à 3,000 fr. Dans ce second concert, on exécuta la symphonie en *ut* mineur. L'effet en fut foudroyant. Dès ce moment, le nom de Beethoven fut consacré et la Société des concerts conquit le rang suprême parmi nos institutions musicales. M. de Larochefoucault envoya à M. Habeneck une médaille d'or sur laquelle étaient gravés ces mots: *donnée par le roi pour les concerts de* 1828. Cette Société est aujourd'hui sans rivale en Europe.

Après la mort de M. Habeneck, c'est M. Girard qui est devenu chef d'orchestre de la Société des Concerts. La vogue de cette institution loin de diminuer ne fait que s'accroître d'année en année. Toutes les loges, toutes les stalles sont louées d'avance, et il n'est pas rare de voir des amateurs transmettre par testament à leurs héritiers les places qu'ils s'étaient assurées pour plusieurs années.

La Société des Concerts est fondée sur le principe de l'égalité absolue. Les bénéfices sont partagés par portions égales entre les sociétaires, et s'ils ont chacun des droits égaux, ils sont tous soumis aux mêmes charges, aux mêmes devoirs. C'est toujours dans la salle de spectacle des Menus Plaisirs qu'ont lieu les séances de la Société des Concerts. Elles commencent tous les ans dans les premiers jours de janvier, et se poursuivent de quinzaine en quinzaine jusqu'à la semaine qui suit le jour de Pâques.

Concert spirituel. Concert où l'on ne chante que la musique d'église, et d'où l'on exclut les morceaux d'opéra. Le concert spirituel a été fondé en 1725, par Anne Dunican, dit Philidor, musicien de la chambre du roi et frère aîné du musicien de ce nom.

On est convenu de nommer *concerts spirituels* les deux séances du vendredi-saint et du jour de Pâques au Conservatoire, et généralement tous autres concerts donnés le dimanche des Rameaux et le mardi de Pâques inclusivement. Jadis les exercices de Choron et les séances du prince de la Moskowa, étaient de véritables concerts spirituels.

Concertante, concertant. Se dit particulièrement d'un morceau de musique dans lequel les différentes parties brillent alternativement. Ainsi, l'on dit: un duo, un quatuor concertant, pour indiquer des pièces dans lesquelles deux ou quatre parties concertent.

Concertare, Concerter. Exercice de deux ou plusieurs voix ou instruments ensemble, afin que l'exécution de la composition soit plus uniforme, plus égale, et qu'elle ait la même force et la même expression.

Concerté. Ce mot, d'origine italienne, signifie un style de musique d'église plus brillant que le style sévère à capella (de chapelle.)

Concertino. Dans quelques pays d'Italie on appelle concertino la partie du premier violon, chef-d'orchestre, où se trouvent marqués tous les passages obligés des instruments.

On appelle aussi *concertino* un petit instrument à soufflet, que l'on joue avec les deux mains à la fois, à l'aide de touches placées à ses deux extrémités, et à peu près semblable à celui que nous appelons *accordéon*. Cet instrument est particulièrement en usage en Angleterre. Il y a le concertino-baryton, qui s'étend depuis le *sol* jusqu'à l'*ut*; le concertino-basse, qui est d'un octave plus bas que le baryton, et le concertino-ténor, un octave plus haut que ce dernier. Le premier qui a joué cet instrument en Angleterre est Giulio Reegondey.

Concertiste. Celui qui joue ou chante dans un concert.

Concerto. On appelle concerto une pièce de musique faite pour quelque instrument particulier, avec accompagnement d'orchestre. Il y a des concertos de piano, de violon, de flûte, etc. Un concerto est ordinairement composé d'un allégro, d'un adagio et d'un rondeau. Le concerto a pris, depuis quelque temps, plus de développement et s'est élevé presque à la hauteur de la symphonie.

Le concerto a été inventé pour placer en première ligne l'instrument favori, et le présenter de la manière la plus avantageuse, en établissant des contrastes entre l'ensemble d'un orchestre nombreux et les doux accents, les brillantes périodes du virtuose. Le concerto est le morceau de musique qui exige le plus de talent pour l'exécution. On nomme *tutti* les passages du concerto pendant lesquels l'orchestre joue seul.

CONCINNI, INCONCINNI. La voix humaine a deux espèces de sons : les sons *articulés* et les sons *modulés*. Les sons articulés, appelés en latin *inconcinni*, sont ceux de la parole, qui, par leurs mouvements continuels, ne peuvent pas être appréciés par l'oreille. Les sons *modulés*, appelés *concinni*, sont au contraire ceux du chant, qui, par leur mouvement modéré, peuvent tous être appréciés.

CONDUIT. Tube par lequel le vent passe des soufflets dans les sommiers. Un fragment de musique qui ramène une idée principale s'appelle aussi *conduit*.

CONDUITE. C'est dans un morceau de musique, l'art d'agencer une idée principale avec les idées accessoires, de ramener le motif à propos sans en abuser, d'enchaîner ses modulations, en ne leur donnant ni trop ni trop peu d'étendue.

CON ESPRESSIONE. Avec expression.

CONCOURS. Assemblée de musiciens et de connaisseurs autorisée, dans laquelle une place vacante de maître de chapelle, de violoniste, etc., est emportée à la pluralité des suffrages par le concurrent le plus habile.

CONJOINT se dit d'un intervalle ou degré. On appelle degrés conjoints ceux qui se suivent dans l'ordre de la gamme, et *mouvement conjoint*, la marche qu'accomplissent ces degrés.

CON MOTO. Ces mots, joints à celui qui indique le mouvement d'un morceau de musique, signifient que l'on doit donner un degré de plus en vitesse au mouvement indiqué.

Connaisseur. Le connaisseur est celui qui non-seulement sent le beau dans les œuvres de l'art, mais qui possède aussi, sur la partie mécanique et esthétique des connaissances suffisantes pour pouvoir juger sainement du mérite des ouvrages.

Conservatoire. C'est le nom que l'on donne aux grandes écôles de musique, parce qu'elles sont destinées à propager l'art et à le conserver dans toute sa pureté. C'est en Italie que furent fondés, au dix-septième siècle, les premiers Conservatoires. Ceux de Naples furent une source de chanteurs célèbres et de compositeurs éminents. Il suffit de citer Scarlatti, Porpora, Durante, Léo, Pergolèse, etc., Mais les plus beaux jours de ces établissements sont malheureusement passés. Leur réunion en une seule école fut préjudiciable aux progrès de l'art. — Après les Conservatoires de Naples venaient ceux de Venise, qui étaient entièrement consacrés aux femmes, comme ceux de Naples l'étaient aux hommes. On en comptait quatre : l'*Ospedale della pietà*, le *Mendicanti*, le *Incurabili* et l'*Ospedaletto di san Giovanni*. Deux de ces Conservatoires cessèrent dans les dernières années de la république. Celui des *Mendicanti* exista jusqu'à l'époque de la révolution. Celui de la *Pietà*, où sont les enfants trouvés, existe encore aujourd'hui.

Le Conservatoire de musique de Paris fut fondé en 1793, celui de Milan en 1807, celui d'Espagne en 1830, ceux de Vienne et de Varsovie en 1821. Quelques autres Conservatoires ont été fondés dans ces derniers temps, sous divers titres, à Prague, Berlin, Londres et Bruxelles.

Presque tout ce qu'il y a en France de plus habile en chanteurs, en compositeurs, en instrumentistes, professent au Conservatoire de Paris. C'est, de tous les établissements de ce genre, celui qui est conçu sur le plan le plus vaste. Il a rendu des services immenses à la nation, et formé des milliers d'instrumentistes qui, pour l'ensemble, la vigueur, l'élégance de leur exécution, n'ont pas de rivaux au monde. — Le Conservatoire de Paris, fondé par le vénérable Sarrette, dirigé ensuite par M. Perne, et plus tard par Chérubini, l'est maintenant par M. Auber, une des illustrations de l'École française.

CONSONNANCES. On appelle *consonnances* certains intervalles qui plaisent immédiatement à l'oreille, parce que leur constitution saisit l'esprit d'un rapport parfait de tonalité, et développe en même temps en nous le sentiment de repos et de sens fini.

Les intervalles *consonnants* répondent plus ou moins parfaitement à cette idée : aussi les divise-t-on en consonnances *parfaites* et en consonnances *imparfaites*.

La *quinte* et l'*octave* sont des consonnances parfaites. Par extension on donne aussi ce nom à l'unisson, bien qu'il ne soit pas un intervalle

Les consonnances imparfaites sont : la *tierce* majeure ou mineure (*ut, mi* naturel, et *la, ut*), la quarte (*sol ut*), et les sixtes (*ut, la* et *mi, ut*). (Voyez les mots INTERVALLES et DISSONANCES.)

CONSONNANT, CONSONNANTE. Un intervalle consonnant est celui qui donne une consonnance. Un accord consonnant est celui qui n'est composé que de consonnances.

CONSONNANTE. C'est le nom que l'on donne à un grand instrument qui n'est plus en usage. La consonnante tenait du clavecin et de la harpe. Sa table d'harmonie était montée des deux côtés de cordes qu'on pinçait avec les doigts.

CONTRA, CONTRE. Ce mot signifiait anciennement la voix d'alto. Il était appliqué particulièrement à toutes les parties destinées à faire harmonie avec une autre, ou plutôt contre une autre.

Contralto signifie haute-contre. Mais on a conservé ce mot italien pour l'appliquer à la haute-contre des femmes, et la distinguer ainsi de celle des hommes. Ces deux sortes de voix diffèrent ensemble d'une tierce environ. Le contralto s'élève jusqu'au *mi*, les bornes de la haute-contre sont fixées à l'*ut*.

Le contralto est pour les femmes ce que la voix de basse est pour les hommes, la plus grave de toutes. Son étendue est la même, une octave plus haut.

Contraste. C'est la réunion de choses opposées les unes aux autres, qui, en arrivant tout à coup, arrêtent d'abord l'attention de l'auditeur et se rendent agréables par leur air de nouveauté. Par exemple, le *forte* produit un plus grand effet après le *piano*, et le *piano* après le *forte*, si toutefois l'un suit immédiatement l'autre.

Contrebasse. La contrebasse est l'instrument le plus grand de la famille des violons. Les sons résonnent à l'octave basse de ceux du violoncelle. La contrebasse est le fondement des orchestres. Aucun autre instrument ne saurait le suppléer. La richesse de ses sons, son attaque pleine de franchise et de pompe, et surtout l'ordre admirable qu'elle porte dans les masses harmoniques, signalent partout sa présence.

Il y a deux espèces de contrebasse : l'une à trois cordes et l'autre à quatre. Leur étendue est de deux octaves et une quarte, du *mi* grave de la voix de basse au *la* aigu du ténor, en comptant toutefois, pour les contrebasses à trois cordes, deux notes de moins au grave. Mais il faut observer que le son de l'une et de l'autre est plus grave d'une octave que la note écrite.

La contrebasse à quatre cordes est préférable à l'autre. Comme elle est accordée en quartes, on peut exécuter une gamme entière sans *démancher* ; elle possède ensuite au grave deux ou même trois sons, dont la contrebasse à trois cordes est privée et dont l'utilité est incontestable.

La contrebasse est destinée, en général, à faire entendre la basse de l'harmonie. On peut l'isoler des violoncelles et même du quatuor des instruments à cordes, et l'associer aux instruments à vent qu'elle soutient avec beaucoup d'effet et de plénitude. A l'église, on l'emploie aussi pour soutenir les voix du chœur, et quelquefois la marier au son de l'orgue.

La contrebasse n'est pas propre aux traits rapides. On a le tort, aujourd'hui, de lui en donner quelquefois qui sont à peu près inexécutables pour la plupart des contrebassistes. Aussi qu'arrive-t-il? Les uns simplifient ces traits d'une manière, ceux-ci d'une autre, ceux-là cherchent à rendre le passage avec fidélité, et tout cela réuni produit le plus abominable chaos de grognements sourds et rauques qui puisse épouvanter l'imagination.

Le trémolo des contrebasses est quelquefois d'un effet dramatique saisissant ; il donne à l'orchestre une physionomie menaçante, mais il faut éviter de le prolonger trop longtemps, à cause de la fatigue qu'il apporte aux exécutants zélés et fidèles.

CONTREBASSE. Jeu d'orgue dont les tuyaux sont de seize ou trente-deux pieds, ouverts ou fermés selon la qualité de l'orgue.

CONTREDANSE. La contredanse est formée de diverses figures résultant de la position des danseurs. En France on donne à ces figures les noms de *pantalon, été, trénis, pastourelle, chassé-croisé, galop.* (Voyez QUADRILLE.)

CONTREPOINT. A l'époque où la musique à plusieurs voix reçut son premier perfectionnement, on marqua sur les lignes des points au lieu de notes. Quand on voulait ajouter à une mélodie une ou plusieurs voix, on ajoutait aux points qui existaient déjà d'autres points l'un sur l'autre, ou l'un contre l'autre, et c'est ce qu'on appelait *contrapuntare*. Cette expression a été conservée comme une expression technique, en sorte qu'aujourd'hui le mot contre-point, dans son acception la plus étendue, désigne tout ce qui appartient à la partie harmonique de la composition musicale.

Par le mot contrepoint, pris dans le sens le plus restreint, on entend une composition à deux ou plusieurs voix, écrite sur un chant donné. On dépasse rarement le nombre de huit voix. Si les voix sont disposées de manière à ce qu'on puisse les renverser, c'est-à-dire à ce que la voix supérieure devienne voix fondamentale, et *vice versâ*, alors on l'appellera contrepoint double. On lui donnera au contraire le nom de contrepoint simple, si le renversement ne peut avoir lieu sans choquer les règles de l'art. Le contrepoint simple à deux ou plusieurs voix, ayant des notes d'une égale valeur placées les unes contre les autres, s'appelle contrepoint *égal,* ou *note contre note.* En mettant deux ou quatre notes contre une note de la mélodie, il prendra le nom de contrepoint inégal ou figuré. En écrivant sur le chant donné des mélodies composées de diverses valeurs, on aura le contrepoint *fleuri.*

Contrepointiste. Le contrepointiste, dans la véritable acception du mot, est celui qui, d'après les règles scolastiques, combine l'union des sons, observe exactement l'orthographe lorsqu'il trace leurs signes sur le papier, et ne s'occupe enfin que de la partie scientifique de l'art.

Contre-sens. Vice dans lequel tombe le compositeur quand il rend une autre pensée que celle qu'il doit rendre. C'est donc un contre-sens dans l'expression, quand la musique est triste lorsqu'elle devrait être gaie, légère lorsqu'elle devrait être grave, et réciproquement.

CONTRE-TEMPS. La partie faible de la mesure ou du temps. Dans la plupart des accompagnements, la basse frappe le temps, les autres parties marquent le *contre-temps*.

On dit aussi *aller à contre-temps*, pour dire que les exécutants manquent à la mesure et qu'ils ne marchent pas avec le chef d'orchestre.

COPIER. Transcrire un morceau de musique. Ce mot désigne, en outre, le plagiat d'un compositeur qui s'approprie des passages entiers d'autres compositeurs, et les fait passer pour siens comme s'ils étaient sortis de sa plume.

COPISTE. Celui qui fait profession de copier de la musique, d'extraire des parties séparées d'une partition, ou qui les double pour qu'elles s'exécutent avec orchestre. Le copiste doit posséder d'abord une écriture bien lisible, et doit, non-seulement écrire correctement les notes, mais encore tous les points, les signes, les lignes et les paroles.

COR. Instrument à vent et à embouchure. Consacré à la chasse dès son origine, le cor a été appelé depuis à de plus hautes destinées, et a passé des mains du chasseur dans celles des plus habiles exécutants. Cette voix rauque et sauvage, la terreur des hôtes des bois, s'est adoucie au point de nous ravir par des sons flatteurs. L'art des Punta, des Duvernoi, des Dauprat, des Gallay, lui donnant une nouvelle existence, l'a enrichi d'une multitude de tons que la nature semblait lui vouloir refuser. Brillant et sonore dans tout ce qui rappelle sa destination primitive, le cor est tendre et pathétique dans le *cantabile*. Un célèbre corniste, M. Vivier, a trouvé le secret de tirer du cor plusieurs sons simultanés.

Le cor étant un tuyau sonore ouvert par les deux

bouts, et privé des trous qui, dans le hautbois et la clarinette, servent à modifier les sons, c'est au moyen de la pression plus ou moins forte des lèvres sur l'embouchure et de l'introduction de la main dans le pavillon qu'on parvient à rendre des sons différents ; mais comme de cette manière on ne peut faire résonner que la tonique et les aliquotes, on se verrait réduit à demeurer constamment dans le même ton, si l'on n'avait recours à divers corps de rechange, qui, en s'adaptant à l'instrument, servent à élever ou à abaisser son intonation.

Le cor s'écrit sur la clef de *sol* et sur la clef de *fa*, avec cette particularité établie par l'usage que la clef de *sol* est considérée comme étant plus grave d'une octave qu'elle ne l'est réellement.

Tous les cors, à l'exception du cor en *ut*, sont des instruments transpositeurs ; c'est-à-dire que les notes écrites ne représentent pas les sons que l'on obtient. Nous renvoyons aux ouvrages spéciaux pour l'explication développée de cette pratique, qui est, au reste, une convention commune à beaucoup d'instruments. (Voyez le mot Transpositeur.)

Le cor a deux espèces de sons d'un caractère très-différent : les sons ouverts et les sons bouchés. Les premiers sont l'effet de la résonnance naturelle des divisions harmoniques du tube de l'instrument, et sortent sans autre secours que celui des lèvres et du souffle de l'exécutant ; les seconds s'obtiennent en fermant plus ou moins le pavillon du cor avec la main.

Non-seulement les sons bouchés diffèrent entièrement des sons ouverts, ils diffèrent encore beaucoup entre eux. Ces différences résultent de l'ouverture plus ou moins grande laissée au pavillon par la main de l'instrumentiste. Pour certaines notes, le pavillon doit être bouché de la moitié, du tiers, du quart : pour d'autres, il faut le fermer presque entièrement. Plus l'orifice laissé au pavillon est étroit, plus le son est rauque, sourd, difficile à attaquer avec certitude et justesse.

Le cor est un instrument noble et mélancolique. Aucun maître n'a su en tirer un parti plus original, plus poétique et plus complet que Weber. Dans ses trois chefs-d'œuvre *Oberon*, *Euryante* et le *Freyschutz*, il lui prête un langage aussi admirable que nouveau, et que Méhul et Beethoven seuls paraissent avoir compris avant lui. De tous les instruments de l'orchestre le cor est celui que Gluck écrivait le moins bien. Cependant il faut citer comme un éclair de génie les trois notes du cor imitant la conque de Caron, dans l'air d'*Alceste*, *Caron t'appelle!* Ce sont des *ut* du médium, donnés à l'unisson par deux cors en *re*; mais l'auteur ayant imaginé d'en faire aboucher les pavillons l'un contre l'autre, il en résulte que les deux instruments se servent mutuellement de sourdine et que les sons en s'entrechoquant prennent un accent lointain et un timbre caverneux de l'effet le plus étrange et le plus dramatique.

Cor anglais. Cet instrument tient, dans la famille du hautbois, la même place que la viole dans celle du violon. Le cor anglais a été inventé par Joseph Ferlendis, de Bergame, et il y a à peine soixante ans qu'il est en usage dans les orchestres. Le cor anglais a la forme du hautbois, dans des proportions plus fortes : il est un peu recourbé, et son pavillon se termine en boule au lieu d'être évasé comme celui du hautbois. Le cor anglais sonne une quinte plus bas que le hautbois, à cause de la longueur de son tube. Les sons du cor anglais, propres à la tendresse, à la mélancolie, ne se font admettre dans l'orchestre que pour l'exécution de quelques solos.

Cor de basset, en italien, corno di bassetto. Cet instrument, qui unit à la douceur du son quelque chose de sérieux et de sombre, a été inventé, en 1770, à Passaw en Bavière. En 1782, M. Lotz, à Presbourg, a beaucoup contribué à son perfectionnement. Le cor de basset est de la nature de la clarinette, et n'en diffère qu'en ce qu'il est un peu plus grand, et en ce que sa forme est un peu recourbée ; mais il ressemble à la clarinette, non-seulement dans les parties constitutives et dans le son, mais encore dans ce qui regarde l'intonation, l'embouchure, le doigté, de façon que tout clarinettiste peut jouer de cet instrument sans difficulté.

Cor a pistons. L'invention du cor à pistons est due à Jean Henri Stœlzel, qui était originaire de Scheibemberg en Saxe, où il naquit en 1777. En 1806, il conçut l'idée de perfectionner les instruments de cuivre, en augmentant leur échelle diatonique et chromatique. Il fit entendre, à Breslaw en Silésie, un cor sur lequel il avait appliqué son nouveau système. Sa découverte ayant été goûtée, il la publia en 1814, et joua dans plusieurs concerts.

Voici les bases sur lesquelles a été construit le cor à pistons. Ne rien changer au caractère du cor ordinaire, conserver les bonnes notes, rectifier la justesse de celles qui sont fausses, rendre l'éclat aux sourdes et remplir toutes les lacunes.

Le cor à pistons fait toutes les notes *ouvertes* au moyen d'un mécanisme particulier dont l'action consiste à changer instantanément le ton du cor. Ainsi l'emploi de tel ou tel piston transforme le cor en *fa* en un cor en *mi*, en *mi* bémol, etc. ; d'où il suit que les notes ouvertes de tous les tons se trouvant ajoutées les unes aux autres, on obtient toute la gamme chromatique en sons *ouverts*. De plus, les pistons ajoutent, au grave, six demi-tons à l'étendue du cor ordinaire. Il en est ainsi de tous les instruments en cuivre, trompettes, cornets, trombones, etc., auxquels le système des pistons a été appliqué.

Le timbre du cor à pistons diffère un peu de celui du cor ordinaire et ne saurait le remplacer.

Les Allemands appellent le cor à pistons *cor chromatique*.

Cor a cylindres. Le cor à cylindres ne diffère du précédent que par la nature de son mécanisme. Cette différence est toute à son avantage pour le timbre et l'agilité. Les sons de ce cor ne sont réellement pas différents des sons du cor ordinaire, et peut le remplacer avantageusement, au moins pour les sons ouverts.

Cor russe. Les Russes ont une musique de cor d'un effet étonnant. Vingt, trente, quarante musiciens ont chacun une espèce de cor ou de trompette, ou plus exactement un tube de métal, qui ne donne qu'une seule note. Ces cors sont accordés de telle manière qu'ils fournissent, comme les tuyaux de l'orgue, toutes les notes nécessaires pour exécuter un morceau de musique avec les accompagnements. Cette espèce d'orchestre rend un son plus fort, plus nourri que nos instruments à vent. Par un temps calme, on entend cette musique à une grande distance. Un habile orchestre russe peut exécuter des quatuors, des symphonies, des concertos, des fugues, et faire les traits et les trilles avec la plus grande netteté.

Corde génératrice. C'est ainsi qu'on appelle une corde dont on fait entendre toutes les parties aliquotes, toutes les divisions harmoniques.

Corde ennemie. Quelques maîtres de chant italien nomment ainsi (*corda nemica*) le premier son du registre de la voix de tête, à cause de la difficulté qu'on éprouve à l'atteindre, en y passant du registre de la voix de poitrine.

CORDE SONORE. Corde tendue qui sert à faire des expériences physiques et acoustiques, au moyen desquelles on explique la théorie du son.

CORDES. Les cordes des instruments sont de diverses matières, selon la manière dont on doit exciter en elles le frémissement nécessaire pour produire le son et faire vibrer l'air dans les tables d'harmonies. — Les cordes attaquées par frottement sont faites avec les boyaux de certains animaux ; telles sont les cordes du violon, de la viole, de la basse. Les cordes frappées sont toujours de métal. On met des cordes de laiton aux octaves basses du piano ; celles d'acier servent pour les tons moyens et les tons élevés. Les cordes pincées sont de boyau, de métal et de soie, selon l'instrument auquel on les destine. La harpe et la guitare sont montées avec des cordes de boyau et des cordes de soie ; la mandoline avec des cordes métalliques.

La contexture d'une corde influe sur le son qu'elle doit produire. Une chanterelle de violon, recouverte dans toute sa longueur avec un fil de laiton très-délié, sert de quatrième corde au même instrument. Les cordes filées de la harpe et de la guitare sont de soie.

On dit aussi : cette mélodie est écrite dans les bonnes *cordes* de la voix.

CORDOMÈTRE. Instrument au moyen duquel on peut mesurer la grosseur des cordes pour maintenir l'accord d'un instrument dans un égal degré de force. Il y en a de plusieurs espèces. Le meilleur cordomètre est celui qui est formé de deux petits morceaux de fer ou de cuivre, de la longueur de six à sept pouces environ, qu'on attache avec des vis à une de leurs extrémités, et qui sont éloignés à l'autre extrémité, de trois, quatre lignes et davantage, de façon qu'il existe un vide qui va toujours en diminuant et se perd tout à fait auprès des vis.

Chorique. Espèce de flûte qui accompagnait autrefois les dithyrambes.

Corista (nom italien du diapason). On donne le nom de diapason à un petit instrument monotone, ayant à peu près la forme d'une petite fourche, et qui est fait d'acier trempé. On le met en vibration en frappant l'une de ses branches, ou en les écartan l'une de l'autre avec violence, et l'on donne de l'intensité au son qu'il produit en appuyant son manche sur un corps dur. Ce son est à l'unisson du *la*; et selon que ce *la* est plus ou moins élevé, on dit que le diapason est haut ou bas.

Cornemuse. Instrument à vent avec des chalumeaux à anche. — Les parties de la cornemuse sont la peau de mouton, qu'on enfle comme un ballon, et le vent n'a d'issue que par trois chalumeaux qui y sont adaptés.

Cornet. Jeu d'orgue composé de quatre tuyaux, qui résonnent à la fois sur chaque touche, et qui sont accordés à l'octave, à la double quinte et à la triple tierce.

Cornet. Le cornet est le plus ancien de tous les instruments qui sont actuellement en usage. Sa forme est très-simple. Il est fait en corne et percé de sept trous, dont un sert au pouce de la main gauche. Il est de la longueur de deux pieds environ, et on en joue comme de la trompette. L'étendue du cornet, dans toute la gamme diatonico-chromatique, est depuis le *la*, clef de violon au-dessous des lignes, jusqu'au *mi* au-dessus des lignes.

Cornet a bouquin. Cet instrument ne se distingue

du cor de chasse que par sa dimension plus petite et son embouchure qui est attachée au corps du cornet.

CORNET A PISTONS. Le cornet à pistons doit sa naissance à la trompette; car le cornet n'est autre chose qu'une petite trompette qui possède des tons plus aigus. Le mécanisme du cornet à pistons est semblable en tous points à celui de la trompette, c'est-à-dire que les pistons remplissent les mêmes fonctions. L'instrument offrant par sa nature des sons plus aigus que ceux de la trompette, son étendue est par conséquent renfermée dans un espace moins grand. Le rapport qu'on peut établir entre eux est celui qui existe entre le violon et l'alto.

Le son du cornet à piston est un peu vulgaire; il est presque inadmissible dans le style sérieux. Employé dans l'harmonie, au contraire, il se fond très-bien dans la masse des instruments en cuivre.

CORNISTE. Musicien qui joue du cor.

CORPS D'HARMONIE. C'est ainsi qu'on appelle quelquefois un corps de musique militaire.

CORPS DE VOIX. Les voix humaines ont différents degrés de force et de volume. De deux voix semblables qui forment le même son, celle-là aura plus de corps qui se fera entendre davantage et à une plus grande distance.

CORPS SONORE. On appelle ainsi tout corps qui rend ou peut rendre du son. Il ne suit pas de cette définition que tout instrument de musique soit un corps sonore. On ne doit donner ce nom qu'à la partie de l'instrument qui sonne elle-même, et sans laquelle il n'y aurait point de son. Ainsi, dans un violoncelle et dans un violon, chaque corde est un corps sonore; mais la caisse de l'instrument, qui ne fait que représenter et réfléchir les sons, n'est point le corps sonore et n'en fait point partie.

Correct se dit de cette perfection qu'on apporte dans le travail d'un ouvrage où l'on a suivi avec la plus grande exactitude possible toutes les règles de l'art. Une composition musicale est correcte toutes les fois qu'on observe les règles prescrites par la mélodie et l'harmonie.

Coryphée. Chanteur qui, après avoir exécuté les solos dans les chœurs, se joint ensuite aux simples choristes dans l'ensemble.

Cosaque. Danse des cosaques en mesure de 2/4, et dont la mélodie est à deux reprises, de huit mesures et d'un mouvement modéré.

Costumes dans leurs rapports avec l'opéra. Sous Louis XIII et Louis XIV, les acteurs, dans la comédie, étaient vêtus sur le théâtre comme à la ville. Dans la tragédie, leur costume ne ressemblait en rien à la réalité. Dans l'opéra, le costume des personnages mythologiques offrait un mélange bizarre et incohérent dont il serait difficile de rendre compte. La mode et son inconstance influèrent sur ces costumes imaginaires, et l'on vit, sous Louis XV, les nymphes et les faunes venir danser sur nos scènes lyriques avec des paniers et des bouffants, tous couverts de gaze, bouillonnés avec des rubans. Quelques artistes voulurent introduire des réformes dans les costumes de théâtre; mais l'amélioration qu'ils y apportèrent se borna à exclure les paniers des actrices et les chapeaux à plumes des acteurs; à introduire dans les sujets asiatiques tantôt un habit turc, tantôt une peau de tigre en forme de manteau; puis l'habit français du seizième siècle pour les sujets relatifs à la chevalerie.

Ces améliorations étaient bien loin d'atteindre les perfectionnements que Talma fit adopter vers 1791. La tragédie de *Charles IX*, jouée alors au Théâtre-

Français, est le premier ouvrage où l'on ait suivi le costume avec une rigoureuse exactitude. Cette innovation fut tellement goûtée du public, qu'elle s'étendit bientôt à d'autres théâtres, et notamment à l'Académie royale de musique.

Cependant, on doit avouer que le zèle ne se soutint pas en tout point. Ainsi, on vit à l'Opéra la *Sémiramis* de Catel jouée dans un palais d'architecture corinthienne, dont les jardins se trouvaient remplis de plantes d'Amérique. Un trône était placé sous une draperie de mauvais goût, ressemblant à ce qu'on nommait, il y a cinquante ans, un baldaquin à la polonaise.

Aujourd'hui, dans beaucoup de nos théâtres, les principaux acteurs ont un costume assez conforme à leur rôle ; mais l'économie d'un côté, de l'autre l'ignorance des personnes chargées de la confection des costumes, produisent souvent des anachronismes bien ridicules. Il n'est pas rare de voir dans un opéra, surtout en province, les premiers rôles vêtus de costumes rappelant le règne de Charles VII, tandis que les soldats qu'ils commandent sont habillés comme les militaires du temps de Henri IV. Les chœurs de chanteuses et de danseuses ne sont pas plus conformes au goût de l'époque ; et tandis que les unes sont vêtues à la française, les autres portent des habits suisses, ou bien elles ont un corset d'une époque et une toque d'une autre.

M. Duponchel, grâce aux conseils de l'intelligent artiste Nourrit, introduisit à l'Opéra une nouvelle réforme. La sévérité des costumes ne s'est pas bornée à celle des habits et des coiffures ; la même exactitude a été apportée dans les meubles et dans tous les accessoires. Des améliorations analogues ont eu lieu à l'Opéra-Comique, et le Théâtre-Italien maintenant commence à nous habituer à un certain luxe de costumes et de décors.

Espérons qu'on ne cessera pas de marcher dans cette voie de progrès, et que des motifs d'économie ne viendront pas interrompre la marche des améliorations dont on a vu de si admirables effets dans *Robert le Diable, la Juive, Dom Sebastien, Jérusalem, le Juif Errant* et quelques autres productions modernes.

COULEUR LOCALE. C'est donner à la musique d'un opéra, d'un ballet, le caractère de la musique du pays où se passe la scène.

COULEUR DES SONS. (Voyez TIMBRE.)

COUP. On dit en musique *coup de langue, coup de gosier, coup d'archet*. C'est une manière de lancer le son pour la voix et pour les instruments. Le coup de langue pour les instruments à vent a besoin d'être net, détaché, rapide. Le coup d'archet pour les instruments à cordes a besoin d'être distinct, ferme, moelleux. Le coup de gosier demanderait encore des précautions plus grandes. Mais cette expression n'est plus en usage, et ne sert maintenant qu'à désigner ces grands éclats de voix que les chanteurs du temps de Rameau prodiguaient dans notre ancienne musique. La voix ne doit pas être jetée avec effort, elle doit être portée naturellement sans être traînée ni saccadée, et ne pas présenter l'idée d'un *coup*.

COUP DE FOUET. C'est un certain effet plus fort, plus brillant que tout le reste, par lequel on termine un morceau de musique pour obtenir des applaudissements. C'est pour donner le coup de fouet qu'on place quelquefois des transitions vers la fin des morceaux de musique, et qu'on les termine presque toujours par un *forte* et même par un *fortissimo*. Le grand *crescendo* n'a pas d'autre but. Il y a pourtant certains morceaux qu'on ne pourrait terminer par un coup de fouet sans en détruire entièrement l'expression, comme un sommeil, un nocturne, une cavatine pleine de sentiment et de suavité, et toute espèce de chant qui doit finir piano. Ces morceaux n'en seront pas moins applaudis, s'ils sont d'ailleurs bien faits. Au surplus, ce n'est pas aux bravos d'un moment que prétend l'homme de génie, mais à une estime durable.

Couplet. Nom qu'on donne dans les romances et les chansons à cette partie du poëme qu'on appelle strophes dans les odes.

Coupure. Suppression que l'on fait d'un certain nombre de périodes dans le courant d'un morceau de musique, pour en rendre la marche plus rapide. C'est aux dernières répétitions d'un opéra que se font habituellement les coupures. Celles-là sont réglées sur le besoin que l'on a de passer plus vite de telle situation à telle autre, et d'activer ainsi le jeu de la scène. On les demande au compositeur, qui du premier coup d'œil voit ce qu'il doit sacrifier, et qui d'un trait de plume a bientôt rajusté les deux bouts.

Courante. Air à trois temps, propre à une danse ainsi nommée à cause des allées et des venues dont elle était remplie. Cet air n'est plus en usage, non plus que la danse dont il porte le nom.

Couronne. Trait en demi-cercle qui couronne le point d'orgue et le point d'arrêt ou de repos. Les Italiens nomment souvent couronne, *corona*, le point d'orgue lui-même.

Couvert. Ce mot indique qu'on doit couvrir d'un drap les timbales, afin d'en amortir le son.

Il y a des octaves et des quintes que, dans les écoles d'harmomie, on appelle *couvertes* ou *cachées*; on fait une quinte ou une octave cachée lorsqu'on marche à la quinte ou à l'octave par mouvement direct.

Crembalum. Instrument des Romains, qui, selon quelques-uns, ressemblait aux castagnettes, et, selon plusieurs autres, n'était qu'une guimbarde.

Crescendo. Ce mot italien signifie en *croissant, en augmentant.* Le crescendo consiste à prendre le son avec autant de douceur qu'il est possible, et à le conduire par degrés imperceptibles jusqu'au plus grand éclat. Cet effet est fort beau, et termine bien une symphonie. Presque toutes les ouvertures d'opéra arrivent à leurs derniers effets par un *crescendo.*

Crescere (monter). On dit en italien qu'un chanteur *cresce,* qu'un instrumentiste *cresce* (joue ou chante trop haut), lorsque leur intonation est plus élevée qu'elle ne doit être. La cause de ce défaut est naturelle ou accidentelle.

Crible. Planche percée de trous, qui est destinée à maintenir les tuyaux dont les embouchures sont placées dans le sommier de l'orgue.

Crier. C'est exagérer la force des sons de la voix en chantant. Ce défaut est celui des chanteurs dont la voix ne se produit point avec facilité.

Cristallocorde. Nom d'un clavecin inventé à Paris en 1785, par un certain Boyer, Allemand. Cet instrument avait des cordes de cristal.

Critique musicale. La véritable critique musicale suppose de grandes et profondes connaissances dans l'art, ainsi qu'un goût exquis. Elle ne se contente pas seulement d'examiner les compositions d'après leur forme extérieure et technique, mais encore elle les apprécie d'après leur caractère esthétique. Si en outre cette critique est impartiale, claire, écrite dans un langage convenable, dégagée de toute passion, elle encouragera l'art, perfectionnera le goût. Il faut avouer pourtant, qu'à part de rares et honorables exceptions, de telles critiques ne remplissent pas souvent les colonnes de nos journaux périodiques.

CROISÉ. Les parties se croisent, lorsque la plus élevée, en descendant, se trouve plus basse que la partie qui était auparavant plus grave, laquelle, en montant, devient à son tour la plus élevée.

CRODIAS. Nom grec des flûtes.

CROIX. Signe qui marquait le trille dans l'ancienne musique. On se sert d'une petite croix pour désigner dans une basse chiffrée les intervalles augmentés. La quarte augmentée se chiffre par un quatre précédé d'une croix, $+4$. Quelques auteurs chiffrent l'accord de la septième dominante par un sept avec une croix au-dessous, $\frac{7}{+}$. La petite croix indique presque toujours que c'est une *note sensible* qui forme l'intervalle indiqué.

CROMORNE. Mot tiré de l'allemand, et qui signifie *cor tordu*. Cet instrument est représenté comme une corne de bœuf tordue, avec quatre trous dans la partie inférieure. C'est aussi le nom d'un jeu de l'orgue. Il joue à l'unisson de la trompe, mais donne un son moins éclatant. Il se place au clavier du *positif*. (Voyez ORGUE.)

CROQUE-NOTE. Nom qu'on donne par dérision à ces musiciens ineptes qui, versés dans la combinaison des notes, et en état de rendre à livre ouvert les compostions les plus difficiles, exécutent au surplus sans sentiment, sans expression, sans goût. Un croque-note rendant plutôt les sons que les phrase, lit la musique la plus expressive sans y rien comprendre, comme un maître d'école pourrait lire un chef-d'œuvre d'éloquence écrit avec les caractères de sa langue, dans une langue qu'il n'entendrait pas.

CROTALES. Instrument de percussion composé de deux pièces de fer ressemblant assez à deux écuelles rondes, fort épaisses et peu concaves. On en joue de la même manière que des cymbales. Les crotales sont encore en usage en Provence, où elles ont reçu le nom de *Chaplachoon*. (Voyez CIMBALES ANTIQUES.)

CRUMA. Les Latins donnaient ce nom à certains instruments formés de plusieurs vases de terre en forme d'huîtres, ou autrement ; en les frappant les uns contre les autres, ils produisaient un son.

CRUSCITIROS. C'est le nom d'une chanson de danse des anciens Grecs, accompagnée de flûtes.

CUVETTE. La cuvette est une partie de la harpe qui sert de base à l'instrument ; elle contient le mouvement par lequel les pédales attirent les tringles qui mettent en jeu le mécanisme renfermé dans la console. À chaque côté de la cuvette figurent les pédales : il y en a quatre à droite et trois à gauche.

CYMBALE. Jeu d'orgue, à bouche et en étain. Il est compris parmi les jeux de mutations et diffère seulement de la *fourniture* par la grosseur moindre de ses tuyaux.

CYMBALES. Instrument de percussion composé de deux plaques circulaires d'airain, d'un pied de diamètre et d'une ligne d'épaisseur, ayant chacune à leur centre une petite concavité et un trou dans lequel on introduit une double courroie. Pour jouer de cet instrument, on passe les mains dans ces courroies, et l'on frappe les cymbales l'une contre l'autre du côté creux. Le son qu'elles rendent, quoique très-éclatant, n'est pas appréciable.

On réunit les frappements des cymbales à ceux de la grosse caisse, pour marquer le rhythme, ou seulement la mesure, dans les marches guerrières, les airs de danse fortement caractérisés, et les ouvertures, symphonies et chœurs qui ont une couleur militaire.

Les sons frémissants et grêle des cymbales, dont le bruit domine tous les autres bruits de l'orchestre, réunis aux sifflements aigres de la petite flûte et à des coups bien rhythmés des timbales ou des tambours, expriment avec une vérité effrayante, soit des sentiments de férocité, soit une orgie bacchique où la joie tourne à la fureur. On connaît le prodigieux effet produit par les cymbales dans le chœur des Scythes, de Gluck.

Cymbales antiques. « Elles sont fort petites, dit M. Berlioz, et leurs son est d'autant plus aigu qu'elles ont plus d'épaisseur et moins de largeur. J'en ai vu au musée de Pompéï, à Naples, qui n'étaient pas plus grandes qu'une piastre. Le son de celles-là est si aigu et si faible qu'il pourrait à peine se distinguer sans un silence complet des autres instruments. Les cymbales servaient, sans doute, dans l'antiquité, à marquer le rhythme de certaines danses, comme nos castagnettes modernes. »

Czacan. Espèce de flûte, en forme de canne, qui a eu de la vogue en Allemagne, vers 1800, et pour laquelle on a écrit beaucoup de musique. Le son en était très-doux.

D

D, d sol ré, ou d la ré. Ces expressions, qui dérivent de l'ancienne manière de solfier, désignent le second degré de la gamme diatonique, lequel, dans le solfége moderne, s'appelle *ré*.

Da capo, ou par abréviation d c (au commencement). Ces mots indiquent, qu'ayant fini un morceau
de musique ou un motif principal, il faut le reprendre depuis le commencement jusqu'à l'endroit où est
la fin véritable.

Dactyle. C'était le nom d'un acte ou de la division
principale du morceau de musique exécuté par les
concurrents dans les jeux pythiques.

Dactyles idéens. Lorsque Cadmus passa de la
Phénicie en Grèce, il amena avec lui, parmi sa suite,
des hommes appelés Corybantes ou Curètes, qui, dit-
on, furent les premiers à introduire la musique dans
le culte des divinités grecques. Leur musique consistait dans de hauts cris accompagnés par des tambours
et par d'autres instruments bruyants. La fable raconte
que les Curètes, entre les mains desquels on mit
Jupiter pour être élevé, le cachèrent sur le mont Ida,
et pour empêcher que les cris de l'enfant ne par-
vinssent jusqu'aux oreilles de Saturne, ils firent un
grand bruit avec des instruments, dansant en même
temps des pas mesurés appelés dactyles. C'est à cause
de ces pas et du mont Ida, qu'ils reçurent le nom de
dactyles idéens.

Dactylion. Instrument à ressort inventé par
M. Henri Herz, qui sert à donner plus d'extension à
la main, à délier et à fortifier les doigts, à les rendre
indépendants les uns des autres, à donner enfin au
jeu cette égalité sans laquelle il n'y a pas de belle
exécution sur le piano. L'expérience démontre merveilleusement qu'une heure de leçon par jour avec
le dactylion suffit pour améliorer rapidement les
progrès des élèves, et contribuer d'une manière sensible à la facilité du jeu chez les artistes eux-mêmes.

Daire ou Def. Instrument persan qui ressemble à
notre tambour.

Daneforica. Hymne des anciens Grecs, chanté par

les vierges, au moment où les prêtres portaient les lauriers au temple d'Apollon. Cette cérémonie se célébrait en Béotie tous les neuf ans.

Danse. (Voyez **Ballet.**)

Danse (musique de). La musique des ballets était jadis restreinte aux cadres uniformes de certains airs de danse, tels que les chaconnes, les passe-pieds, les menuets, les gavottes, les gigues. Les airs de danse ne sont plus calqués sur un modèle connu ; le compositeur s'accorde avec le chorégraphe pour les formes, le caractère et l'extension qu'il convient de leur donner. Le pas des Scythes d'*Iphigénie en Tauride* de Gluck, celui des Africains de *Sémiramis* de Catel, les gavottes d'*Orphée et d'Armide,* ont offert tour à tour des modèles dans le style énergique et gracieux.

Dans un ballet pantomime, la symphonie, destinée à peindre l'action et les sentiments des personnages, diffère beaucoup des airs destinés aux pas exécutés par les danseurs ; ces airs représentent les cavatines, les duos, les trios des chanteurs placés au milieu des récitatifs. Des fragments de symphonies, des ouvertures tout entières, des airs connus, sont placés quelquefois avec bonheur dans un ballet. La musique domine dans un opéra, elle n'occupe que le second rang dans une composition chorégraphique ; le danseur est l'objet intéressant, et l'on fait moins d'attention à la mélodie qui règle ses pas.

Plusieurs compositeurs ont réussi particulièrement dans les airs de danse. Le comte de Gallemberg leur dut sa réputation ; il n'a écrit que des partitions de ballet. Les musiciens français ont réussi dans cette partie de l'art d'une manière d'autant plus remarquable, qu'ils ont échoué plus souvent dans les airs de chant vocal. On peut citer une foule de jolis airs de danse parmi les productions de certains musiciens français qui n'ont jamais donné un air, une cavatine, un duo d'opéra de quelque valeur.

Parmi nos opéras modernes, les airs de ballet de *Guillaume Tell* sont très-remarquables; ceux de la *Muette*, de *Robert-le-Diable*, de *Dom Sébastien*, du *Prophète*, du *Juif-Errant*, sont justement admirés.

La contredanse, la valse et le galop, sont les airs que l'on entend le plus souvent dans les bals. La contredanse nous vient de l'Angleterre, et s'est établie en France au commencement du siècle dernier. Elle s'exécute à huit, à douze, à seize personnes, dont la moitié de chaque sexe, sur un air, un rondeau à deux-quatre, ou six-huit *allegretto*, composé le plus souvent de trois reprises de huit mesures chacune. La contredanse se joue quatre fois de suite, pour que ceux qui la dansent puissent exécuter à leur tour les figures d'après le dessin du chorégraphe. La valse est un air à trois temps. Le galop est un deux-quatre fort animé, dont la cadence doit faire sentir vivement le frappé et le levé de la mesure. On arrange en contredanse, valses et galops, les airs d'opéra.

DANSE AUX FLAMBEAUX et quelques autres danses du seizième siècle. Marguerite de Valois, épouse de Henri IV, qui dansait si merveilleusement, que les conteurs d'anecdotes font partir Don Juan des Pays-Bas dont il était gouverneur, et où venait d'éclater une grande révolution, pour venir incognito à Paris surprendre cette reine dans un bal, Marguerite de Valois excellait au *branle de la torche ou du flambeau*, de même que dans toutes les danses sérieuses. « Je me souviens, dit Brantôme, qu'une fois étant à Lyon, au retour du roi de Pologne, Henri III, aux noces d'une de ses filles, elle dansa ce branle devant force étrangers de Savoie, de Piémont, d'Italie et autres, qui dirent n'avoir rien vu de si beau que cette reine, si belle et grave danse, ajoutant que cette reine n'a-

vait pas besoin, comme les autres dames, du flambeau qu'elle tenait à la main ; car celui qui sortait de
ses beaux yeux, qui ne mourait point comme l'autre,
pouvait suffire. »

Alors la danse se divisait en haute et en basse
danse. La première, composée de sauts et de gam-
bades, réservée aux baladins de profession ; la seconde,
noble et posée, était celle de la bonne compagnie. Les
plus fameuses danses du seizième siècle étaient la
pavane espagnole, fière et bravache comme un hidalgo,
et qui a donné naissance à l'expression proverbiale
se *pavaner ;* les *villanelles napolitaines*, les *padouanes*,
les *gaillardes*, les *canaries*, les *voltes et courantes*, les
allemandes et les *matassins*, espèce de ballet armé que
Molière a introduit dans son *Pourceaugnac*.

La *pavane* était pour Marguerite de Valois un nouveau sujet de triomphe. « Le roi Charles IX, dit Brantôme, la menait ordinairement danser le grand bal.
Si l'un avait belle majesté, l'autre ne l'avait pas moindre. Je l'ai vue assez souvent danser la *pavane* d'Espagne, danse où la grâce et la majesté font une belle
représentation. Mais les yeux de toute la salle ne se
pouvaient soûler ni assez se ravir par une si agréable
vue ; car les passages étaient si bien dansés, les pas
si sagement conduits, et les arrêts faits de si belle
sorte, qu'on ne savait que plus admirer, ou de la belle
façon de danser, ou de la majesté de s'arrêter. »

Timoléon de Cossé, comte de Brissac, et après lui
le jeune La Molle, faisaient fureur à la cour de Charles IX, soit dans les branles, soit dans la *pavane,* soit
dans la *gaillarde* ou les *canaries.* Les deux dernières
jouissaient alors d'une grande vogue. « Le roi Charles, dit Brantôme, s'avisa un jour, après dîner, de
faire retirer tout son monde, à la réserve de MM. de
Strozzi et de Brissac, et d'un petit nombre de fami-
liers. Cela fait, il ordonna au premier de toucher du

luth, et au second de jouer des pieds ; et quand il en eut assez, il se tourna vers un de ses courtisans, et fit cette sage réflexion : *Voilà comme après que j'ai tiré du service de mes deux braves colonels à la guerre, j'en tire du plaisir à la paix.* »

DANSE D'OURS. On désigne par ce terme certaines compositions dans lesquelles on a cherché à imiter l'effet des airs de musette joués par ceux qui font danser les ours. Cet effet consiste à faire ronfler les basses, les bassons, les cors en pédales, tandis qu'un instrument à voix blanche, tel que le hautbois, le violon, exécute à l'aigu un chant villageois et montagnard. Ce chant ne part ordinairement qu'à la quatrième ou cinquième mesure, et cesse de temps en temps pour laisser entendre le bourdonnement continu de la pédale grave et de l'harmonie intermédiaire.

Le beau finale de la seizième symphonie de Haydn, en *ré mineur*, est une danse d'ours.

DANSEURS, DANSEUSES. Ces mots désignent en général toutes les personnes des deux sexes qui se livrent à l'exercice de la danse. Mais il s'applique surtout à celles qui la cultivent comme art et en font profession. C'est sur la scène magique de l'Opéra que brillèrent nos plus célèbres danseurs et danseuses de toutes les époques. Il est assez remarquable que dans le privilége de *non-dérogeance*, accordé par Louis XIV aux personnes de famille noble qui chanteraient à l'Académie royale de musique, les sujets de la danse n'aient pas été compris. Cet oubli s'expliquerait d'autant moins que le monarque lui-même aurait, non pas *chanté*, mais *dansé* avec ceux de ce spectacle sur le théâtre de la cour. Mais Lulli, qui sollicita et obtint ces lettres-patentes, prenait beaucoup plus d'intérêt aux exécutants de ses airs, de ses duos et de ses chants, qu'aux danseurs figurant dans des divertissements qu'on regardait alors comme une partie très-accessoire de ces représentations. Le goût de Louis XIV pour la danse théâtrale a été partagé par des personnages qui, à d'autres titres, auraient semblé aussi faire peu de cas d'un pareil amusement. On dit que dans le dernier siècle, le philosophe Helvétius dansa en amateur sur le théâtre de l'Opéra, en sauvant, à la vérité, au moyen du masque, le *décorum* de la philosophie moderne. Jusqu'à la fin du dix-huitième siècle, la danse, malgré quelques grandes renommées, telles que celles des Pécourt, des Sallé, des Camargo, n'avait tenu à l'Opéra qu'un rang très-secondaire. Les compositions de Noverre et de Gardel commencèrent à la placer sur la même ligne que la musique, sa sœur. Depuis quelques années une sorte de révolution s'est opérée dans la danse théâtrale, au désavantage des hommes et au profit des femmes. Au commencement du siècle actuel, la rivalité de deux danseurs, Vestris et Duport, avait occupé toute la capitale. Aujourd'hui, malgré le talent de Petipas, Saint-Léon et quelques autres, la danse masculine est peu goûtée à l'Opéra, et la faveur publique adopte presque exclusivement les danseuses. Cette préférence a été surtout décidée par le triomphe de l'*aérienne* Taglioni, de l'expressive Fanny Essler, de la gracieuse Carlotta Grisi, de l'adorable Cerrito. Au point où elles ont porté leur art, il paraît difficile qu'il ait encore des progrès à faire. Les appointements de ces dames se sont aussi accrus en proportion des progrès de l'art. Au temps de la Sallé et de la Camargo, 2,500 ou 3,000 fr. au plus formaient le total des rétributions accordées à une première danseuse. Il est douteux qu'une danseuse de troisième ligne voulût aujourd'hui s'en contenter.

DÉCACORDE. Instrument à dix cordes appelé aussi *harpe de David*. L'abbé Volger croit que cette harpe était accordée dans les tons de *si*, clef de basse seconde ligne, *do, ré, mi, fa, sol, la, si, do, ré*.

DÉCLAMATION. La déclamation théâtrale est l'art de représenter à la scène le rôle d'un personnage avec la vérité et la justesse d'intonation qu'exige la situation. On n'attend point ici le détail de cette immense variété d'inflexions dont la voix humaine est susceptible, et que l'on doit employer dans les différentes occasions pour rendre avec justesse tant de pensées, tant de sentiments innombrables. Il est également inutile de donner sur ce sujet des préceptes qui, justes pour nous, pourraient être pour les autres incertains ou trompeurs. Chacun doit, selon son naturel, diversifier ses inflexions conformément à son propre sentiment. C'est donc en pénétrant dans le fond de notre âme que nous saurons trouver ces tons vrais qui remuent les auditeurs, cette sorte de langage, d'accent qui, par la seule inflexion, indique les sentiments, la passion qui nous dominent. Mais la voix n'est pas le seul moyen dont se serve l'art pour exprimer ces impressions de l'âme. Les yeux, le geste, sont aussi les interprètes des mêmes sentiments. Il est indispensable de joindre l'éloquence des yeux et le mouvement du corps à l'enthousiasme de la déclamation, et leur concours ajoutera à la vérité des intonations de la voix. Quant à la nécessité de bien prononcer, d'articuler d'une manière nette et distincte, d'avoir une connaissance exacte de la prosodie et de posséder un organe flexible et sonore, elle est tellement comprise de tout le monde, qu'il est inutile de s'y arrêter. Le chanteur ou le tragédien, qui ne peut se corriger de quelques défauts essentiels, tel qu'une voix sourde et enrouée, doit s'abstenir de paraître en public.

Parmi nos chanteurs dramatiques, il en est quelques-uns qui ont poussé l'art de la déclamation à un très-haut degré de perfection. Nourrit, surtout, ce grand artiste que regrette encore le monde musical, avait atteint, sous ce rapport, une étonnante supériorité; Duprez a poussé plus loin encore, peut-être, la déclamation dans le récitatif; mais le premier excellait dans l'art d'impressionner vivement le public par le prestige de son jeu et les inflexions variées de son organe.

DÉCOMPTER. Lorsqu'en solfiant sans instrument, la voix ne peut saisir un intervalle un peu éloigné, il faut décompter, c'est-à-dire faire passer la voix par tous les degrés qui séparent cet intervalle, depuis la note d'où l'on part jusqu'à celle où l'on veut arriver; par exemple, dans la gamme d'*ut*, si du *sol* que tient ma voix je veux descendre sur un *ré*, et que mon oreille ne me rappelle pas à la distance de cet intervalle, je *décompte*, et je dis : *sol fa mi ré*, en donnant à chacune de ces cordes la juste intonation qu'elle doit avoir. Le son du *ré* étant une fois trouvé, je remonte au *sol* pour descendre ensuite d'un seul saut sur ce *ré*, dont l'impression subsiste encore dans mon oreille.

DÉCORATIONS DANS LEURS RAPPORTS AVEC L'OPÉRA. On peut appliquer au théâtre, et notamment à l'Opéra, ce que La Fontaine a dit de l'amour sur la quantité de personnes que réunit une représentation dramatique,

> Pour une qu'on prend par l'oreille,
> On en prend mille par les yeux.

C'est surtout à une époque où le matérialisme des sens fait irruption jusque dans les plaisirs de l'esprit, que l'art dramatique et l'art musical sont contraints d'appeler à leur secours le luxe des décorations et leur charme attractif pour la très-grande majorité des spectateurs. Aussi peut-on dire que, dans bien des théâtres, le décorateur est l'auteur principal, sinon de la pièce, au moins du succès.

Au reste, il est juste d'ajouter que de nombreuses études et beaucoup de connaissances qui se rattachent à son art, sont nécessaires au peintre de décorations qui veut s'élever au-dessus de la médiocrité. Il ne lui suffit pas de posséder à fond la perspective linéaire et aérienne, l'habile emploi des clairs-obscurs, des grandes masses d'ombre et de lumière, de savoir combattre les difficultés que lui opposent pour ces divers effets les trop vives clartés des lustres de nos salles, des lampes de la scène. Ayant à retracer tant d'édifices et de sites différents, le peintre-décorateur doit connaitre parfaitement l'architecture et le paysage. Il faut ensuite qu'il sache bien dessiner la figure, car il aura plus d'une fois à orner ses décors de statues et de bustes. On sait assez combien il est nécessaire qu'il connaisse aussi l'antique et les divers styles d'architecture, pour ne pas les confondre. Sans cette étude approfondie, parfois des erreurs choquantes pourraient lui échapper ; et de temps en temps, ainsi que nous avons pu le voir, un sujet grec serait représenté dans un édifice romain, et *vice versâ* ; ou bien les armes, les productions d'un pays se trouveraient transportées dans un autre.

Il n'est pas jusqu'aux modes du jour, celles au moins qui concernent les constructions, la disposition des appartements, leurs accessoires d'embellissement, que le peintre-décorateur ne doive avoir bien observées pour les retracer avec fidélité. Il faut qu'il sache aussi bien reproduire sur la toile le boudoir d'une de nos petites maîtresses qu'un temple de l'antiquité, ou un monument du moyen âge.

Les auteurs et les compositeurs dramatiques ont quelquefois l'imagination trop exigeante, et demandent au peintre de décorations ce que son art ne peut

exécuter. Il est contraint alors de les ramener aux
bornes du possible. Il arrive aussi parfois qu'il corrige ou modifie dans ses compositions ce qui, dans
leurs programmes, serait trop bizarre ou de mauvais
goût. Aussi plusieurs de nos anciens poètes, compositeurs et faiseurs de ballets, avaient-ils senti que
c'est surtout au théâtre que la poésie, la musique et
la peinture doivent être sœurs. On voit par les opéras,
et les préfaces de Corneille qui précèdent ce qu'on
appelait ses *pièces à machines*, qu'ils n'étaient pas
restés étrangers à un art qui devait seconder le leur,
et qu'ils pouvaient donner eux-mêmes des conseils
utiles aux artistes chargés d'exécuter les décorations
de leurs ouvrages.

Nous savons peu de chose sur le plus ou moins
d'habilité avec laquelle les anciens décoraient leurs
scènes. Les tableaux trouvés à Herculanum doivent
toutefois nous faire présumer que Rome avait aussi
ses talents dans cet autre genre de peinture, utile
auxiliaire de l'art musical; malheureusement, leurs
productions n'ont pu nous être conservées.

L'usage et la confection des décorations théâtrales
étaient en quelque sorte perdus au quinzième siècle.
Il est vrai que l'art dramatique était alors dans son
enfance, et les œuvres plus religieuses que profanes
de cette époque, ne comportaient guère le luxe de la
mise en scène moderne. Ce fut Balthazar Preuzzi, né
en 1481, à Volterre, en Italie, qui fut le restaurateur
de cet art. Il eut dans cette contrée de dignes successeurs, parmi lesquels on peut citer Parigi à Florence, Bibiena à Rome. Ajoutons que les Italiens
furent jusqu'à ces derniers temps nos maîtres dans
cette partie. Le génie de Servandoni, après avoir
élevé dans notre capitale le beau portail de Saint-
Sulpice, montra aussi, sur la scène de l'Académie
royale de Musique, tout ce que pouvait faire naître

de prestiges la baguette magique du grand peintre-
décorateur.

La France aura son tour : elle l'a déjà, on peut le
dire ; car, depuis quelques années, d'habiles peintres-
décorateurs ne lui laissent plus rien à envier à l'Italie
sur ce point. Nous devons citer au premier rang
MM. Cicéri, Philastre, Cambon, Séchan, Feuchères,
Thierry, Diéterle et Despléchin.

Nous avons indiqué plus haut les diverses connaissances que doit posséder le peintre de décorations.
Est-il besoin de dire que le goût, cette première condition de ses succès, lui est indispensable encore? Il
est fâcheux d'ajouter qu'il faut en outre, à son âme
d'artiste, une sorte d'abnégation de la gloire à venir.
La sienne est, si l'on peut s'exprimer ainsi, en *dé-
trempe* comme ses ouvrages. Aussi, bien différent du
musicien et du poète, doit-il viser davantage à l'effet
du moment qu'à celui que confirment l'examen réfléchi et le temps : c'est là sans doute qu'il est permis
de frapper fort plutôt que juste. Le mérite du peintre-décorateur, c'est de parler aux yeux avec une éloquence vive, saisissante, improvisée, tandis que le
musicien s'adresse à l'imagination et au cœur par le
prestige des sons, et partout ce que la langue musicale
a de séductions et de charmes.

DÉCOUSU. Ce terme appartient également à la rhé-
torique et à la musique. On dit qu'un style est décousu, quand les idées rassemblées par le compositeur manquent entre elles de liaison, quand elles sont
incohérentes et disparates, en un mot quand le sujet
est mal conduit. Ce défaut est le propre des compositeurs, qui, avec peu d'imagination, enfantent péni-
blement leur musique phrase à phrase et à des intervalles éloignés. Leur esprit, qui ne peut plus retrouver
la même situation, ne produit que des pensées déta-
chées qui ne s'amalgament jamais bien. Chaque

phrase aura, si l'on veut, l'expression juste de chaque vers ; mais le tout manquera d'ensemble et d'unité.

DECRESCENDO. Ce mot italien signifie le contraire de *crescendo*, c'est-à-dire une diminution progressive d'intensité des sons dans l'exécution de la musique.

DÉDUCTION, terme de l'ancien plain-chant. La déduction est une suite de notes montant diatoniquement, ou par degrés conjoints.

DEGRÉ. Ce mot est l'équivalent de note ou son ; ainsi, on peut dire : le premier, le deuxième, le troisième degré de la gamme ; il est aussi quelque fois l'équivalent d'intervalle, et alors il signifie la différence de position ou d'élévation qui se trouve entre deux notes placées dans une même portée. Sur la même ligne ou dans le même espace, elles sont au même degré, et elles y seraient encore, quand même l'une des deux serait haussée ou baissée d'un demi-ton, par un dièse ou par un bémol. Au contraire, elles pourraient être à l'unisson, quoique posées sur différents degrés, à l'aide d'un changement de clef, ou par l'emploi des dièses et des bémols, comme *fa* bémol et *mi*, *ut* dièse et *ré* bémol, etc., etc. Si deux notes se suivent diatoniquement, de sorte que l'une étant sur une ligne, l'autre soit dans l'espace voisin, l'intervalle est d'un degré, de deux si elles sont à la tierce, de trois si elles sont à la quarte, de sept si elles sont à l'octave. Ainsi, en ôtant 1 du nombre exprimé par le nom de l'intervalle, on a toujours le nombre des degrés diatoniques qui séparent les deux notes. Ces degrés diatoniques, ou simplement degrés, sont encore appelés degrés conjoints, par rapport aux degrés disjoints qui sont composés de plusieurs degrés conjoints.

DÉLIÉ. (Voyez le mot SCIOLTO.)

DÉMANCHER. C'est, sur les instruments à manche, tels que le violon, le violoncelle, la guitare, ôter la main gauche de sa position naturelle pour l'avancer sur une position plus haute ou plus à l'aigu.

DEMANDE, ou PROPOSITION. On appelle quelquefois ainsi, dans une fugue ou dans tout autre morceau où l'imitation est employée, le sujet que l'on propose à imiter ; et la phrase qui y correspond se nomme *réponse*. Cette phrase proposée se nomme aussi le *sujet*, le *motif*. La demande et la réponse se rencontrent aussi dans des morceaux de musique non fugués, et qui n'offrent pas même la simple imitation.

DEMI-JEU, A DEMI-JEU. Terme de musique instrumentale qui indique une manière de jouer tenant le milieu entre le *forte* et le *piano* ; c'est ce que les Italiens appellent *mezzo-forte*.

DEMI-TON. Intervalle de musique valant à peu près la moitié d'un ton. Il y a deux sortes de demi-tons ; le demi-ton diatonique, c'est celui qui existe d'une note à l'autre, comme d'*ut* à *ré bémol*, et le demi-ton chromatique, qui existe d'une note à la même note subissant une altération comme d'*ut* à *ut dièse*.

DEMI-MESURE. Espace de temps qui dure la moitié d'une mesure. Il n'y a proprement de demi-mesure que dans les mesures dont les temps sont en nombre pair.

DEMI-PAUSE. Caractère de musique qui marque un silence dont la durée doit être égale à celle d'une demi-mesure à quatre temps, ou d'une blanche. Comme il y a des demi-mesures de différentes valeurs, et que celle de la demi-pause ne varie point, elle n'équivaut à la moitié d'une mesure que quand la mesure entière vaut une ronde, à la différence de la pause entière qui vaut toujours exactement une mesure grande ou petite.

DEMI-SOUPIR. Caractère de musique qui marque un silence dont la durée est égale à celle d'une croche ou de la moitié d'un soupir.

Demi-Temps. Valeur qui dure exactement la moitié d'un temps. Il faut appliquer au demi-temps, par rapport au temps, ce que nous avons dit précédemment de la demi-mesure par rapport à la mesure.

Denis d'or. C'est le nom d'un clavecin à pédales inventé dans la première moitié du siècle dernier. On prétend que cet instrument imitait presque tous les instruments à cordes et à vent, de cent trente manières.

Désaccorder. Détruire l'accord d'un instrument. On désaccorde un piano en frappant trop fort et d'une manière inégale sur les touches. On désaccorde un violon en tournant les chevilles à droite ou à gauche, sans donner aux cordes le degré de tension qu'exige l'accord. De grandes secousses, le dérangement des tuyaux, la poussière, le duvet de la peau des registres, et tous les corps étrangers qui s'introduisent dans les tuyaux, désaccordent l'orgue.

Descendre. C'est baisser la voix, c'est faire succéder les sons de l'aigu au grave, ou du haut au bas.

Dessin. C'est l'invention et la conduite du sujet, la disposition de chaque partie et l'ordonnance générale du tout. Ce n'est pas assez de faire de beaux chants et une bonne harmonie, il faut lier tout cela par un sujet principal, auquel se rapportent toutes les parties de l'ouvrage. C'est donc dans une distribution bien entendue, dans une juste proportion entre toutes les parties, que consiste la perfection du dessin, et c'est surtout sous ce rapport que l'illustre Mozart a fait preuve d'intelligence et de goût. Son *Requiem*, sa *Clémence de Titus*, ses *Noces de Figaro*, sont, dans trois genres différents, trois chefs-d'œuvre de dessin également parfaits. Cette idée du dessin général d'un ouvrage s'applique aussi en particulier à chaque morceau qui le compose : ainsi, on dessine un air, un duo, un chœur.

Dessiner. Faire le dessin d'une pièce ou d'un morceau de musique.

Dessus. La plus aiguë des parties vocales de la musique. Le dessus est chanté par les femmes, les enfants et les soprani italiens.

Le diapason du dessus est ordinairement de deux octaves. C'est la seule voix qui contienne les trois espèces de registres, savoir :

Premier registre. Quatre sons de poitrine, de l'*ut* au-dessous des lignes (la clef étant celle de *sol*) jusqu'au *fa*, premier interligne.

Deuxième registre. On prend la voix de médium au *sol* sur la seconde ligne, jusqu'à l'octave de l'*ut*.

Troisième registre. Passé cet *ut*, la voix change encore et peut s'élever jusqu'à l'octave de ce même *ut*, et même au *ré* qui le suit à l'aigu, ce qui formerait alors plus de deux octaves.

Le dessus se divise en premier et second dessus. Le second dessus, ou bas dessus, a deux tons de plus au grave que le premier, et son diapason s'élève au *fa* sur la cinquième ligne, ou au *sol* qui le suit.

Deux-quatre. Mesure qui contient deux noires, ou deux fois la quatrième partie d'une ronde.

Diable (Cadence du). — Voyez DIAVOLO (cadenza del).

Diagramme. C'était, dans la musique ancienne, la table ou le modèle qui présentait à l'œil l'étendue générale de tous les tons d'un système, ou ce que nous appelons aujourd'hui échelle, clavier.

Dialogue. Composition à deux voix ou à deux instruments qui se répondent l'un à l'autre, et qui souvent se réunissent.

Un opéra n'est en quelque sorte qu'un dialogue continuel. Les récitatifs, les chants à deux ou à plusieurs voix, les chœurs même y sont dialogués. Dans les airs, la voix dialogue souvent avec l'orchestre.

L'art de faire dialoguer les voix entre elles, les instruments entre eux, et de faire concourir à la perfection du dialogue les parties vocales et instrumentales réunies, doit donc être une des principales études du compositeur dramatique.

DIAPASON. Nom grec de l'octave. On appelle aussi de ce nom l'étendue d'une voix ou d'un instrument.

DIAPASON. Petit instrument d'acier qui donne le son d'après lequel on accorde tous les autres instruments. (Voyez le mot CORISTA.) — Il y a aussi un jeu d'orgue qui porte le nom de diapason.

DIAPASON CUM DIAPENTE. La douzième.

DIAPASON CUM DIATESSARON. La onzième.

DIAPENTE. Nom grec de la quinte naturelle, autrement appelée *dioxie*. — Diapente est aussi un jeu d'orgue.

DIAPENTE COL DITONO. La septième majeure.

DIAPHONIE. Par ce terme, les Grecs entendaient les dissonances, parmi lesquelles ils comptaient les tierces et les sixtes. — Dans les onzième et douzième siècles, le mot diaphonie indiquait la voix de soprano, et après l'invention de l'harmonie, ce nom désigna une composition à deux parties.

DIASPASMA. C'était, chez les anciens, une pause entre les différents vers d'un chant.

DIASTALTIQUE. Dans la musique grecque ancienne, il désignait le sublime.

DIASTÈME. Nom grec de l'intervalle simple, par opposition à l'intervalle composé qu'on appelait *système*.

DIATESSARON. Nom grec de la quarte naturelle.

DIATONIQUE. Le genre diatonique procède par tons et par demi-tons naturels, c'est-à-dire sans altération. Ainsi, les deux demi-tons qui se trouvent dans la gamme sont du genre diatonique; et la gamme, soit en montant, soit en descendant, se nomme gamme ou échelle diatonique.

Quoique, dans le genre diatonique, le moindre intervalle soit d'un degré conjoint, cela n'empêche pas que les parties ne puissent procéder par de plus grands intervalles, pourvu qu'ils soient tous pris sur des degrés diatoniques.

Le mot diatonique vient du grec, *dia* (par), et *tonos* (ton), c'est-à-dire d'un ton à un autre.

DIAULE. Flûte double des anciens Grecs, appelée ainsi par opposition à *monaule*, qui était la flûte simple.

DIAVOLO (Cadenza del). Nom que l'on donnait autrefois à une espèce de trille extraordinaire pratiqué sur le violon, et qui consistait dans une note tenue par le doigt annulaire, sur laquelle frappait le petit doigt, pendant que les deux premiers doigts exécutaient des notes différentes sur la corde voisine. La grande difficulté que présente pour les doigts l'exécution de ces divers mouvements a fait donner à ce trille le nom de *cadenza del diavolo*, trille du diable. On prétend que ce trille a été inventé par Tartini, et quelques auteurs parlent même d'un rêve qui est relatif à cette invention.

DIAZEUXIS. On appelait ainsi, dans la musique des anciens, la disjonction des deux tétracordes successifs qui n'étaient pas unis au moyen du même son.

DIDASCOLOS CYCLIDOS. Nom grec de celui qui instruisait les chanteurs du chœur.

DIDYMÉENNES. C'étaient des fêtes grecques dans la ville de Milet (Asie Mineure), où Apollon avait un temple qu'on appelait Didyméon. A l'occasion de ces fêtes avaient lieu des luttes musicales.

DIEUSEUGMENON. Nom du quatrième tétracorde du système grec.

Dieuseugmenon diatonos. Nom grec de notre *ré*; clef de violon au-dessous des lignes.

Dièse. Caractère de musique qui est formé par deux petites lignes verticales coupées par deux lignes horizontales, et indique qu'il faut élever d'un demi-ton la note devant laquelle il se trouve. Il y a deux manières d'employer le dièse : l'une accidentelle, quand dans le cours du chant on le place à gauche d'une note; dans ce cas il n'altère que la note qu'il touche et les notes du même nom qui se trouvent dans la même mesure. L'autre manière est d'employer le dièse à la clef, et alors il n'est plus accidentel, mais essentiel au ton du morceau de musique auquel il est appliqué. C'est pourquoi il agit dans la suite du morceau, et sur toutes les notes du même nom, à moins que ce dièse ne soit détruit accidentellement par le bécarre, ou que la clef ne vienne à changer.

Les dièses se posent à la clef de quinte en quinte dans l'ordre suivant :

Fa, ut, sol, ré, la, mi, si.

Diéser. C'est armer la clef de dièses pour changer l'ordre et le lieu des demi-tons majeurs, ou donner à quelque note un dièse accidentel, soit pour le chant, soit pour la modulation.

Dilettante. Amateur de musique. Ce mot a passé de la langue italienne dans la langue française.

Dimension. Autrefois les instruments étaient ordinairement divisés d'après les quatre voix humaines principales. C'est pourquoi ils avaient quatre dimensions différentes. Les instruments modernes ont, eux aussi, en général, leurs différentes dimensions, et en Allemagne le trombone les conserve encore toutes quatre. Celle du *soprano* est cependant très-rare.

Diminué (Intervalle). — Lorsque l'intervalle naturel qui sépare deux notes est altéré par un dièse, un bémol ou un bécarre, on dit qu'il est *diminué* quand le signe qui l'altère diminue son étendue naturelle.

On donne spécialement ce nom aux intervalles *mineurs* dont l'étendue naturelle est *diminuée*. (Voyez le mot INTERVALLE.)

DIMINUENDO, EN DIMINUANT. C'est passer du *fort* au *piano* et du *piano* au *pianissimo*, par une gradation insensible, en adoucissant les sons, soit sur une tenue, soit sur une suite de notes, jusqu'à ce qu'ayant atteint le point qui sert de terme au *diminué*, on s'arrête pour finir le morceau de musique ou pour reprendre le jeu ordinaire.

DIMINUTION. Division d'une note longue en plusieurs notes de moindre valeur. Après avoir varié en croches un air écrit en blanches et en noires, on fait une nouvelle *diminution* en donnant une variation en doubles-croches.

DINAMICA. Doctrine du mouvement des voix.

DIONYSIES ARCADIQUES. Fêtes des anciens Romains, dans lesquelles la jeunesse récitait des pièces théâtrales accompagnées de musique.

DIRECT. Un intervalle direct est celui qui fait un harmonique quelconque sur le son fondamental par lequel il est produit. Ainsi, la quinte, la tierce majeure, l'octave et leurs répliques, sont rigoureusement les seuls intervalles directs ; mais, par extension, l'on appelle encore intervalles directs tous les autres, tant consonnants que dissonants, que fait chaque partie avec le son fondamental pratique, qui est ou doit être au-dessous d'elles.

L'accord direct est celui qui a le son fondamental au grave, et dont les parties sont distribuées, non pas selon leur ordre le plus naturel, mais selon leur ordre le plus rapproché.

Le mouvement direct ou semblable, est celui que

font deux parties qui montent ou descendent en même temps.

Directeur de théatre. En France, c'est celui qui tient du gouvernement le privilége en vertu duquel il dirige à ses risques et périls, en fournissant caution, un théâtre subventionné ou non subventionné. En Italie, on l'appelle *impresario* et c'est lui qui cautionne la subvention votée par la commune. Il doit se soumettre aux volontés d'une direction qui préside aux spectacles. Ordinairement ce sont les nobles, les dignitaires, les magistrats, en un mot les personnages les plus distingués de la ville, qui sont appelés à former cette commission ou direction. Elle choisit les artistes sur une liste que l'entrepreneur, c'est-à-dire l'*impresario* doit présenter à une époque convenue et fait elle-même la répartition de leurs appointements. Voilà pourquoi en Italie les artistes dits *de Cartello* gagnent des sommes considérables, tandis que la masse vit presque de privations.

Dis. Nom du *ré* dièse dans la solmisation des Allemands; c'est ainsi qu'ils désignent quelquefois le ton de *mi* B.

Discant ou **Déchant.** C'est-à-dire double chant. C'était, dans nos anciennes musiques, cette espèce de contre-point que composaient sur-le-champ les parties supérieures, en chantant impromptu sur le ténor ou la basse. Dans les compositions écrites pour deux voix, on appelait *discant* la voix qui accompagnait le chant principal.

Discord. Qui n'est pas d'accord : un violon discord, un piano discord.

Discordant. On appelle ainsi tout instrument dont on joue et qui n'est pas d'accord, toute voix qui chante faux, toute partie qui ne s'accorde pas avec les autres.

Discorde. Instrument des peuples de l'antiquité,

particulièrement des Égyptiens. Il avait la forme d'un luth aplati, avec un long manche, et il était formé de deux cordes.

DISCORDER. Être discordant.

DISDIAPASON. Double octave : on donne aussi ce nom à un jeu d'orgue.

DISJOINT. Les intervalles disjoints sont ceux dont les sons qui les composent ne se suivent pas immédiatement, mais sont séparés par des degrés intermédiaires, comme *ut*, *mi*; *fa*, *la*.

DISPOSITION. Ce mot désigne un certain degré de facultés innées pour apprendre une chose. *Il a des dispositions pour la musique*, signifie il possède les dons de la nature pour faire des progrès en s'appliquant à cet art.

DISSONANCE. On entend en général par ce mot un intervalle qui cause à l'oreille une sensation plus ou moins fâcheuse. Cependant la dissonance n'exclut pas complétement les sensations agréables. Ménagée avec goût, elle embellit la composition, et fait disparaitre cette monotonie fatigante qui résulterait de la continuité d'accords consonnants.

Aux intervalles dissonants appartiennent : 1° la quarte naturelle, si elle est un retard de la tierce ; 2° la quinte diminuée avec son renversement, la quarte augmentée ; 3° la quinte augmentée et la quarte diminuée ; 4° la sixte augmentée ; 5° toutes les secondes et les septièmes ; 6° toutes les neuvièmes; 7° la onzième et la treizième.

Les dissonances doivent-elles se résoudre *toujours* en descendant? Presque tous les théoriciens répondent d'une manière affirmative. Par une conséquence immédiate de cette règle, on défend de retarder aucune note que l'on veut faire monter, si le retard produit une dissonance. En effet, on ne peut pas la faire monter si toute dissonance doit se résoudre en descendant.

On n'excepte que la sensible dont l'attraction vers la tonique absorbe la sensation de la dissonance, et celle-ci, non-seulement ne blesse pas l'oreille dans son mouvement ascendant, mais la satisfait par une des conséquences les plus nécessaires de la loi de tonalité. En effet, la tonalité exige que la sensible se résolve en montant vers la tonique. Cette règle souffre peu d'exceptions.

DITHYRAMBES. Danses accompagnées de chant et de musique instrumentale, exécutées en l'honneur de Bacchus.

DITHYRAMBIQUE. C'était, dans l'ancienne musique grecque, un certain style qu'on appelait aussi *bachique*, parce qu'il était dédié à Bacchus. Selon quelques théoriciens, ce style était caractérisé par l'emploi des sons moyens du système.

DITON. Tierce majeure.

DITTONKLASIS. Nom donné par le mécanicien Muller, de Vienne, à un clavecin inventé par lui en 1800. Cet instrument était composé de deux claviers dont les cordes étaient accordées à l'octave l'une de l'autre : il s'y trouvait aussi une lyre avec des cordes de boyau.

DIVERTISSEMENT. C'est un terme générique dont on se sert pour désigner tous les petits poëmes mis en musique pour des fêtes particulières, et les danses mêlées de chant qu'on plaçait à la fin des opéras.

DIVERTISSEMENT. Morceau de musique d'un genre léger et facile, composé pour un ou plusieurs instruments. Le divertissement n'est quelquefois qu'une suite d'airs connus, ajustés les uns aux autres et mêlés de variations. Nous avons de très-agréables *divertissements* de Viotti, de Beriot, pour piano et violon, de H. Herz, de Thalberg, de Listz, de Prudent, de Dœhler, de H. Bertini, pour piano.

Divertissement. On appelle aussi divertissement les passages de la fugue d'école qui servent de transitions pour promener le sujet principal dans différents tons.

Divisarium. Nom latin du quatrième tétracorde du système des Grecs.

Divisi (divisés). Lorsque ce mot se trouve dans les parties des premiers violons, au-dessus de passages entiers écrits avec leur octave, il signifie que l'exécution de ces passages est divisée en deux, c'est-à-dire que l'un des exécutants joue les notes supérieures de l'octave, et l'autre les notes inférieures.

Division des rapports. Les intervalles peuvent être classés sous trois espèces de divisions différentes, savoir : la division *arithmétique*, la division *harmonique* et la division *géométrique*. Les deux premières ont entre elles ceci de commun, que le nombre majeur est attribué au son fondamental, et occupe la première place dans le calcul.

Dixième. Intervalle qui comprend dix sons, ou la tierce de l'octave. En harmonie, la dixième est toujours considérée comme la tierce et porte toujours ce nom, excepté 1° dans la basse chiffrée, quand la neuvième monte à la tierce : on la marque alors avec un dix, et on l'appelle une dixième ; 2° dans le contre-point double, attendu que le renversement ne se fait jamais à la tierce, mais toujours à la dixième.

Dix-huitième. Double octave de la quarte.

Dix-septième. Double octave de la tierce.

Dix-neuvième. C'est la double octave de la quinte.

Docteur en musique. Les dignités académiques de la musique ne se trouvent que dans deux universités, dans celle d'Oxford et dans celle de Cambridge, en Angleterre. Le titre de *bachelier* est le grade inférieur de ces dignités, et le titre de *docteur* en est le grade supérieur.

DOIGTER. C'est faire marcher d'une manière convenable et régulière les doigts sur quelque instrument, et notamment sur l'orgue et le piano, pour en jouer le plus facilement et le plus nettement qu'il est possible. Sur les instruments à manche, tels que le violon et le violoncelle, la plus grande règle du *doigté* consiste dans les diverses positions.

DOLCE (doux). Ce mot, placé sous une phrase de chant, indique une manière d'exécuter douce, moelleuse, expressive, gracieuse et caressante, qui n'exclut pas une certaine vigueur dans le son, sans le porter néanmoins au delà du *mezzo forte*.

DOMINANTE. C'est, des trois notes essentielles du ton, celle qui est une quinte au-dessus de la tonique. La tonique et la dominante déterminent le ton ; elles y ont chacune la fondamentale d'un accord particulier, tandis que la médiante, qui constitue le mode, n'a point d'accord à elle, et fait seulement partie de celui de la tonique.

On a donné ce nom de dominante à la quinte du ton, attendu qu'elle domine toujours et s'emploie dans une infinité d'accords qui n'admettent pas la tonique.

DOMINANTE. C'est, dans le plain-chant, la note que l'on rebat le plus souvent, à quelque degré que l'on soit de la note finale.

Le premier ton du plain-chant a sa dominante à la quinte de la finale,

Le second à la tierce mineure,

Le troisième à la sixte mineure,

Le quatrième à la quarte,

Le cinquième à la quinte,

Le sixième à la tierce majeure,

Le septième à la quinte,

Et le huitième à la quarte.

C'est la diversité des dominantes qui, jointe aux

cordes mélodiques parcourues par la modulation, depuis la finale du ton jusqu'à sa dominante, et *vice
versâ*, donne à chacun des huit tons du plain-chant
le caractère de tonalité qui lui est propre.

DONGOLAH (Musique des habitants de). La mélodie
du chant des habitants de Dongolah, dans l'intérieur
de l'Afrique, est plutôt douce et mélancolique qu'elle
n'est bruyante et gaie. L'instrument dont ils s'accompagnent est une lyre antique grossièrement fabriquée.
L'effet de cet instrument est assez harmonieux ; il se
tient et se pince de la main gauche. Une courroie,
attachée aux deux branches de l'instrument, sert à le
soutenir et à appuyer le poignet, tandis que les doigts
agissant de la main droite frappent les cordes avec un
plectrum.

DOQUET ou TOQUET. Nom que l'on donne à la quatrième partie de trompette d'une fanfare de cavalerie.

DOUBLE. Les intervalles doubles ou redoublés sont
tous ceux qui excèdent l'étendue de l'octave.

DOUBLE est encore un mot employé pour désigner
les acteurs qui remplacent les premiers sujets dans les
rôles que ceux-ci quittent par indisposition ou pour
d'autres motifs.

DOUBLER. Les premiers acteurs sont doublés par
les seconds, et ceux-ci par les troisièmes, en sorte
que, quelque accident qui arrive, un opéra peut toujours être représenté tant bien que mal. — Dans la
musique à plusieurs parties, *doubler* veut dire reproduire plusieurs sons dans un.

DOUBLES-MAINS. Mécanisme aussi simple qu'ingénieux, que l'on adapte aux nouvelles orgues à un
clavier, et au moyen duquel, en baissant une touche,
on fait baisser en même temps celle de l'octave en
dessus. Comme l'action de la double-main est réci-
proque, si l'on fait parler l'octave de la touche haute,
la touche qui lui correspond au grave parlera aussi.

Le clavier de l'orgue est divisé en deux parts égales qui ont chacune leur mécanisme particulier, en sorte que, dans quelque position que les mains de l'organiste se trouvent, tout le clavier est occupé. Sont-elles réunies au centre, les octaves extrèmes se font entendre ; sont-elles écartées, les mécanismes agissent sur le milieu. Les doubles-mains sont à la disposition de l'organiste au moyen d'un registre ; il s'en sert au besoin pour renforcer les effets.

DOUBLEMENT des notes des accords, c'est en harmonie, l'emploi simultané du même son fait par deux ou plusieurs parties différentes.

En général, à moins d'une intention particulière, il faut que les parties soient combinées et fondues entre elles, de manière à former un ensemble suave et harmonieux.

Le doublement de quelques notes peut être amené par la nécessité de faire marcher les parties d'une manière facile et naturelle, par les exigences de la pensée, enfin par le choix libre du compositeur. Le goût, l'étude des modèles et l'exercice enseigneront très-vite ce qu'il est bon de faire à cet égard.

Lorsqu'un accord n'est point renversé, le doublement le plus harmonieux est celui de la note fondamentale à l'octave. C'est la note fondamentale, plus que toute autre, qui donne à l'accord sa véritable physionomie ; son doublement produit toujours un bon effet.

Lorsqu'un accord est renversé, les doublements les plus harmonieux sont encore ceux de la note fondamentale tonique ou dominante, et celui de la partie supérieure une octave au dessous d'elle.

Dans l'accord de dominante, on ne double pas le 4me degré ni la sensible, parce que ces notes sont presque toujours assez fortement accusées par elles mêmes, et parce que n'ayant qu'une seule manière de

se résoudre, il serait gauche de faire marcher identi-
quement deux parties à l'octave l'une de l'autre.

DOUBLETTE. Jeu d'orgue compris parmi les jeux de
mutations. Il est d'étain, et sonne l'octave du prestant.
Ce jeu n'est que d'une octave, et reprend par conséquent d'octave en octave.

DOUZIÈME. Intervalle de douze sons; c'est l'octave
de la quinte : il conserve souvent le nom de quinte.
Ce n'est que dans le contre-point double qu'il porte
le nom de douzième.

DRAME LYRIQUE. (Voyez OPÉRA.)

DRAMATIQUE. Cette épithète se donne à la musique imitative, propre aux pièces de théâtre, et destinée à exprimer les divers mouvement du cœur humain.

DUETTINO. Ce mot italien, qui signifie *petit duo*,
désigne une composition musicale à deux parties
obligées, ordinairement très-courte.

DULCION. C'était, dans les seizième et dix-septième
siècles, le nom du basson, qui n'était alors composé
que de quatre pièces avec deux clefs, et qui avait
quatre dimensions différentes.

DUO. Composition musicale à deux parties obligées.
Le duo vocal est presque toujours accompagné par
l'orchestre, ou un instrument tel que le piano la
harpe, la guitare. Le duo instrumental est composé de
deux parties récitantes, et peut être aussi accompagné par l'orchestre.

Les mêmes sentiments, les mêmes situations qui,
dans l'opéra, animent *l'air*, donnent lieu aux *duos*,
aux *trios*, aux *quatuors*. Ce sont des tableaux à plusieurs personnages, conçus d'après les mêmes principes et les divers plans : les détails de l'air, les images
même qu'il nous représente, conviennent parfaitement
à tous ces morceaux, qui, dans un cadre plus étendu,
ne sont pour ainsi dire que des airs à plusieurs voix.

La seule différence que l'on y remarque, c'est que le concours des interlocuteurs animant le discours musical, le compositeur ne se trouve point obligé de recourir si souvent au chant instrumental, aux traits d'orchestre, pour faire reposer le chanteur et lui donner le temps de prendre haleine.

Dur. On appelle ainsi tout ce qui blesse l'oreille par son âpreté : il y a des voix dures et glapissantes, des instruments aigres, durs, des compositions dures. La dureté du *si* naturel, lorsqu'on y arrive en montant diatoniquement à partir du *fa*, lui fit donner autrefois le nom de B dur ; il y a des intervalles durs dans la mélodie. La dureté prodiguée révolte l'oreille et rend une musique très-désagréable ; mais ménagée avec art, elle sert au clair-obscur et ajoute à l'expression.

Durantistes. A l'époque où Léo et Durante dirigeaient à Naples, l'un le conservatoire de la *Pieta*, l'autre celui de *Sant-Onofrio*, il s'était formé deux partis, celui des *Durantistes* et celui des *Léistes*, qui soutenaient chacun un système différent sous le rapport de la composition musicale : les premiers étaient pour la modulation et l'effet, les seconds pour la richesse des accords. Le premier parti triompha.

Dutka. Double-flûte des paysans russes, composée de deux roseaux d'inégale longueur, percés chacun de trois trous.

E

E. Troisième note de la gamme diatonique, et cinquième de la gamme diatonico-chromatique, appelée dans le solfège *mi*. En Italie, on la nomme aussi *e*, *la*, *mi*.

ÉCBOLE. C'était, dans la plus ancienne musique grecque, un accident qui élevait de cinq quarts de ton la note devant laquelle il était placé.

ÉCHELLE. C'est le nom qu'on a donné à la succession diatonique des sept notes, *ut*, *ré*, *mi*, *fa*, *sol*, *la*, *si*, de la gamme notée, parce que ces notes se trouvent rangées en manière d'échelons sur les portées de notre musique.

Cette énumération de tous les sons diatoniques de notre système, rangé par ordre que nous appelons *échelle*, les Grecs l'appelaient dans le leur diagramme, *diagramma*, c'est-à-dire par lettres, attendu qu'ils représentaient leurs diverses échelles de sons par les lettres de leur alphabet. Ils avaient plusieurs diagrammes : le plus usité dans la pratique était le tétracorde parce que, en effet, cette échelle n'était composée que de quatre sons ; et, pour former de plus grands diagrammes, ils ajoutaient plusieurs tétracordes l'un à l'autre, et répétaient ainsi ces quatre sons de tétracorde en tétracorde, comme nous le faisons d'octave en octave.

ÉCHELETTE ou RÉGALE. Instrument composé de différentes lames de bois dur qui répondent aux différents tons de la gamme, et qu'on touche avec une petite boule d'ivoire attachée à une petite baguette.

ÉCHO. Son renvoyé ou réfléchi par un corps solide, et qui se répète et se renouvelle à l'oreille. Ce mot vient du grec *echos*, son. On appelle aussi écho le lieu où la répétition se fait entendre.

Le nom d'écho se transporte en musique à ces sortes d'airs ou de pièces dans lesquelles, à l'imitation de l'écho, on répète une ou plusieurs fois certains passages en diminuant chaque fois l'intensité du son. C'est sur l'orgue qu'on emploie le plus communément cette manière de jouer, à cause de la facilité qu'on a de faire des échos sur le positif. Dans la musique de ballet on appelle *écho* certaines portions d'un air de danse.

Éclepsis. Intervalle descendant.

Éclisses. Petites planches minces sur lesquelles reposent les tables des violons, des basses, des guitares, etc.

Éclyse. C'était, dans l'ancienne musique grecque, un accident qui faisait baisser une note de trois quarts de ton.

Ecmélie. Du grec *ex* et *melos*, son sans mélodie, ou voix parlante, par opposition à *emmélie*, du grec *eu* et *melos*, qui signifie le son du chant. Emmélie est aussi le nom d'une certaine danse introduite dans la tragédie.

École. Comme il y a en peinture différentes écoles, il y en a en architecture, en musique, et généralement dans tous les beaux-arts. En musique, par exemple, tous ceux qui ont suivi le style d'un grand maître, peuvent être regardés comme appartenant à l'école de ce maître; on désigne encore par le terme d'école la réunion de tous les maîtres d'un pays. Ainsi, l'on dit l'*école française*, l'*école italienne*, l'*école allemande*.

Les musiciens illustres voyageant dans toute l'Europe, les communications établies entre les virtuoses, l'échange continuel des œuvres qui, dans chaque pays, ont acquis de la célébrité, sont autant de raisons pour que la musique étende partout ses progrès dans des proportions égales. Les découvertes ne sont plus des mystères que des maîtres jaloux ne révélaient qu'à un petit nombre de disciples. L'art est partout le même, et le terme de musique française ne s'applique plus maintenant qu'aux compositions qui ont vu le jour avant la venue de Gluck. Les trois écoles principales ont néanmoins conservé chacune un caractère particulier. L'école allemande se distingée par une harmonie savamment travaillée, unie à des chants pleins de force et d'expression ; l'école italienne par une mélodie toujours suave, une facture élégante ; l'école française a adopté un genre mixte, qui tient de la vigueur allemande et de la grâce italienne.

Un morceau d'école est une composition dans laquelle on s'est attaché plus particulièrement aux effets de l'harmonie qu'aux grâces du chant.

ÉCOSSE (La musique en). On peut diviser la musique primitive de l'Écosse en guerrière, pastorale et joyeuse. La première consistait en des marches que l'on exécutait en présence des généraux d'armée, et par lesquelles on rappelait les combats qu'ils avaient dirigés. Tout y respirait une telle fureur d'enthousiasme, que l'auditeur, irrésistiblement entraîné, s'abandonnait aux sentiments d'excitation héroïque que lui inspiraient ces chants.

Le caractère de la musique pastorale était bien différent. Les accents en étaient mélancoliques et gracieux, les modulations naturelles et les mouvements lents. — La musique dite *joyeuse* consiste aujourd'hui en contredanses et en valses, qui ont un caractère et une expression tout particuliers, lorsque ces morceaux sont exécutés par des artistes habiles. Ils sont ordinairement composés de deux reprises qui comprennent chacune huit ou douze mesures.

Les instruments employés par les Écossais sont la harpe, le *cruth* et la musette. La musette surtout est devenue l'instrument national des montagnards écossais, qui s'en servent dans les fêtes champêtres et même dans les batailles, et alors ils la joignent au tambour. — La musette écossaise diffère un peu de la nôtre. Elle est ordinairement composée de trois bourdons et d'un chalumeau percé de huit trous, dont sept placés en dessus et un en dessous. L'échelle la

plus basse du chalumeau est formée par les sons *sol,
la, si, do, ré, mi, fa, sol.* Le premier bourdon fait entendre un *sol* grave, le second donne un *si,* et le troisième un *sol* à l'octave au-dessus de celui que fait entendre le premier. Cet accord imparfait forme l'accompagnement continu des airs naïfs que les montagnards jouent sur leur instrument.

ÉCRITURE MUSICALE DES GRECS ANCIENS. Les signes
ou lettres, qui servaient d'alphabet musical, étaient
rangés sur deux lignes dont la supérieure était pour le
chant et l'autre pour l'accompagnement.

Guido d'Arezzo trouva l'invention de les écrire sur la
portée ; ses notes ne furent d'abord que des points où
il n'y avait rien qui en marquât la durée.

Mais Jean de Meurs, né à Paris, en 1350, et qui vivait sous le règne du roi Jean, trouva le moyen de
donner à ces points une valeur inégale par les différentes figures de rondes, de blanches, de noires, de
croches, de doubles croches, etc., qu'il inventa et qui
ont été adoptées par les musiciens de toute l'Europe.

EDICOMOS. Danse accompagnée de chant chez les
anciens Grecs.

EDILES. C'était, au temps des premiers empereurs
romains, le nom de certains magistrats ou censeurs,
qui, outre l'inspection des édifices publics dont ils
étaient chargés, devaient aussi examiner et approuver
toutes les comédies et les compositions musicales
avant leur représentation.

EFFET. Impression agréable et forte que produit
une excellente musique sur l'oreille et l'esprit des
auditeurs.

Il n'y a que le génie qui trouve les grands effets.
C'est le défaut des mauvais compositeurs d'entasser
parties sur parties, instruments sur instruments, pour
trouver l'effet qui les fuit, et d'ouvrir, comme disait

un ancien, une grande bouche pour souffler dans
une petite flûte. Vous diriez, à voir leurs partitions si
chargées, si hérissées, qu'ils vont vous surprendre par
des *effets* prodigieux ; et si vous êtes surpris en écoutant tout cela, c'est d'entendre une petite musique
maigre, chétive, confuse, et plus propre à étourdir
les oreilles qu'à les charmer.

L'une des parties de la musique les plus mobiles,
les plus susceptibles des vicissitudes du temps, c'est
l'effet. Comme il n'est rien par lui-même, mais seulement par une impression produite sur les organes,
il existe à différents degrés selon que ces organes ont
plus ou moins de délicatesse et de culture, selon
qu'ils ont été frappés plus ou moins habituellement
par des émotions antérieures, et que l'exercice, ou, si
l'on veut, l'expérience de l'oreille, a resserré ou étendu le cercle de ses sensations et de ses besoins.

Les effets sont relatifs à chaque modification du
son. Ainsi l'on distinguera les effets d'intonation, les
effets de rhythme, les effets d'intensité, les effets de
timbre, les effets de caractère. À ces cinq espèces, il
faut ajouter encore ceux qui naissent de l'harmonie
ou de la réunion de plusieurs sons. On nomme *effets
simples* ceux qui proviennent d'une seule de ces
causes, et *effets composés* ceux qui proviennent de
deux ou de plusieurs causes à la fois.

Les effets sont à la musique ce que les figures sont
au discours oratoire. On doit donc donner les mêmes
avis en ce qui concerne leur emploi. Le premier est
de ne point trop les prodiguer, parce qu'ils ne tar-
dent pas à produire la fatigue et le dégoût ; le second
est de les employer avec adresse, de manière à ce
qu'ils puissent être bien sentis. — Le conseil le plus
sage que l'on puisse donner aux jeunes compositeurs,
est d'attendre, pour employer les effets, qu'ils aient
acquis l'expérience : autrement ils courront le risque

de produire des effets tout différents de ceux qu'ils s'é-
taient proposés.

EFFORT. Défaut qui est, dans le chant vocal, le contraire de l'aisance. On le fait par une contraction
violente de la glotte. L'air, poussé hors des pou-
mons, s'échappe tout à la fois, et le son semble alors
changer de nature. Il perd la douceur dont il était
susceptible et acquiert une dureté fatigante pour
l'auditeur. L'effort défigure les traits du chanteur, le
rend vacillant dans l'intonation, et souvent l'en
écarte.

ÉGAL. Nom donné par les Grecs au système d'Aristoxène, parce que cet auteur divisait généralement
chacun de ses tétracordes en trente parties égales.

ÉGALITÉ. C'est une des qualités les plus essentielles
de la voix. Il n'en est point qu'on puisse appeler
belle, si tous les sons qu'elle peut rendre, dans l'é-
tendue qui lui est propre, ne sont entre eux d'une
parfaite égalité.

L'égalité est un don rare de la nature ; mais l'art
peut y suppléer, lorsqu'il s'exerce de bonne heure sur
un organe que l'âge n'a pas endurci.

EGERSIS. Hymne que les nouveaux mariés chantaient à leur lever, en Grèce.

ÉGYPTIENS (Musique des). S'il faut en croire quelques écrivains dont le témoignage mérite d'être pris
en sérieuse considération, c'est aux Phéniciens (voir
PHÉNICIENS) que les Égyptiens empruntèrent leur
système musical. On peut induire ce fait d'une table
de Démétrius de Phalère, d'où il semble résulter que
les sept voyelles des langues orientales servaient à
ces peuples de caractères de musique, et même de
sons pour solfier. On a trouvé à Milet une inscrip-
tion mystérieuse qui renferme des invocations musicales adressées aux sept planètes. Chaque planète
est désignée par un mot composé de sept voyelles,

et commençant par la voyelle consacrée à la planète invoquée. Ces invocations, dit M. Fabre d'Olivet dans une dissertation sur la gamme phénicienne, sont très-précieuses en ce qu'elles prouvent l'existence des modes diatoniques et leur application dans l'antiquité la plus reculée.

Les prêtres de l'Égypte, dit Démétrius de Phalère, chantent les dieux par les sept voyelles qu'ils font résonner. Ce son leur tient lieu, par son harmonie, de la flûte et de la lyre.

Lors même que les Égyptiens secouèrent le joug des rois pasteurs, il ne paraît pas qu'ils aient renoncé à cette manière d'écrire et de chanter la musique. On sait que ce peuple avait le plus grand éloignement pour les nouveautés, quelles qu'elles fussent. Aussi les changements apportés dans le gouvernement n'exercèrent qu'une faible influence sur la forme du système musical. Le peuple avait l'habitude de certains chants qu'il eût été dangereux de vouloir lui ôter.

Le mode phénicien, appelé *lyn*, était fort usité en Égypte sous le nom de *manah*, qui était une épithète donnée à la lune.

D'ailleurs, les prêtres égyptiens gardaient le souvenir des troubles civils qui, après avoir ravagé la terre, avaient causé si longtemps l'asservissement de leur pays, et la prudence leur conseillait de ne pas laisser à la disposition du vulgaire des connaissances dont il pouvait faire un usage funeste. Ils ensevelirent donc dans le secret du sanctuaire les principes de toutes les sciences, et ne représentèrent aux yeux que des symboles assez ingénieux pour piquer la curiosité, mais jamais assez clairs pour être compris.

Ainsi les principes de la musique, comme ceux de toutes les autres sciences, étaient renfermés avec soin dans les sanctuaires de l'Égypte. Ce fut dans ces sanctuaires qu'Orphée les connut, et que Pythagore mérita de les recevoir après Orphée.

Il nous est parvenu quelques fragments de musique qu'on présume avoir appartenu aux Égyptiens. Il en est un surtout que le savant Burette a déchiffré sur la note grecque. Il en attribue les paroles à un certain poëte nommé Dyonisius Iambos, qui fut presque contemporain d'Aristote.

Ce morceau antique, dit toujours M. Fabre d'Olivet, est en mode solaire, c'est-à-dire que sa tonique naturelle est la corde *mi*.

Comme nous l'avons vu plus haut, Orphée et Pythagore empruntèrent à l'Égypte son système musical et l'enrichirent de perfectionnements nombreux. (Voir à ce sujet l'article GRÈCE.)

E LA. C'était, dans l'ancien solfége, le *mi*, clef de violon, quatrième espace, qu'on chantait quelquefois sur la syllabe *la*.

E LA FA. Ancienne dénomination du *mi b*, dont les Italiens se servent encore.

E LA MI. C'était, dans l'ancien solfége, le *mi*, clef de basse, troisième espace, et le *mi*, clef de violon, première ligne, qu'on chantait tantôt sur la syllabe *la*, et tantôt sur la syllabe *mi*.

ÉLÉGIE. Genre de poésie composée sur des sujets d'un caractère triste et mélancolique, et accompagnée d'un chant analogue, tel que le *Lac* de Niédermeyer. Chez les anciens, Ovide, Horace, Catulle, et chez nous Millevoye et André Chénier, ont laissé des chefs-d'œuvre dans ce genre de poésie.

ÉLÉMENT. Le mot *élément*, pris en général comme matière technique de l'art, indique l'ensemble de tous les sons possibles, aigus ou graves.

Les éléments, dans leur signification particulière, sont les premières notions de l'enseignement, tant pour la lecture musicale que pour le chant.

Élément métrique. C'est une partie de la mesure résultant de la division d'un temps en deux ou trois notes de même valeur. Par conséquent, les éléments métriques de la mesure à deux temps sont des quarts de ronde, c'est-à-dire des noires. Dans la mesure à deux-quatre, ce sont des huitièmes, c'est-à-dire des croches.

Élévation. L'élévation de la main ou du pied, en battant la mesure, sert à marquer le temps faible, et s'appelle proprement *levé*.

On donne aussi le nom d'élévation à certains motets qu'on chante pendant le sacrifice de la messe, au moment où le prêtre élève l'hostie, comme : *O salutaris hostia*. Le morceau qu'on exécute à ce moment sur l'orgue s'appelle aussi *élévation*.

Élicon de Ptolémée. C'était le nom d'une figure de géométrie par laquelle Ptolémée faisait connaître les différents intervalles avec leurs rapports.

Éline. Nom grec de la chanson des tisserands.

Ellipse. Suppression d'un accord que réclame l'harmonie régulière.

Élodicon. Instrument inventé, il y a environ vingt ans, par M. Eschembach. Le principe de cet instrument consiste à faire vibrer, non des cordes tendues, mais des lames métalliques au moyen d'un soufflet. On y avait réuni les effets du clavicorde avec ceux de l'orgue. C'est le même principe de vibration des lames métalliques par l'action de l'air qu'on a reproduit depuis dans plusieurs autres instruments.

Embaterie. Marche spartiate en allant à la charge.

Embouchure. La partie des instruments à vent que l'on met contre les lèvres ou dans la bouche pour en jouer. Chaque instrument à vent a son embouchure particulière ; celles de la trompette, du cor, du trombonne, sont de même nature, dans des proportions différentes. Ces embouchures ressemblent assez à un petit entonnoir. La flûte s'embouche par un trou ovale fait à l'instrument même, le flageolet par un bec, la clarinette par un bec qui porte une anche. Le hautbois, le cor anglais, ont une anche pour embouchure.

Comme c'est de la manière de gouverner l'embouchure que dépend la qualité du son, on dit qu'un corniste, un flûtiste, a une belle embouchure, quand il tire de beaux sons de cet instrument.

EMPIRISME. Dans l'histoire de l'harmonie, on appelle *Empirisme* l'enseignement de l'harmonie par l'étude des faits accomplis dans les œuvres des compositeurs. Cette méthode consiste à prendre l'un après l'autre tous les accords employés par les grands compositeurs, à les enregistrer, à les coordonner, à les graver dans la mémoire, ainsi que toutes les circonstances de leur emploi; puis, lorsqu'on s'est longtemps fatigué pour comprendre, formuler, grouper et retenir ces innombrables faits harmoniques, à les imiter dans ses propres compositions, c'est une méthode empirique dans toute la force de ce mot. Elle peut enseigner l'harmonie, mais elle est longue, fatigante, irrationnelle. En revanche, elle possède deux avantages inappréciables : elle prolonge ordinairement les jours de ses adeptes; car, si elle les fatigue démésurément et pendant de longues années, elle réussit, en général, à étouffer si parfaitement leur imagination et leur génie, que ces deux choses dévorantes sont désormais sans influence sur eux; ensuite, comme elle ne rend jamais compte de rien, elle n'est jamais embarrassée. C'est un mérite comme un autre.

Cette méthode n'est point un fantôme imaginé à plaisir; elle a été suivie par des harmonistes célèbres, dont les principaux sont : Godefroy Weber en Allemagne, et Reicha, ancien professeur au Conservatoire de Paris. Godefroy Weber, que personne ne

confondra avec Marie de Weber, l'illustre auteur de
Freyschütz, l'a employée d'une manière exclusive;
aussi ne m'y arrêterai-je point. Reicha ne l'a point
suivie d'une manière aussi complète. Il a fait choix de
treize accords qu'il appelle fondamentaux et auxquels
il s'efforce de ramener tous les autres. Cependant,
c'est encore de l'empirisme; car ces accords soi-di-
sant fondamentaux, sont en définitive, même pour
lui, de simples faits harmoniques qu'il emprunte aux
œuvres des compositeurs, et non des données four-
nies par le raisonnement, les mathématiques ou les
phénomènes observés dans les corps sonores. Ensuite, l'enchaînement de ces accords, leur but et les
circonstances innombrables de leur emploi, toutes
choses si essentielles en harmonie, ne lui sont con-
nues que par l'étude empirique des compositeurs. Il
n'y a rien dans ses accords fondamentaux, absolument rien qui lui fournisse à cet égard une loi quelconque, une conclusion, une simple induction. Enfin, le choix même de ses treize accords fondamentaux
est complétement arbitraire. Rien ne prouve qu'ils le
soient plus que d'autres, et, en effet, bon nombre
d'entre eux ne diffèrent des autres que par des altérations purement facultatives; ceux qui les connaissent
en conviendront, et la question n'est pas assez importante pour en parler davantage en faveur de ceux
qui ne les connaissent point. En résumé, le système
de Reicha ne mérite pas la réputation qu'il s'est ac-
quise; il est moins acceptable encore que l'empirisme
exclusif de Weber. S'il affiche l'orgueil d'une théorie,
il n'en est pas plus raisonné; et il ajoute aux difficultés quelquefois inextricables d'une théorie sans base,
sans liaison, sans fécondité.

Cette dernière et importante réflexion doit être appliquée à tous les traités d'harmonie, quels qu'ils
soient, où la science n'est point appuyée sur le fon-

dement inébranlable et vrai de la tonalité moderne. (Voyez le mot Harmonie).

Emploi. On dit au théâtre qu'un acteur a l'emploi de ténor, de baryton, de basse, pour dire qu'il joue et chante tous les rôles écrits pour le ténor, le baryton ou la basse.

Empoongwa. La musique des habitants d'Empoongwa, dans l'intérieur de l'Afrique, est encore dans un état de barbarie. L'*enchombre*, le seul instrument qui leur soit particulier, ressemble à la mandoline. Il a cinq cordes faites de racines de palmier. Le manche se compose de cinq morceaux de bambou auxquels les cordes sont attachées. En faisant tourner les bambous, l'instrument s'accorde facilement, mais non pas d'une manière très-solide. On le joue avec les deux mains. Ses sons, assez agréables d'ailleurs, offrent peu de variété.

Dans son voyage à Empoongwa, M. Bowdich rencontra un musicien nègre de la contrée, aussi dégoûtant par son aspect que sa musique était étonnante. Il avait une harpe montée de huit cordes faites avec les racines fibreuses du palmier, dont le son était harmonieux et rond. Il parcourait avec agilité un grand nombre de notes, et faisait monter sa voix au delà de la harpe. Tout à coup il commença avec force l'*Alleluia* de Haendel. Entendre ce chœur au milieu des déserts de l'Afrique, dit M. Bowdich, à qui nous laissons la responsabilité de ce récit, et l'entendre exécuter par un pareil être, produisit sur moi un effet extraordinaire.

Enchainement harmonique. On emploie ce mot quand la basse exécute un mouvement progressif, de façon, qu'un, deux, ou trois sons, composant un accord, demeurent invariables dans l'accord suivant.

Enchiridion. Manuel,

Encomiaque. Style des anciens Grecs, destiné aux hymnes et aux louanges.

Endématie. C'était l'air d'une sorte de danse particulière aux Argiens.

Enharmonique. Le genre enharmonique est le passage d'une note à une autre, sans que l'intonation de la note ait été changée d'une manière sensible. L'accord de septième diminuée est celui qui produit le plus naturellement le genre enharmonique, puisqu'il peut se présenter sous quatre faces différentes, sans qu'il y ait eu de changement sensible dans l'intonation.

Enharmonique (Modulation). (Voyez Modulation, n° 4.)

Enseignement. Science qui consiste, en musique, à faire passer dans l'esprit et dans l'oreille des autres ce que l'on sait.

Il y a plusieurs sortes d'enseignements : le *particulier*, le *mutuel*, le *simultané*. On entend par enseignement particulier, les leçons qu'un professeur donne en ville ou chez lui à un seul élève. L'enseignement mutuel s'applique dans les écoles, avec le système Wilhem. Ici, le directeur musical forme des moniteurs, choisit parmi les élèves les plus intelligents, puis il en fait autant de maîtres ou chefs de pelotons, qui enseignent eux-mêmes leurs camarades, par groupes de dix ou quinze. Dans l'enseignement simultané, l'instruction des élèves n'est point confiée à des moniteurs, mais bien à l'action directe d'un professeur instruit, qui, à lui seul, comme un chef militaire, gouverne et met en mouvement une armée de deux ou trois cents chanteurs, enfants ou adultes. Pour des cours nombreux, cette méthode nous semble la meilleure.

Ensemble. C'est le rapport convenable de toutes les parties d'un ouvrage entre elles et avec le tout. Ce terme s'applique encore à l'exécution, lorsque les concertants sont si parfaitement d'accord, soit pour l'intonation, soit pour la mesure, qu'ils semblent tous être animés d'un même esprit. La société des concerts du Conservatoire offre presque toujours cet ensemble merveilleux.

Ensemble (Morceaux d'). Ce sont tous les morceaux dramatiques exécutés par plus d'une voix. Ainsi, les duos, les trios, quatuors, quintettes, sextuors, etc., sont des morceaux d'ensemble, pourvu que chaque partie y soit distincte, dialogue avec les autres, et soit exécutée par une seule voix. Les chœurs, quoique composés de plusieurs parties, ne sont pas qualifiés de morceaux d'ensemble.

Enthousiasme. Exaltation de l'âme qu'on ne saurait définir. Dans cet état, une production musicale marche avec la plus grande facilité. Les idées, pour ainsi dire, accourent en foule, se dessinent et se disposent avec la rapidité de l'éclair, de façon que, sans songer aux règles, tout se trouve placé dans le plus bel ordre.

Entr'acte. Espace de temps qui s'écoule entre la fin d'un acte d'opéra et le commencement de l'acte suivant, et durant lequel l'action est suspendue. On donne aussi ce nom à ce morceau de musique instrumentale qu'on exécute dans l'intervalle de deux actes d'un opéra, d'une tragédie, d'un ballet et d'une comédie.

Pris en ce dernier sens, l'entr'acte n'est point une partie essentielle du drame lyrique; le compositeur ne consulte à cet égard que son génie et même son caprice. Il est parfaitement libre de faire garder le silence à l'orchestre pendant que la scène reste vide. Beaucoup de nos opéras n'ont point d'entr'actes symphoniques. Quand le musicien, ne rencontre pas le sujet d'un morceau de ce genre qui promette de l'effet, il se borne à reproduire, avec une harmonie plus riche et plus travaillée, quelques motifs heureux qu'on a déjà entendus. Les entr'actes de *Richard*, d'*une Folie*, d'*Aline*, sont faits de cette manière, et pleins d'agréments. Quelquefois encore, le musicien compose une petite symphonie concertante où les instruments à vents se font entendre tour à tour, comme celle que Méhul a placée dans *Joseph ;* ou bien de nombreuses variations sur un thème tiré de l'opéra même.

ENTRÉE. Partie d'un ballet, destinée à produire le même effet que les scènes dans les ouvrages dramatiques. L'on disait autrefois : *danser une entrée*, comme on dit *jouer une scène, chanter un air.*

Entrée est aussi l'action d'un personnage qui entre sur la scène. Il faut que la musique qui signale une entrée soit d'une couleur décidée, et présente de grands rapports avec le caractère du personnage que l'on attend.

Entrée se dit aussi du moment où chaque partie commence à se faire entendre. *Le flûtiste a manqué son entrée.*

ÉOLIEN. C'est un des modes de la musique grecque. On l'emploie encore aujourd'hui dans les mélodies des psaumes et dans le *Magnificat.* Dans le culte des protestants, plusieurs plain-chants se chantent aussi dans ce mode.

ÉPHÉSIES. Fêtes célébrées par les Grecs à Éphèse, ville de l'Asie Mineure, en l'honneur de Diane. Des concours de musique avaient lieu à l'occasion de ces fêtes, auxquelles, sous le règne de l'empereur Vespasien, on en joignit d'autres appelées *Barbyliennes.*

ÉPICÈDE. Nom d'une chanson funèbre des Grecs.

ÉPIGONION. Instrument des Grecs à quarante cordes.

ÉPILÈNE. Danse accompagnée de chant exécutée

par les Grecs en l'honneur de Bacchus, à l'époque des vendanges.

ÉPIMÉLION. Nom grec de la chanson des meuniers.

ÉPINETTE. Sorte de petit clavecin dont on se servait avant l'invention du piano.

ÉPINICION. Chant de victoire par lequel on célébrait chez les Grecs le triomphe du vainqueur.

ÉPIODIE. Chanson funèbre des Grecs.

ÉPIQUE. On appelle ainsi une composition musicale ne présentant qu'un tableau idéal qui plaît et charme, grâce à sa forme régulière et à sa beauté absolue, sans qu'on y remarque quelque chose de bien déterminé qui excite notre sympathie.

ÉPISINAPHE. Les Grecs appelaient ainsi la conjonction de trois tétracordes consécutifs.

ÉPISODE. Sous le nom d'épisode, on désigne communément ces sujets incidents qui font partie d'une composition musicale, sans cependant que leur existence soit absolument nécessaire.

ÉPITHALAME. Chant nuptial qui se chantait autrefois à la porte des nouveaux époux pour leur souhaiter une heureuse union.

ÉPITRITE. C'était, dans la musique grecque, ce rapport d'intervalle qu'on appelle aussi *propositio sesquitertia.*

ÉPOGODUS. Nom du rapport d'intervalle 9 : 8.

EPTACORDE. Intervalle de septième. On appelle aussi eptacorde la lyre des anciens, montée de sept cordes.

ÉQUISONNANCE. C'est la consonnance de deux sons semblables entre eux, comme l'octave, la double octave, etc. L'équisonnance peut être employée sans scrupule, attendu que l'octave et la double octave produisent souvent à l'oreille la même sensation que l'unisson.

Ermosmenon. Les Grecs indiquaient par ce mot le sens moral de leurs morceaux de musique.

Érotidies. Fêtes des Grecs en l'honneur de Cupidon, célébrées dans la ville de Thespie, en Béotie. Elles avaient lieu tous les cinq ans sur le mont Hélicon : on y assistait à des luttes musicales.

Espagne (De la musique en). Parmi les nations européennes, il n'en est point qui possède une plus belle organisation musicale que le peuple espagnol. Cependant, quelque incontestable que soit son aptitude pour la musique, l'Espagne est loin de rivaliser avec l'Italie, l'Allemagne et la France, pour le nombre et le mérite de ses compositeurs. Un concours de circonstances particulières l'a empêchée d'acquérir, sous ce rapport, le développement auquel ses heureuses facultés lui permettaient d'arriver.

Dès les premiers temps du moyen-âge, la nation espagnole cultiva la musique, et le fondateur de son école est Alphonse, roi de Castille, auquel ses peuples donnèrent le nom de *Sage*. Il fonda une école de musique à l'université de Salamanque. Dans les xive et xve siècles, les Espagnols eurent aussi leurs *decidores*, ou troubadours. A la requête de Jean Ier, roi d'Aragon, deux troubadours furent envoyés du collége de Toulouse à Barcelone, où ils fondèrent une école de musique qui subsista jusqu'à la mort de Martin, successeur de Jean. Le marquis de Saint-*Sulliane* (vulgairement appelé *Santillana*), qui écrivit un Traité sur la poésie castillane, vers 1440, parle avec éloge d'un compositeur nommé Don Jorge Saint-Sorde, de Valence, qui vivait à cette époque. Il cite aussi plusieurs autres musiciens, quelques-uns par leurs noms, et les autres pour leurs ouvrages ou les circonstances de leur vie.

Mais de tous les maîtres de l'harmonie espagnole, celui qui se distingua le plus à cette époque fut François Salinas, né à Burgos, et qui, quoique aveugle dès son enfance, n'en devint pas moins le premier contrepointiste de l'Espagne, et même un des savants les plus distingués et des littérateurs les plus remarquables de cette époque. Salinas consacra trente années de sa vie à la théorie de la musique. Les ouvrages de Boèce furent les principales bases de ses travaux et de ses études. Mais comme on apprend moins dans les livres des érudits que dans celui de la nature, sa doctrine est moins praticable que spéculative, et souvent elle manque de précision et de clarté.

Cristofo Moralès rivalisa avec Salinas, moins pour le mérite de ses ouvrages didactiques que par l'éclat de son talent comme compositeur. Sous ce dernier rapport, il fit faire des progrès remarquables à la musique espagnole pendant le quinzième siècle. Son motet, *Lamentabor Jacob*, religieusement conservé dans les archives de la chapelle pontificale, à Rome, est chanté chaque année dans une des plus grandes solennités de l'Église.

Le meilleur harmoniste après lui fut Louis Vittoria, auteur de motets très-estimés : il en composa pour chacune des fêtes de l'année. Les messes dont il est l'auteur ne sont pas moins belles, et l'on remarque surtout celle appelée *Missa di Morti*, exécutée longtemps à Rome, ainsi que ses *Psaumes de la pénitence*.

Au seizième siècle, l'Espagne fut fertile en grands musiciens, dont quelques-uns rivalisent avec les plus brillantes illustrations des écoles flamande et italienne. C'est aussi à cette époque que la musique dramatique commença à être cultivée dans la péninsule ibérique ; mais elle n'y jeta pas un grand éclat. Le peu d'encouragement donné par le gouvernement aux compositeurs dramatiques est la principale cause

de l'intériorité du peuple espagnol sous ce rapport.—
Mais en revanche la musique religieuse prit, au seizième siècle, de beaux développements, grâce aux
riches dotations qu'elle reçut du clergé et de particuliers opulents. Charles Patigno, Juan Noldan, Vincenzo Garcia, Mathias-Juan Viana, François Gherrero,
don Joseph Nebra, ont laissé des messes, des motets,
des cantates d'une grande beauté. — Plusieurs de ces
artistes ne furent pas seulement des compositeurs
remarquables, ils furent aussi des chanteurs éminents, de très-habiles instrumentistes, et quelques-
uns furent employés à la chapelle du pape, à Rome.

Mais une fois arrivée à ce haut point de splendeur,
l'Espagne déchut rapidement. Cependant, malgré sa
décadence, l'art espagnol conserve encore quelques
vestiges de son antique beauté. Qui ne connaît, au
moins par quelques fragments, ces chansons populaires, empreintes de la poésie des traditions locales,
ces *coplas*, ces *sarabandas*, où se montre toute la
gaieté du caractère espagnol ! Qui ne connaît ces
fandangos, ces *boleros*, ces *seguidillas* qui se dansent
et se chantent encore avec accompagnement de guitares et de castagnettes ! C'est dans ces chansons et
ces danses populaires que se révèle d'une manière
remarquable le génie espagnol.

La guitare est l'instrument favori de ce peuple. On
peut même dire que jusqu'à ces derniers temps c'est
à peu près le seul qu'il ait cultivé. Cependant les
autres organes de l'harmonie commencent à se répandre en Espagne, mais seulement dans les hautes
classes de la société. Quant au peuple, son plus grand
bonheur est de jouer de la guitare, et quand un arti-
san a fini sa journée, il se rend sur la place publique,
et se délasse de son travail en jouant sur cet instrument des *boleros* et des *seguidillas*.—Qui sait à quels
magnifiques résultats l'Espagne pourrait arriver, si

un gouvernement ami des arts s'appliquait à développer et à diriger le goût passionné qu'éprouve le peuple espagnol pour les jouissances de l'art musical. Si les dons de la nature étaient fécondés par les bienfaits de l'éducation, nous n'en doutons pas, le génie de l'antique Ibérie aurait un glorieux réveil, et sa musique subirait une brillante métamorphose.

L'Espagne a perdu, il y a quelques années, un compositeur d'un mérite distingué, qui promettait de tirer la musique dramatique de l'état de décadence où elle est tombée dans son pays. Gomis a passé quelque temps à Paris, et tous ceux qui l'ont connu savent quel compositeur éminent l'Espagne aurait eu en lui, si la mort n'était venue l'enlever tout à coup dans la force de l'âge et dans toute la maturité du talent. A l'exemple de la France, l'Espagne a fondé plusieurs journaux de musique, qui doivent contribuer à la vulgarisation de cet art, dans ce pays labouré par les révolutions politiques.

Esthétique. L'esthétique a pour objet la doctrine du beau, du sublime, du goût et du jugement dans les arts : elle est exactement la philosophie des arts.

Estribilho. Chanson favorite des Portugais, en mesure de 6/8.

Étendue. C'est la distance plus ou moins considérable qu'il y a entre le son le plus grave et le plus aigu, ou la somme de tous les sons propres à une voix ou à un instrument, compris entre les deux extrêmes.

Étude. Action de familiariser sa voix ou ses doigts avec les difficultés d'un morceau de chant ou d'instrumentation qu'on veut exécuter. Qui sait étudier, sait apprendre ; il ne s'agit pas tant d'étudier longtemps que de bien étudier. L'étude consiste à déchiffrer d'abord, puis à s'efforcer de rendre exactement le mouvement, les nuances, l'expression d'un morceau. Pour un élève intelligent l'étude vaut la leçon. Le maître lui donne la clé de la science ; l'étude lui donne l'habitude de se servir de cette clé pour ouvrir toutes les portes de la musique.—On appelle *études* un recueil ou ensemble d'exercices progressifs sur chacune des principales difficultés du mécanisme de l'exécution vocale ou instrumentale. Plusieurs grands maîtres ont consacré leurs loisirs à ce travail si ingrat et si utile. Moschelès, Czerni, Cramer, Hummel, Henri Herz, Kalkbrenner, Listz, Prudent, Thalberg, Ravina, Goria, Lacombe, H. Rosellen, Marmontel et beaucoup d'autres ont écrit de fort belles et fort bonnes études. Bertini s'est mis à la portée des enfants, des adultes et des artistes : ses nombreuses séries d'études de tous les degrés sont populaires et méritent de l'être.

EUMÉLIA. Élégance de toutes les parties chantantes.

EUNÉIDES. Compagnie de musiciens qui jouaient d'une espèce de luth à Athènes, à l'occasion des sacrifices.

EUPHONE. Instrument à frottement, du genre de l'harmonica, inventé par le docteur Chladni, à Withtemberg, en 1790. Il consiste en une caisse carrée d'environ trois pieds et haute de huit pouces, qui contenait quarante-deux petits cylindres de verre, dont le frottement, et par suite la vibration, s'opérait par un mécanisme intérieur.

EURYTHMIE. C'est le bel ordre, la belle proportion des parties homonymes qui composent un tout; et *symétrie*, c'est l'égalité et le rapport intelligible de ces mêmes parties.

EUTERPE. Celle des neuf muses qui préside à la musique.

ÉVITER. Éviter une cadence, c'est ajouter une dissonance à l'accord final pour prolonger la phrase. Dans l'école, on appelle surtout *cadence évitée*, la chute d'une septième dominante sur une autre septième dominante.

Évolution. Renversement des parties dans les diverses espèces de contrepoints doubles.

Exception. On connaît cet ancien adage : *Toute règle a ses exceptions*. Néanmoins il semble que ce proverbe se confirme plus particulièrement lorsqu'il s'agit de règles musicales établies par les anciens et même par les modernes sur le contrepoint et sur les progressions harmoniques. Le P. Martini, dans son *Saggio fondamentale pratico di contrapunto sopra il canto fermo*, après avoir établi les règles de ce style, n'hésite pas à dire que les exceptions employées en temps et lieu sont le plus bel ornement de l'art.

Exécutant. Musicien qui exécute la musique à l'Eglise, au concert ou au théâtre, comme chanteur ou comme instrumentiste.

Exécuter. Exécuter une pièce de musique, c'est chanter et jouer toutes les parties qu'elle contient, tant vocales qu'instrumentales , dans l'ensemble qu'elles doivent avoir, et la rendre telle qu'elle est notée sur la partition.

Exécution. L'action d'exécuter une pièce de musique. L'exécution de la musique a non-seulement une grande influence sur son succès ; mais, comme la musique n'existe réellement pour le plus grand nombre des auditeurs que lorsqu'elle est exécutée, l'exécuter mal ou à contre-sens, c'est non-seulement la défigurer, mais l'anéantir.

Si le compositeur est à la merci de l'ignorance ou du mauvais vouloir des exécutants, il l'est aussi de leur faux savoir et de leur mauvais goût. Ce qu'ils ajouteraient à ce qu'il a écrit serait quelquefois plus pernicieux que ce qu'ils y pourraient omettre. Ce qu'ils omettront toujours, s'ils ne sont que des gens du métier, et non de véritables artistes, c'est l'expression propre de chaque morceau, et pour ainsi dire l'accent de chaque passage. Là où ils ne verront que des notes, ce ne seront aussi que des notes qu'ils feront entendre ; et tel air, tel duo, tel morceau d'ensemble, ou telle pièce de musique instrumentale, devait toucher profondément le cœur, qui, grâce à une exécution froide et inanimée, ne fera qu'effleurer inutilement l'oreille.

On appelle encore exécution la facilité de lire et d'exécuter une partie vocale et instrumentale, et l'on dit qu'un musicien a beaucoup d'exécution lorsqu'il exécute correctement, sans hésiter et à la première vue, les choses les plus difficiles.

On dit aussi qu'un artiste, instrumentiste ou chanteur, a beaucoup d'exécution lorsqu'il exécute facilement les difficultés.

EXERCICES. Pièces de musique composées sur un trait difficile pour la voix, ou une manière de doigter particulière et scabreuse pour les instruments, que l'on essaie sur tous les degrés de l'échelle et sur toutes les positions, en suivant diverses modulations. Les exercices n'étant destinés qu'à familiariser l'élève avec les difficultés qu'il rencontrera dans les œuvres des maîtres fameux, on ne s'attache nullement à les rendre agréables pour l'oreille.

EXHARMONIQUE. C'était, chez les anciens Grecs, une mélodie faible et insipide.

EXPRESSION. C'est la poésie de la musique. C'est ce qui donne à une œuvre ce caractère de vérité et d'énergie dont l'attrait irrésistible survit à toutes les variations du goût, à tous les caprices de la mode et qu'on remarque dans les productions des grands compositeurs du siècle dernier et de notre époque, notamment de Gluck, de Mozart, de Rossini, de Spontini, de Méhul, de Meyerbeer, d'Auber, d'Halévy, d'Adam, d'Ambroise Thomas, de Donizetti, de Verdi.

L'essor donné de nos jours à l'expression musicale l'a malheureusement portée quelquefois à un degré d'exagération qui passe toute limite. Qu'on le sache bien, la véritable inspiration ne procède pas par des cris forcenés, par une instrumentation bruyante : sans doute, il est des situations où l'orchestre doit déployer toutes ses ressources, la voix humaine toute sa puissance, et les passions leurs transports les plus fougueux. Mais le drame lyrique serait en dehors de la nature et de la vérité, si les effets étaient prodigués sans discernement et sans mesure ; pour frapper fort, il faut que le compositeur frappe juste, c'est-à-dire que la musique soit toujours en harmonie avec la situation. On peut surprendre le public par un luxe prodigieux d'instrumentation et d'effets, mais on ne l'émeut, on ne le captive, on ne l'intéresse réellement que par une expression vraie, juste et naturelle. Après la protestation énergique des hommes compétents, vient le dégoût général qui fait promptement justice de tout ce qui est faux ou exagéré.

Il y a une expression de composition et une d'exécution, et c'est de leur concours que résulte l'effet musical le plus puissant et le plus agréable.

Pour donner de l'expression à ses ouvrages, le compositeur doit saisir et comparer tous les rapports qui peuvent se trouver entre les traits de son objet et les productions de son art ; il doit connaître ou sentir l'effet de tous les caractères, afin de porter exactement celui qu'il choisit au degré qui lui convient. Comme un bon peintre ne donne pas la même lumière à tous ses objets, l'habile musicien ne donnera pas non plus la même énergie à tous ses sentiments, ni la même force à tous ses tableaux ; il placera chaque partie au lieu qui lui convient, moins pour la faire valoir seule que pour donner un plus grand effet au tout.

Quant à l'expression vocale, il y a des voix fortes qui imposent par leur ampleur, d'autres, sensibles et

délicates, vont au cœur par des chants doux et pathétiques. En général, les voix élevées sont plus propres
à exprimer la tendresse et la douceur ; les basses et
et les concordants interprètent mieux l'emportement
et la colère.

Des instruments ont aussi des expressions très-dif-
férentes, selon que le son en est faible ou fort, que le
timbre en est aigre ou doux, que le diapason en est
grave ou aigu et qu'on en peut tirer des sons en
plus grande ou en moindre quantité. La flûte est
douce, la clarinette d'une noble tendresse, le hautbois
naïf et pastoral, la trompette guerrière, le cor sonore
et mélancolique, le trombone solennel, majestueux
et propre aux grandes expressions, etc. Mais il n'y a
point d'instrument dont on tire une expression plus
variée et plus universelle que le violon.

EXTENSION. Faculté relative d'allonger les doigts
sur le manche ou sur le clavier des instruments, pour
y saisir de grands intervalles. L'exercice développe
cette faculté.

F

F. Cette lettre a deux significations en musique :
1° elle représente le son sur le quatrième degré de
l'échelle diatonique du ton d'*ut*, c'est-à-dire, la note
fa : 2° elle est l'abréviation du mot *forte* (fort).

FA. Quatrième note de l'échelle en *ut*. Dans l'alphabet, elle correspond à la lettre F.

FA LA. Mot composé des noms de deux notes, et

que l'on donne, en Angleterre, à de petits airs avec
une espèce de refrain, où le nom de ces deux notes
est répété d'une manière insignifiante et bizarre,
comme *fa, la, la, la, fa, la, la, la.*

Fa ut. C'était, dans l'ancien solfége, le *fa*, clef de
basse, quatrième ligne, sur lequel on chantait, tantôt
la syllabe *fa*, tantôt la syllabe *ut*.

Facile. On appelle composition facile celle dont
l'exécution ne réclame pas un haut degré d'habileté
artificielle. Quelquefois on emploie aussi le mot facile
par opposition à ce qui est d'une grande importance,
et l'on entend alors une composition faite sans aucune
prétention.

Facteurs d'instruments. On désigne particulièrement sous ce nom les fabricants de pianos, d'orgues
et de harpes. Ceux qui font des violons, des altos, des
violoncelles, des contre-basses, des guitares, ont conservé le nom de luthiers, parce qu'autrefois le luth
était l'instrument à la mode. Il y a des fabricants
spéciaux pour les instruments en bois, tels que hautbois, clarinettes, bassons, flûtes, flageolets, etc. ;
d'autres, pour les instruments en cuivre, tels que
trompettes, cors, trombones.

Au seizième siècle, les facteurs d'instruments de
musique furent réunis en corps de jurande, et le roi
leur donna des statuts qui ont été imprimés. Avant
cette époque, ils ne pouvaient employer pour la fabrication des instruments que l'étain, le cuivre et le
bois. S'il se servaient d'argent ou d'or, ils étaient querellés par les orfèvres ; s'ils se servaient de nacre ou
de bois colorié, ils étaient querellés par les table-
tiers.

Parmi les facteurs d'instruments qui ont acquis
de la célébrité, on cite Stradivarius, Guarnerius et
Amati, pour les violons ; Silbermann, Cavaillé-Col,
Clicquot, pour les orgues ; Érard, C. Pleyel, Pape,

Roller, pour les pianos; Sax, pour les instruments de cuivre, etc.

FACTURE. Ce mot exprime la manière dont un morceau de musique est composé. Il s'entend de la conduite et de la disposition du chant, comme de celle de l'harmonie. La facture d'une pièce de musique, par rapport au chant, exprime l'art avec lequel les motifs bien choisis sont enchaînés entre eux, ramenés à propos dans une étendue convenable. Par rapport à l'harmonie, ce mot exprime l'enchaînement heureux et savant des modulations, l'emploi des accords les plus inattendus présentés sans dureté. Les chœurs des oratorios de Hændel; de la *Création*, de Haydn; des *Requiem*, de Mozart et de Chérubini; les chœurs de *Guillaume Tell*, de *Robert le Diable*, de *la Juive*, sont d'une belle facture. C'est aussi le mérite des ouvertures de *Freyschutz*, de la *Flûte enchantée* surtout, et des symphonies de Haydn, de Mozart, de Beethoven.

FAFA (A). Danse portugaise qui ressemble au fandango. (Voir A CHULA.)

FAGOTTO. Ce mot, qui dérive du latin *fascis* (faisceau), désigne l'assemblage de plusieurs choses liées ou réunies ensemble; et c'est probablement par cette raison que les Italiens ont donné ce nom au basson, à cause de la ressemblance qu'ont les parties de cet instrument avec un fagot, lorsqu'elles sont démontées. (Voyez BASSON.)

FAGOTTONE, CONTRE-BASSON. Instrument à vent et à anche du genre du basson, et qui, par ses dimensions, sonne l'octave inférieure du basson.

FANDANGO. Air de danse à trois temps, d'un mouvement assez vif. C'est l'air favori des Espagnols. Ni les pyrrhiques voluptueuses tant courues des Romains, ni ces danses des Saliens tant célébrées par Denis d'Halicarnasse, n'approchèrent jamais du *fandango* espagnol. Mais, pour qu'il plaise, il faut

que le fandango soit bien dansé, bien exécuté; que
la tête, les pieds, les bras, le corps de la danseuse,
se meuvent d'ensemble. Les Espagnols racontent,
au sujet du fandango, l'anecdote suivante : La cour
de Rome, scandalisée de voir une nation, citée pour
la pureté de sa foi, tolérer une danse aussi voluptueuse, résolut de la proscrire sous peine d'excom-
munication. Les cardinaux s'assemblent, le procès
du fandango s'instruit; la sentence va être mise aux
voix, quand un des juges observe qu'on ne doit pas
condamner un coupable sans l'entendre. L'observation paraît juste, elle est accueillie. On fait compa-
raître devant l'assemblée un couple espagnol armé
de castagnettes, et on le somme de déployer en plein
tribunal toutes les grâces du fandango. La sévérité
des juges n'y tient pas, les fronts se dérident, les
visages s'épanouissent. Leurs éminences se lèvent;
des pieds, des mains, elles battent la mesure. La
salle du Consistoire se change en salle de bal, et le
fandango est absous. On a fait de cette aventure un
fort joli vaudeville qui fait fureur, chaque fois qu'on
le joue, au delà des Pyrénées.

FANFARE. Mot dont l'étymologie est restée mal
éclaircie, et que des écrivains ont supposé avoir été
produit par harmonie imitative, pour exprimer un
brillant effet d'instruments de cuivre. On a employé
le verbe *fanfarer*, pour signifier *donner de la trompe,
gambader*. Le mot nous vient des Espagnols, et peut-
être des Maures. Les fanfares, prises dans le sens de
concerts militaires, s'appliquaient à la marche des
comparses dans les carrousels et les tournois; elles
s'appliquaient aussi, depuis l'ordonnance du 1er mars
1768, à certains signaux de cavalerie. Aujourd'hui,
c'est un genre d'effet musical connu de la cavalerie
et de l'infanterie, et qui diffère des sonneries d'ordonnance. Celles-ci sont d'invariables morceaux que le

cuivre fait entendre sans le secours d'une clef. Les fanfares sont des airs variables, capricieux, de circonstance, que produisent dans l'infanterie les clairons à clef, et que produisent dans la cavalerie les bugles à clef, les cors, les ophicléides, les trombones, les trompettes. Aujourd'hui, ce mot *fanfare* s'applique plus spécialement aux musiques de cavalerie, composées uniquement d'instruments de cuivre. — *Fanfare* se dit aussi, en terme de chasse, de l'air qu'on sonne au lancer du cerf.

FANTAISIE. Les grands maîtres, tels que Bach et Mozart, ont eu recours à la fantaisie pour ouvrir un champ plus vaste à la fécondité de leur génie, et trouver ainsi le moyen d'employer une infinité de recherches harmoniques, de modulations savantes et hardies, de passages pleins de fougue et d'audace, qu'il ne leur était pas permis d'introduire dans une pièce régulière. Telle était la fantaisie entre les mains de ces compositeurs illustres. Elle a bien dégénéré depuis. Ce n'est plus maintenant que la paraphrase d'un air connu, d'un refrain qui court les rues, que l'on varie de toutes les manières. Ce genre, que l'absence du talent et l'impuissance de créer une bonne pièce originale ont pu seules mettre en crédit pendant quelque temps, est aujourd'hui peu cultivé par les compositeurs célèbres.

Parmi les fantaisies les plus remarquables, nous devons citer particulièrement celles mises à la mode par Steibelt, qui publia, vers 1815, sa fameuse fantaisie sur les airs de la *Flûte enchantée*. Peu de morceaux de piano ont obtenu un pareil succès. Le même compositeur en écrivit d'autres sur le même modèle; cent pianistes se jetèrent dans cette carrière, et tous les éditeurs de musique voulurent avoir des fantaisies.

Depuis cette époque, l'ancienne, la belle fantaisie

de Bach et de Mozart a reparu avec la brillante parure que l'art moderne peut lui donner. S. Thalberg, H. Herz, E. Prudent, Th. Doehler, Listz, Kalkbrenner, H. Bertini, pianistes d'un grand talent, compositeurs de haute portée; Paganini, de Beriot, H. Vieuxtemps, violonistes célèbres; Tulou, Servais et quelques autres artistes, ont produit plusieurs œuvres très-remarquables en ce genre.

On entend par musique de fantaisie celle où se trouve un grand nombre d'idées et de cantilènes qui sont présentées sous des formes nouvelles, avec des combinaisons inusitées, et faisant un emploi particulier des instruments. Dans cette musique, on voit que l'esprit du compositeur agit avec une grande liberté, et en quelque sorte selon sa fantaisie.

Fantastique (musique). On appelle musique fantastique celle qui est appliquée à des sujets où sont mis en jeu des êtres de l'ordre surnaturel. On trouve des modèles de ce genre de musique dans le *Don Giovanni* de Mozart, le *Freyschutz* et l'*Oberon* de Weber, le 3me acte de *Robert* de Meyerbeer, le 4e acte de *Charles VI* d'Halévy, le *Faust* de Berlioz et le *Macbeth* de Verdi.

Farandole. Espèce de danse qu'un grand nombre de personnes exécutent en formant une longue chaine à l'aide de mouchoirs, que chaque main tient à droite et à gauche, excepté cependant celles qui se trouvent aux extrémités. La farandole se compose de vingt, de soixante, de cent personnes placées, autant qu'il est possible, une de chaque sexe alternativement. Cette chaine se met en mouvement, parcourt la ville ou la campagne au son des instruments, et recrute des danseurs partout où elle passe. Chacun danse ou saute de son mieux en cadence. On ne se pique pas de mettre une grande régularité dans les pas; mais on a soin de former avec exactitude les différentes figures que commande celui qui est en tête de la farandole, et qui lui sert de guide. Ces figures consistent principalement à réunir les bouts de la chaîne et à danser en rond, à la pelotonner en spirale, à la faire passer et repasser dans une espèce d'arc formé par plusieurs danseurs qui élèvent les bras, sans abandonner les mouchoirs.

La farandole n'est en usage que dans la Provence et une partie du Languedoc. Elle a lieu à la suite des noces et des baptèmes et dans les réjouissances publiques.

FARCE EN MUSIQUE. Sorte de petit opéra bouffe en un acte, en usage en Italie.

FARCIA, EPISTOLA CUM FARCIA. Les épitres *avec farce* étaient des cantiques ou des complaintes en langue vulgaire, entremêlés de latin, dont on introduisit l'usage dans les églises de France, lorsque le peuple commença à perdre l'intelligence de la langue latine. On les chantait dans les églises aux principales fêtes de l'année.

FASCIES, ÉCLISSES. Petites planches minces sur lesquelles reposent les tables des violons, des basses, des guitares.

FAUCET ou FAUSSET. C'est cette espèce de voix surlaryngienne, appelée plus exactement *voix de tête*, qu'un homme fait entendre lorsque, sortant à l'aigu du diapason de sa voix naturelle, il imite celle de la femme. (Voir l'art. VOIX.)

FAUX. On donne cette épithète, qui est opposée à juste : 1° à une voix qui entonne ou trop haut ou trop bas à l'égard des autres sons ; 2° à une corde qui produit de mauvaises oscillations ; 3° à une mauvaise relation ; 4° à l'accord des cordes d'un instrument ou des tuyaux d'orgue qui ne correspond pas à l'accord des autres instruments.

FAUX-BOURDON. Désigne : 1° une musique à plusieurs

parties, mais simple et sans mesure, dont les notes sont presque toutes égales et dont l'harmonie est toujours syllabique; 2° un chant où l'on mettait au-dessous d'une maxime, c'est-à-dire d'une note de huit mesures, plusieurs syllabes, et rarement des dissonances; 3° un genre de composition sur le plain-chant, où le chant était exécuté par une voix du medium, ordinairement par le ténor, avec un contrepoint figuré chanté par les autres voix.

Fête de sainte Cécile. Sainte Cécile cultivait la musique et s'accompagnait des instruments en chantant les louanges du Seigneur. C'est à cause de cela que les musiciens l'ont choisie pour leur patronne. Le poëte Santeuil a composé trois belles hymnes pour le jour de la fête de cette sainte, qui a lieu le 22 novembre.

Fêtes des trompettes. On croit généralement que cette fête, dont parle le chap. xxix du livre IV de Moïse, a été instituée par les Hébreux pour la solennisation de la récolte.

Fifre. Instrument de musique militaire, emprunté des Suisses, et dont le nom est originaire de la langue allemande. Le fifre est une petite flûte traversière percée de six trous. Elle a été en usage dans l'infanterie française, à partir de Louis XIII. Les dragons et les mousquetaires s'en sont servis depuis leur création jusqu'à l'époque où ils ont renoncé au tambour. Quant à l'infanterie, elle a tour à tour abandonné et repris le fifre, selon que l'ont voulu les règlements et la mode. Il ne s'en est vu depuis les guerres de la révolution que dans quelques corps, et seulement par le fait du caprice des colonels. Ainsi, il y en a eu dans la garde du Directoire et des Consuls, dans la garde impériale et dans celle de Paris, dans les Cent-Suisses, etc.

Pendant longtemps cette petite flûte, comparable à

l'ancien galoubet quant à l'usage, sinon quant à la forme, a été musicalement le dessus du tambour. Le mot fifre désigne à la fois l'instrument joué et l'homme qui le joue. Si on prend le terme dans la première acception, et comme objet inanimé, il a été synonyme de *arigot*; si on le conçoit comme un être animé, il a été synonyme de pifre. Il a produit, en souvenir de l'intempérance des musiciens, le verbe populaire s'*empifrer*, et la triviale locution *boire à tire-l'arigot*.

FIGURE COURTE. On appelait autrefois *figure courte* toute figure composée de trois notes, dont l'une valait autant que les deux autres. La note la plus longue pouvait être au commencement, au milieu ou à la fin de la figure.

FIGURÉ. Se dit d'une partie où se trouve une figure particulière de notes dominantes. On appelle *contre-point figuré* celui dans lequel on emploie plusieurs figures de notes, tandis que le *chant donné* ne fait entendre qu'une seule note.

FIGURES DE MUSIQUE. On donne ce nom aux notes de différente valeur dont il sera question à l'article *notes*, aux silences et généralement à tous les signes employés dans l'écriture musicale.

FILER UN SON. C'est le prolonger aussi longtemps que l'haleine peut le permettre, en observant de commencer *pianissimo*, de l'enfler insensiblement jusqu'au *forté*, et de le diminuer avec les mêmes gradations.

FIN. Ce mot se met ordinairement à la fin d'une période que l'on doit recommencer plus tard, pour indiquer l'endroit où il faudra s'arrêter.

FINALE. Les airs, les duos ouvrent bien un opéra, et figurent ensuite avec avantage dans les premières scènes de chaque acte. Mais lorsque les récits de l'ex-position ont tout expliqué, et que l'intrigue, mar-

chant avec rapidité, tend à s'embrouiller ; lorsque
le nœud de la pièce va se former ou se dénouer, et que
tous les ressorts mis en jeu pour y parvenir amènent
des incidents qui changent les situations, et font re-
fluer vers la fin de l'acte les grands tableaux, les effets
produits par l'expression du contentement, de l'i-
vresse, de la tristesse, de la fureur, du tumulte et du
désordre ; lorsque le moindre récit frappe tellement
les personnages dont l'agitation est au comble, qu'ils
ne peuvent l'entendre sans manifester soudain leurs
sentiments ; lorsque l'action et les passions occupent
tour à tour la scène, et à des intervalles si rapprochés
qu'on ne saurait passer subitement du chant au récitatif ou au dialogue parlé, pour revenir ensuite à la
mélodie, le compositeur traite toute cette fin d'acte
en chant proprement dit, lie les scènes les unes aux
autres, et fait une suite non interrompue d'airs, de
duos, de trios, de quatuors, de quintettes, de sextuors,
de chœurs même, en observant d'écrire en chant vocal tout ce qui exprime les passions, réservant la déclamation mesurée qui s'unit aux traits d'orchestre
et le récitatif pour le dialogue en action et pour les récits. Ce morceau de musique, le plus long que la scène
lyrique puisse nous offrir, s'appelle *finale*. C'est Lo-
groscino, compositeur qui florissait du temps de
Pergolèse, qui en fut l'inventeur. Paisiello est le premier qui l'ait introduit dans l'opéra sérieux.

Les plus beaux finales sont ceux du *Roi Théodore*,
de *Don Juan*, des *Noces de Figaro* de Mozart, du *Mariage secret* de Cimarosa, de la *Vestale* de Spontini,
d'*Élisa* de Chérubini, du quatrième acte de *Robert le
Diable* de Meyerbeer. Nous mentionnons Rossini le
dernier, parce que ce compositeur est le plus fécond,
et que l'on admire de superbes finales dans presque
tous ses opéras, et notamment dans *Moïse*, *Otello*,
Sémiramis, *Guillaume Tell*, *le Barbier de Séville*, etc.

Fiorritures. Mot italien francisé, qui signifie ornements de chant.

Fistula elvetica. Ancien nom de la flûte traversière.

Fistula panis. C'est le même instrument que les anciens Grecs appelaient syrinx.

Flageolet. Petit instrument à vent, de bois, d'ivoire, de toute sorte de bois dur, qui a un bec par lequel on l'embouche. On varie les sons du flageolet au moyen des six trous dont il est percé, outre l'embouchure, la lumière, et celui de la patte ou d'en bas.

C'est aussi un des jeux de l'orgue. Le tuyau est aussi large que ceux d'étoffe. Il est d'étain fin et ouvert. Le flageolet est ce qu'on appelle un jeu à bouche ou de mutation.

De *flageolet*, qu'ils appelaient *flageol*, nos aïeux formèrent le verbe *flageoler* (jouer du flageolet). Ce mot signifiait aussi mentir, railler, faire des contes, conter des sornettes, flatter, flagorner.

Flandre (De la musique en). La Flandre se glorifie avec raison de posséder l'école musicale la plus ancienne. Les plus remarquables contrepointistes des quatorzième et quinzième siècles étaient Flamands. Cette ancienneté d'école a déterminé plusieurs auteurs à dire que les Flamands ont été les premiers maîtres qui aient appris la musique aux autres peuples de l'Europe. Cette assertion cependant ne saurait être admise sans restriction.

Les chefs de l'école flamande sont : Jacob Obrecht, Jean Ockeneim, et Josquin, le plus remarquable de tous, qui était généralement appelé *princeps musicorum*, le prince des musiciens.

Jean Ockeneim se fit particulièrement admirer par une messe à trente-six voix avec des motets et des canons. Toute cette composition était cependant fondée sur le calcul, et presque entièrement dépourvue de chant. Josquin est le plus grand compositeur de son siècle. Il est considéré comme le père de l'harmonie moderne, et non-seulement il écrivit beaucoup d'ouvrages cent ans avant Palestrina, mais encore ses compositions sont plus originales, plus énergiques et plus chantantes que celles de ses prédécesseurs.

Les compositeurs flamands les plus remarquables du seizième siècle sont : Nicolas Combert, élève de Josquin, qui se distingua beaucoup dans la composition des fugues ; Cornelius Canis, Harnold de Prug, Adrien Vilaërt, Sébastien Hollander. Au dix-septième siècle parut le célèbre Jean Tinctor, qui donna une vive impulsion à la musique de son pays et de l'Europe entière.

Depuis ce temps, l'école flamande a cessé de produire de grands musiciens ; cependant dans les villes principales, on cultive la musique avec succès. Amsterdam possède une Société philharmonique, un Opéra hollandais et un Opéra français. A Rotterdam, les concerts sont bien composés et ont de nombreux souscripteurs. On y trouve aussi plusieurs bons chanteurs et des instrumentistes habiles. Enfin, dans toutes les villes de la Flandre, l'on aime et l'on cultive l'art musical.

Flautino. Mot italien qui signifie petite flûte. Il sonne une octave plus haut que la flûte ordinaire. (Voyez Flute (petite.)

Flat. Nom anglais du bémol.

Flexibilité. Se dit, dans le chant, de cette espèce d'élasticité et d'ondulation moelleuse qu'une voix doit avoir pour augmenter ou diminuer, sans le moindre effort, l'intensité des sons. On dit aussi d'un instrumentiste qu'il a de la flexibilité dans les doigts.

Fluide. Qualité d'une composition où le jeu des

sentiments présente sans cesse une marche douce et paisible. On dit qu'une harmonie est fluide, lorsqu'elle est parfaitement claire, coulante et en quelque sorte limpide.

FLUTE. Instrument à vent; son origine se perd dans la nuit des temps. Qu'elle soit due au hasard, comme le prétendent les poètes, ou qu'on en soit redevable à l'industrie humaine, c'est ce qu'il est impossible de vérifier. Toujours est-il que l'usage de cet instrument remonte à la plus haute antiquité, et que c'est celui qui a été le plus généralement connu de tous les peuples de la terre. Il appartient à quatre époques bien distinctes.

Première époque. Flûte primitive ou flûte de Pan. Sa forme fut d'abord de sept tuyaux de roseaux d'inégale longueur. Ces tuyaux étaient joints ensemble par de la cire. Ce nombre sept ne paraît point avoir été arbitraire. Il se rapportait à celui des sept corps célestes, connus sous le nom de *planètes*. Aussi, bien que cet instrument fût celui dont le dieu Pan faisait usage, il n'en était pas moins dédié à Apollon ou au Soleil, comme modérateur de ces sept corps célestes. C'est du moins l'opinion de Plutarque. Plus tard, on substitua à ce simple et rustique assemblage de roseaux, la flûte à un seul tuyau, soit qu'elle fût tout d'une pièce, ou de plusieurs corps joints l'un à l'autre, comme nos flûtes modernes. C'est ici que commence la deuxième époque.

Deuxième époque. Flûte antique. On employa d'abord à la confection de cette flûte les os de biche, apparemment le *tibia*, de même que celui de l'âne; il y en avait aussi en métal. Néanmoins, on ne tarda pas à substituer à ces matières, difficiles à mettre en œuvre, le bois jugé plus facile. Dans le principe, la flûte fut simple, percée de peu de trous. Varron assure qu'ils étaient au nombre de quatre seulement.

Ovide, dans ses *Fastes,* nous apprend que le bois dont on se servait était le buis. Il semblerait, d'après les anciens eux-mêmes, que cet instrument n'était rien moins que pastoral ; car nous voyons que les joueurs de flûte, aux jeux pythiques, s'évertuaient à imiter les aigres sifflements du serpent Python.

Troisième époque. Flûte du moyen-âge. Son organisation actuelle ne remonte pas très-haut. Nous voyons dans Rabelais, au seizième siècle, que Gargantua jouait de la flûte d'Alleman à neuf trous. Si les petites clefs qu'on a inventées depuis pour améliorer l'instrument avaient été en usage, le curé de Meudon n'eût pas manqué de les mentionner. Ainsi, l'heureuse et ingénieuse application des petites clefs à l'effet d'établir une indispensable égalité entre les *tons* et les *semi-tons,* ne remonte certainement pas à un siècle. Seulement il est hors de doute que nous sommes redevables aux Allemands de cette précieuse découverte, ainsi que de celle d'une *patte* au corps, qui donne deux notes de plus dans le grave de l'instrument. Ces deux notes sont *ut dièse* et *ut naturel.*

Quatrième époque. Flûte moderne. Elle est en *ré* ou en *ut.* Pour parler plus correctement, l'une descend au *ré* au-dessous des cinq portées, et la deuxième à l'*ut naturel.* Les Allemands, les Anglais et les Italiens ont, depuis bien des années, renoncé à la flûte *à patte de ré* comme trop mesquine. En France, nous avons été plus récalcitrants. La première méthode où il soit fait mention des trois petites clefs (*fa naturel, la* et *si bémol*) est celle de MM. Hugot et Wanderlich. Elle a été publiée par le Conservatoire à l'époque de la formation de cet établissement sous la République. C'était là un heureux commencement ; mais l'opposition systématique d'infatigables routiniers a apporté bien des retards aux perfectionnements dont la flûte a été l'objet.

La flûte moderne est de forme *cylindrique*, comme celle du moyen-âge. Elle se compose de quatre tubes ou corps creusés et séparés. On les ajuste les uns dans les autres au moyen d'*emboîtures* et de *tenons*. Le premier *corps* se nomme *tête*; il est percé à sa surface d'un trou unique; on le nomme *trou de l'embouchure*. Le deuxième corps s'emboîte dans le premier; il est percé de trois trous à sa surface: il s'emboîte aussi dans le troisième qui est également percé de trois trous à sa surface comme le précédent. Celui-ci, à son tour, s'emboîte par son extrémité inférieure dans le quatrième corps ou *patte*, soit de *ré* ou d'*ut*, soit de toute autre. Le premier, le troisième et le quatrième corps sont garnis de *viroles* d'ivoire ou d'argent. La *patte* en *ré* est percée d'un seul trou assez large; il est fermé par une clef qu'on fait agir avec le petit doigt de la main d'en bas. La *patte* en *ut*, outre ce trou dont nous venons de parler, en a encore deux autres, l'un pour l'*ut naturel*, l'autre pour l'*ut dièse*. Les clefs sont en sens contraire à celle de *ré dièse*. Elles restent ouvertes, mais on les bouche chaque fois qu'on veut obtenir les deux notes pour lesquelles elles sont établies. C'est encore par le moyen du petit doigt, toujours d'en bas, que ces clefs jouent.

A une époque plus rapprochée encore, grâce à l'habileté de quelques facteurs et au procédé de fabrication mis en usage par Boëhm, d'après la découverte de Gordon, la flûte est devenue un instrument aussi complet, aussi juste et d'une sonorité aussi égale qu'on puisse le désirer.

Les sons de la flûte n'ont pas une expression très-caractérisée; cependant ils sont doux et purs, et peuvent rendre avec bonheur certaines nuances délicates qu'on ne saurait attendre de la naïveté du hautbois, de la gravité du cor anglais, ni de la force éclatante de la clarinette. Tel est, par exemple, le chant triste et désolé, mais humble et doux que Gluck, dans son *Orphée*, prête aux ombres qui habitent les Champs-Élysées. La flûte est employée aussi d'une manière heureuse dans le chœur des prêtres, au premier acte d'*OEdipe* de Sacchini : *O vous que l'innocence;* dans la cavatine du duo de *la Vestale* de Spontini : *Les Dieux auront pitié ;* et dans une foule de passages de *Freyschutz* de Weber, surtout pendant la mélancolique et suave prière d'Agathe.

FLUTE (petite). — Elle est à l'octave haute de la précédente.

La petite flûte a un timbre perçant dont on abuse aujourd'hui comme de tout ce qui éclate d'une manière bruyante. Ses notes aiguës sont excellentes dans un *fortissimo* de tout l'orchestre, pour obtenir les effets déchirants dans un orage ou dans une scène d'un caractère féroce. Beethoven dans la *Symphonie pastorale*, et Gluck dans la tempête d'*Iphigénie en Tauride*, en ont fait usage avec bonheur.

Spontini, dans la célèbre bacchanale des *Danaïdes*, a joint un cri bref et perçant des flûtes avec un coup sec des cymbales. Cela déchire comme un poignard.

FLUTÉ. On appelle sons flûtés ceux que l'on produit sur les instruments à cordes ou à archet, en appuyant légèrement le doigt sur les cordes et en faisant un mouvement particulier avec l'archet qu'on approche davantage du chevalet.

FLUTISTE. Musicien qui joue de la flûte.

FOLIES D'ESPAGNE. Air qui se dansait autrefois en Espagne avec des castagnettes. Les uns l'attribuent au célèbre violoniste Corelli, d'autres à Broschi (Ricardo), frère de l'admirable chanteur Farinelli (*dit* Carlo Broschi), mais il n'appartient pas plus à l'un qu'à l'autre. Son auteur est inconnu. Le claveciniste français d'Anglebert avait publié vingt-deux variations sur ce thème, en 1689, et l'œuvre 5 de Corelli, qui contient vingt-quatre variations sur *la Follia*, ne parut à Rome qu'en 1700. Cet air, dit Castil-Blaze, dans son *Molière musicien*, est établi sur des modulations d'un usage alors fréquent et presque général, modulations qui réglaient la marche de la mélodie et donnaient un air de famille à toutes les petites pièces de ce genre. La chanson provençale : *Fai te lou tegne blu, panturla*, dont la musique remonte au XIIe siècle, présente les types des *Folies d'Espagne*; type dont il semble que Pergolèse ait subi l'influence en écrivant le premier duo de son *Stabat Mater*. Ce duo procède et module exactement comme les *Folies d'Espagne*.

FONDAMENTAL. Le son fondamental est celui qui sert de fondement à l'accord ou au ton. La basse fondamentale est celle qui sert de fondement à l'harmonie. L'accord fondamental est celui dont la note la plus basse est fondamentale.

FORCE. Qualité du son, appelée aussi *intensité*, qui le rend plus sensible et le fait entendre de plus loin.

FORCER LA VOIX. C'est un défaut qu'on rencontre souvent chez les chanteurs, surtout lorsqu'ils sont indisposés. Ils crient alors au lieu de chanter, et ils détonnent facilement, attendu que leur voix sort de son étendue naturelle.

FORME. Les compositions musicales se distinguent par leurs formes. La symphonie a une forme différente du concerto; l'air a une toute autre forme que le rondeau, etc.

FORTE. Adverbe italien qui signifie *fort*; est employé dans la musique par opposition au mot *piano*, pour indiquer qu'il faut augmenter le son et chanter à pleine voix.

FORTE-PIANO. C'est le nom par lequel on a désigné pendant long-temps le *piano*. Il fut appelé ainsi par les premiers inventeurs.

FOURCHE. Terme dont on se sert à l'égard du doigté des instruments à vent et à trous, pour indiquer la position des trois grands doigts, dont les extrèmes sont posés sur les trous, tandis que celui du milieu est levé.

FOYERS DE THÉATRE. C'est ainsi que l'on nomme les pièces ou salons faisant partie de l'édifice consacré à un spectacle, et qui servent de lieu de réunion. Chaque théâtre a deux foyers : celui des acteurs, voisin de la scène, où ils attendent le moment d'y paraître, et celui du public, où les spectateurs viennent s'asseoir ou se promener pendant les entr'actes. Le foyer des comédiens de l'ancien Théâtre-Français, où figuraient les Préville, les Dazincourt, les Dugazon, fut renommé jadis pour l'attrait de ses causeries. Le malin et spirituel Hoffmann fit souvent le charme du foyer public de l'Opéra-Comique, où chaque soir on assistait, grâce à lui, à une sorte de cours de bonnes plaisanteries et d'amusantes narrations. Aujourd'hui l'on ne cause plus guère que dans le vaste et riche foyer de l'Opéra ; mais c'est surtout la politique qui fait le sujet des conversations dans ce rendez-vous habituel des ambassadeurs, des diplomates, des grands fonctionnaires, des notabilités de tout genre. Le foyer de l'Opéra est à la fois une succursale des salons des Tuileries et du palais de la Bourse.

FRACAS. Ce mot désigne simplement un bruit d'une nature particulière *(fragor)*, mais sans rupture, fracture ou dégât d'aucune sorte. Il ne s'applique guère dans ce cas qu'aux détonations successives de la foudre pendant un orage. L'action d'un corps en mouvement peut aussi causer du fracas ou en fracasser un autre, sans que cette opération soit accompagnée d'un bruit sensible. Ce mot, en musique, se prend ordinairement en mauvaise part. On dit qu'un orchestre fait du *fracas* lorsqu'il ne produit qu'un bruit sans effet.

FRANCE [*] (Notice historique sur la musique en).— L'origine de la musique française remonte à une haute antiquité, ainsi que le prouvent les plus anciennes chroniques. Les vieilles chansons des Francs étaient généralement écrites en langue latine : elles avaient beaucoup d'analogie avec les ballades des Goths ; cependant on y remarque une vivacité qui leur est particulière. Dans les fêtes publiques, les Francs se servaient d'un grand nombre d'instruments, et les victoires des premiers rois étaient célébrées par des chants.

L'orgue fut introduit en France en 757, lorsque l'empereur Constantin VI en envoya un en présent à Pépin, père de l'empereur Charlemagne. Peu de temps après, le chant grégorien fut importé de Rome. Charlemagne, dont le puissant génie ne négligeait rien de ce qui pouvait illustrer la France, s'adressa au pape Adrien pour en obtenir des chanteurs qui fussent capables d'enseigner le chant grégorien ; ce pontife lui envoya deux chantres, Théodore et Benoît, qui apportèrent un antiphonaire noté par saint Grégoire lui-même. D'après l'ordre de l'empereur, tous les livres de chant ecclésiastique de l'empire furent corrigés au moyen de cet antiphonaire, et le chant grégorien fut généralement adopté.

A la même époque, les baladins et les musiciens ambulants étaient en grand nombre en France ; ce n'étaient pas seulement les musiciens, mais les historiens du royaume. Ils récitaient dans leurs chan-

---

[*] Nous avons écrit cette notice sur la musique en France pour un dictionnaire traduit de l'italien, qui a paru en 1839. Nous reprenons aujourd'hui ce travail, qui est notre propriété, pour le transporter ici, après l'avoir complété et modifié dans quelques parties.

sons les principaux événements de l'histoire du pays, et célébraient les actions héroïques des rois.

Les chansons de guerre des Francs furent longtemps les seules que le peuple répéta ; elles étaient conformes au goût barbare de cette époque. Ces chansons militaires s'appelaient *chansons de geste*, parce qu'elles célébraient les hauts faits des preux. De ce nombre est la *chanson de Roland*.

Les *chansons badines* sont moins anciennes que les *chansons de geste* ; cependant on ne peut déterminer avec précision le temps où elles commencèrent à être en usage.

Parmi les musiciens qui fleurirent en France depuis le temps de Charlemagne jusqu'à celui de Gui d'Arezzo, on remarque Rabanus et Haymar de Halberstadt, contemporains des chanteurs envoyés par le pape Adrien ; Heris, disciple de Rabanus, Remi d'Auxerre, l'un des membres les plus savants de l'église latine à la fin du neuvième siècle ; Hucbald, moine de Saint-Amand, contemporain de Remi, et Odon, abbé de Cluni en Bourgogne, qui vécut un peu plus tard. Mabillon place ce dernier au nombre des hommes qui exercèrent le plus d'influence sur la littérature et les beaux-arts pendant la première partie du dixième siècle. Remi et Hucbald ont écrit des traités sur la musique qui se trouvent à la Bibliothèque royale à Paris. On remarque dans l'ouvrage d'Hucbald quelques exemples d'harmonie qui prouvent que le chant en consonnance a été inventé avant le temps de Gui. L'église romaine fait encore usage d'une partie des hymnes et des antiennes composées par Odon.

Philippe de Vitry, évêque de Meaux, mort en 1361, passe pour être le même que l'auteur latin, *Vitriacus*, qui fut, vers le milieu du quatorzième siècle, l'un des commentateurs de Francon. Cet écrivain est moins

connu que Jean de Muris, docteur de l'Université de
Paris, qui a passé pendant longtemps pour l'inventeur de la musique mesurée et qui tient la première
place parmi les écrivains français du moyen-âge sur
la musique.

Dans le douzième siècle, la langue romane était
formée, et les poètes, qui étaient presque tous musiciens, s'en servaient uniquement pour les chansons
et les poésies rimées auxquelles ils ajoutaient de la
musique. Cette langue, qu'on appelait en général la
langue d'Oïl, était différente d'une autre langue qu'on
parlait dans le midi de la France et qui s'appelait la
langue d'Oc. Les *troubadours* provençaux et toulou-
sains se servaient de celle-ci, qui existe encore intacte
dans le Midi, et les *trouvères* et *ménestrels* proprement
dits faisaient usage de l'autre.

En 1323, les sept premiers troubadours toulou-
sains formèrent la compagnie *supergaye*, qui donna
naissance aux *jeux floraux*. Cette compagnie qui,
chaque dimanche, tenait ses séances dans un jardin,
décerna des prix qui se distribuaient le 1er mai. Le
premier qui fut accordé consistait en une violette
d'or qu'un troubadour, nommé *Arnauld Vidal*, obtint,
en 1324, pour une espèce de romance à la Vierge.
Cette institution subsiste encore, mais elle n'est plus
que poétique.

Presque toutes les chansons françaises des douzième et treizième siècles sont écrites pour une seule
voix. Peu de trouvères étaient assez instruits en musique pour en faire à trois ou quatre voix. L'un d'eux
pourtant, nommé Adam de Le Hale, et surnommé
le *Bossu d'Arras*, à cause de sa difformité et du lieu
de sa naissance, se distingua, vers 1280, comme auteur de chansons et de motets à trois parties.

Les motets de ce trouvère nous offrent aussi plusieurs particularités remarquables. Ils se composent

du plain-chant d'une antienne ou d'une hymne, mis à la basse avec les paroles latines, et sur lequel une ou deux autres voix font une espèce de contrepoint fleuri, et, ce qui peint bien le goût de ces temps barbares, ces voix supérieures ont des paroles françaises de chansons d'amour. Ces motets se chantaient dans les processions.

Les ménestrels et les trouvères formèrent des associations sous les noms de *ménestrandie, cours d'amour*, etc. Les ménestrels ou ménétriers fondèrent, vers 1330, la confrérie de *Saint-Julien des Ménétriers*; l'année suivante, elle fonda l'hôpital qui a porté ce nom et choisit un chef qui prit celui de *roi des ménétriers*. Les actes de cette confrérie furent enregistrés au Châlet, le 23 novembre 1331. On appelait alors *ménestrandie* une société nombreuse qui se composait de chanteurs, de joueurs d'instruments, et même de baladins et de faiseurs de tours. La confrérie de Saint-Julien des Ménétriers ne cessa d'exister qu'en 1689; depuis lors il n'y a plus de ménétriers en France.

Vers la fin du quatorzième siècle, la musique à plusieurs parties avait fait peu de progrès en France. Il existe un monument de l'art, tel qu'il était alors, dans un manuscrit des poésies de Guillaume de Machault, qui, suivant l'usage de ce temps, était à la fois poète et musicien. La plupart de ces morceaux sont remplis de fautes grossières d'harmonie, qui prouvent que depuis Adam de Le Hale l'art d'écrire la musique à plusieurs voix ne s'était pas perfectionné, et même que les qualités par lesquelles brillent les compositions de ce musicien poète n'avaient pas été appréciées par les Français.

Vers le milieu du quinzième siècle on remarque des progrès très-sensibles parmi les musiciens français. L'un d'eux, nommé Giles ou Egide Binchois, lut le contemporain du compositeur flamand Guillaume Dufay, et parait avoir partagé avec lui et l'anglais Dunstaple la gloire de certaines améliorations assez importantes dans l'harmonie et dans le système de la notion. Ce musicien vivait vers 1440.

Après Binchois on trouve Antoine Busnois, maître de chapelle de Charles-le-Téméraire, duc de Bourgogne, qui brillait vers 1470.

Jean Mouton et Antoine Brumel occupèrent ensuite le premier rang parmi les musiciens français. Ils étaient contemporains du fameux Josquin-des-Prés, qui faisait la gloire des Pays-Bas, et tous deux brillaient dans les dernières années du quinzième siècle et au commencement du seizième. Jean Mouton était maître de chapelle de Louis XII. Antoine Brumel avait eu pour maître Jean Ockenheim, célèbre musicien flamand et maître de chapelle de Louis XI.

Sous le règne de François Ier l'art prit un essor nouveau. Ce prince, vers 1530, avait deux maîtres de chapelle; le premier s'appelait Claude de Sermisy ou de Servisy, et le deuxième Aurant. Il ne reste rien de leurs ouvrages, mais on peut s'en consoler avec les compositions de Clément Jannequin, le plus habile, le plus célèbre des musiciens de cette époque, et l'un des premiers de qui l'on peut dire qu'ils ont eu réellement du génie. Ce compositeur publia, en 1544, un recueil de ses ouvrages sous le titre justement appliqué d'*Inventions musicales à quatre ou cinq parties*. C'est dans ce recueil que se trouve la pièce si originale qui a pour titre *la Bataille* ou *Défaite des Suisses à la journée de Marignan*. Tous les termes militaires dont on se servait alors dans un combat y sont employés, et l'on y trouve une imitation fort plaisante et fort pittoresque du canon, des trompettes, des tambours et du cliquetis des armes.

Quelques recueils imprimés en 1529 et dans les

années suivantes, par Pierre Atteignant, imprimeur de Paris, font connaître les noms et les œuvres de plusieurs compositeurs français, contemporains de Clément Jannequin, et qui eurent dans ce temps la réputation de musiciens habiles. Ces compositeurs furent Hesdin, Rousée, maître Gosse, Certon, Hottinet, A. Mornable, G. Le Roy, Vermont, Manchicourt, L'Héritier, Guillaume Le Heurteur et Philibert Jambe-de-Fer.

Goudimel, né à Besançon vers 1520, fut un de ces hommes nés pour se placer à la tête des artistes de leur temps. Élevé dans la religion catholique, il fut d'abord maître de chapelle dans sa ville natale, s'y livra à la composition de la musique d'église, puis alla à Rome où il eut la gloire de devenir le maître de Palestrina. De retour en France, Goudimel périt malheureusement à l'époque de la Saint-Barthélemy, en 1572. Il était alors à Lyon ; Mandelot, gouverneur de cette ville, le fit jeter dans le Rhône.

L'année 1581 est une époque remarquable dans l'histoire de la musique française, par le premier essai d'une espèce de drame musical : cet ouvrage fut fait et représenté au Louvre, à l'occasion du mariage du duc de Joyeuse avec mademoiselle de Vaudemont. Bathazarini, célèbre violoniste piémontais de son temps, avait été envoyé par le maréchal de Brissac à Catherine de Médicis, qui le nomma intendant de sa musique. Ce fut lui qu'on chargea du soin d'organiser une fête musicale et dramatique pour les noces du favori du roi, et il traça le plan d'une pièce à machines à laquelle il donna le nom de *Ballet comique de la royne*. Il s'associa deux musiciens de la chambre de Henri III, nommés Beaulieu et Salmon, qui composèrent une partie des airs de danses et des chants à plusieurs voix, et l'ouvrage fut exécuté par une partie des seigneurs et des dames de la cour. Il produisit une vive impression : rien de semblable n'avait été entendu en France jusque-là. Ce fut le premier germe de l'Opéra, qui n'eut d'existence réelle à Paris que près d'un siècle plus tard.

Le règne de Henri IV fut peu favorable au progrès de la musique. Ce prince, bien qu'il ne fût pas ennemi des arts, était trop occupé des affaires de l'État pour avoir du temps à donner aux plaisirs des spectacles. Il est certain que c'est de ce moment que la musique française commença à décliner et devint inférieure à celle des autres nations, et particulièrement des Italiens. Louis XIII était bon musicien, et même il composait de la musique à plusieurs parties ; néanmoins il fit peu de chose pour cet art qu'il aimait de préférence ; parce que, ne prenant par lui-même aucune détermination, il laissait à Richelieu jusqu'au soin de protéger les arts. Ce ministre ombrageux, qui ne s'était fait le Mécène des gens de lettres et des poètes qu'à la condition qu'ils chanteraient ses louanges, n'avait rien à attendre des musiciens ; aussi ne fit-il rien pour eux. L'abandon où languirent les artistes sous la longue domination de ce prêtre, joint aux ridicules prétentions du roi des ménétriers et à l'obligation de se faire recevoir maître à danser pour avoir le droit d'exercer la profession de musicien, furent les causes principales de la décadence de l'art, qui se continua jusqu'à la majorité de Louis XIV. Le ministère de Mazarin ne put même ranimer l'art ni les artistes, bien que le prélat italien eût apporté de son pays le goût de la musique, et qu'il eût essayé de la faire revivre à la cour de Marie de Médicis. Les circonstances étaient d'ailleurs peu favorables. Une rénovation sociale et politique s'opérait alors en France et dans toute l'Europe ; une vive agitation se manifestait dans les partis qui étaient opposés à la cour : les guerre de la Fronde et les vicissitudes qui en étaient la suite, tout cela n'était point favorable aux progrès d'un art qui vit de luxe et de repos.

Les instruments qui furent de mode au commencement du dix-septième siècle étaient le luth, la viole, le violon et le clavecin. Jacques Mauduit était fort instruit sur le luth, ou du moins passait pour l'être. On remarquait aussi à la cour de Henri IV deux écossais, nommés Jacques et Charles Hedington, qui passaient pour être des luthistes d'un grand mérite. Ils avaient pour rival Julien Perrichon qui, dit-on, excellait surtout dans l'accompagnement. Les deux Gauthier vinrent ensuite et excitèrent l'admiration de Louis XIII et de ses courtisans; enfin on cite aussi comme des luthistes distingués de la même époque, Hemon et Blancrocher. Parmi les violistes, ceux qui se sont fait la plus brillante réputation au commencement du dix-septième siècle, sont Hottemann et Laridelle.

Trois frères, nommés Louis, François et Charles Couperin, furent de très-habiles organistes pour leur temps, sous le règne de Louis XIII, et formèrent la souche d'une famille de musiciens qui s'est illustrée pendant deux cents ans.

Il paraît que le clavecin fut cultivé avec plus de succès en France, au commencement du dix-septième siècle, qu'aucun autre instrument. Thomas Champion et son fils Jacques Champion faisaient alors les délices de la cour et de la ville; mais ils furent surpassés et laissés fort en arrière par leur fils et petit-fils Champion de Chambonnières, dont il a été gravé quelques recueils de pièces qui prouvent en faveur de son talent. Au reste Chambonnières appartient plutôt à la minorité de Louis XIV qu'au règne de son père.

En 1645, le cardinal Mazarin fit connaître pour la première fois aux Français l'opéra italien, qui existait depuis plus de cinquante ans, mais qui n'avait pas encore été imité en France, bien que le premier essai des spectacles en musique, par Baltasarini, eut dû mettre sur la voie de ces spectacles. Une troupe de chanteurs italiens que le cardinal avait fait venir à grands frais, joua au palais Bourbon deux opéras, le premier dans le genre bouffe, intitulé *la Festa teatrale della finta pazza*; la seconde était *l'Orfeo ed Euridice* de Monteverde. Les Parisiens ne goûtèrent point ce spectacle, et le cardinal, qui l'aimait beaucoup, fut obligé d'y renoncer et de renvoyer ses chanteurs en Italie. La nation française n'était pas assez avancée dans la connaissance de la musique pour prendre du plaisir à en entendre d'un genre sérieux pendant près de cinq heures; car il paraît que la représentation de ces pièces ne durait pas moins. Ce ne fut que quinze ans plus tard, c'est-à-dire en 1660, aux fêtes du mariage de Louis XIV, que Mazarin fit venir de nouveau des chanteurs italiens qui représentèrent au Louvre une tragédie lyrique en cinq actes, intitulée *Ercole amante*. Il paraît que cette fois le cardinal fut plus heureux et que la cour prit plaisir à entendre cette musique.

Si la persévérance de Mazarin à faire goûter aux Français la musique de son pays ne produisit pas tout l'effet qu'il en attendait, elle eut du moins pour résultat de leur donner une musique nationale. Cambert, organiste de l'église Saint-Honoré, et musicien de la mère de Louis XIV, après avoir entendu les opéras italiens, conçut le projet de les imiter en français, et s'étant associé avec Perrin, maître de cérémonies de Gaston, duc d'Orléans, il écrivit une pastorale qui fut représentée à Issy, en 1659, et qui fut applaudie. Cet heureux essai valut, aux auteurs de cette pastorale, un privilège pour l'établissement du premier opéra français. Ils formèrent une société avec le marquis de Sourdéac qui avait du génie pour les machines, et ouvrirent leur spectacle dans la salle du jeu de paume de la rue Mazarine, en 1671, par l'opéra de *Pomone*. L'année suivante, ils donnèrent *les Peines et les Plaisirs de l'amour*, pastorale, et le public parut prendre goût à ces ouvrages ; mais les auteurs des paroles et de la musique n'étaient pas destinés à jouir longtemps de leur privilége ; Lulli, qui jouissait de la faveur de Louis XIV, eut le crédit de le leur enlever.

Jean-Baptiste de Lulli, né près de Forence en 1633, avait reçu les premières leçons de musique et de guitare d'un cordelier ami de sa famille. Il apprit ensuite à jouer du violon et y montra d'heureuses dispositions. Le chevalier de Guise, voyageant en Italie, fut charmé des talents du jeune Lulli, et l'amena à Paris lorsqu'il n'était encore âgé que de treize ans. Mademoiselle, nommée *la Grande Mademoiselle*, ayant entendu parler au chevalier de son protégé, le lui demanda, et eut la singulière fantaisie de le placer dans ses cuisines au rang des marmitons. Doué du caractère le plus gai, Lulli amusait ses camarades et charmait quelquefois leurs ennuis par les sons de son violon. La princesse l'entendit un jour avec beaucoup de plaisir et lui donna des maîtres de clavecin et de composition nommés Métru et Roberday, tous deux organistes à Paris. Louis XIV voulut entendre un musicien dont tout le monde parlait avec admiration, et il fut si satisfait du jeu de Lulli sur le violon, qu'il s'empressa de l'attacher à son service. Il lui donna l'inspection de sa musique, et particulièrement celle d'une nouvelle bande de musiciens qu'on nomma *les petits violons*, pour les distinguer des *vingt-quatre grands violons*, espèces de ménétriers qui ne savaient pas lire la musique. Formés par Lulli, ces nouveaux musiciens firent, depuis lors, le service de la chapelle et de la chambre du roi, et les anciens violons ne conservèrent

d'autre privilège que celui d'écorcher les oreilles de la
cour le jour de la fête de Louis XIV.

Lulli commença par composer quelques airs pour
les ballets qu'on exécutait à la cour et les divertissements des comédies de Molière. Chargé des détails
des fêtes de la cour, il écrivait aussi beaucoup de
symphonies qu'on y exécutait. Enfin l'opéra français
prit naissance; Lulli comprit ce qu'on en pouvait
faire; mais, pour en tirer tout l'avantage qu'il voulait, il lui fallait un poète qui comprît ses idées et
qui voulût s'y soumettre; il le trouva en Quinault.
Le premier ouvrage qui résulta de l'association
de ces deux hommes célèbres, fut la pastorale intitulée *les Fêtes de l'Amour et de Bacchus*, représentée
en 1672. Elle fut suivie de *Cadmus*, d'*Alceste*, de *Thé-
sée*, d'*Atys*, d'*Isis*, de *Psyché*, de *Bellérophon*, de
Proserpine, de *Persée*, de *Phaëton*, d'*Amadis*, de
Roland, enfin d'*Armide*, représentée en 1686, et qui
est considérée comme le plus bel ouvrage de Lulli.
Ce compositeur écrivit en outre plusieurs pastorales
et vingt-cinq ballets. Cette fécondité paraîtra prodigieuse, si l'on considère que Lulli était à la fois compositeur, chef d'orchestre, maître de chant, de déclamation et chorégraphe de son théâtre. A l'époque où
il prit la direction de l'Opéra, il n'existait en France ni
chanteurs, ni danseurs, ni choristes, ni musiciens
d'orchestre, et il forma tout cela par sa rare intelligence et son activité.

Si l'on envisage Lulli comme compositeur, on ne
peut nier qu'il eut un mérite fort remarquable dans
la déclamation chantée, c'est-à-dire dans le récitatif.
A l'égard de la mélodie de ses airs et de son instrumentation, il ne doit pas être placé parmi les inventeurs, car il a imité le style de Carissimi et de Ca-
valli. Mais telle était l'ignorance où l'on était en
France sur les productions musicales à l'étranger,

qu'on était persuadé qu'aucun musicien ne pouvait lutter de génie avec Lulli, et ce préjugé, pardonnable en 1675, se conserva pendant plus de cinquante ans. Il n'y eut pas d'espoir de succès pour les compositeurs qui vinrent après lui, à moins qu'ils ne se fissent ses imitateurs; aussi n'y eut-il réellement en France qu'un genre de musique dramatique depuis Lulli jusqu'à Rameau, c'est-à-dire depuis 1672 jusqu'en 1733. Beaucoup de compositeurs remplissent l'intervalle entre ces deux hommes habiles; les plus remarquables sont Colasse (1687-1706), Charpentier, Desmarets, Campra, Coste et Destouches (1692-1710), Bertin (1706), Mouret (1714), Montéclair (1716), Rebel et Francœur (1725-1760), de Blamont (1731), et plusieurs autres dont les noms, bien qu'assez obscurs, sont encore plus connus que leurs ouvrages. Tous, à l'exception de Campra, qui avait de l'originalité dans les idées, ont été des imitateurs de Lulli, mort à Paris le 22 mars 1687, des suites d'une blessure qu'il s'était faite au pied.

Le préjugé des Français en faveur de Lulli se reproduisit en faveur de Lalande, le plus habile compositeur de musique d'église sous le règne de Louis XIV, et dont le style servit pendant longtemps de modèle aux nombreux compositeurs français de son temps, qui suivirent ses traces dans ce genre de musique.

Sous le règne de Louis XIV la musique instrumentale fit quelques progrès, et plusieurs artistes de mérite préparèrent une voie de perfectionnement à leurs successeurs. Les clavecinistes les plus célèbres de cette époque furent François Couperin, Hardelle, d'Anglebert et Buret.

Les instruments à archet furent aussi cultivés avec succès. Marais et Forqueray se distinguèrent sur la viole, pour laquelle ils ont publié plusieurs suites de pièces. Senaillé, né en 1688, fut le premier violoniste de France qui mérita d'être mis en parallèle avec les violonistes italiens : il écrivit de bonnes sonates pour son instrument. Leclair fut son contemporain et mérita, comme lui, les applaudissements des gens de goût. Ces deux artistes doivent être considérés comme les fondateurs de l'école française du violon.

A l'égard du chant, c'était un art inconnu en France, et il le fut encore longtemps. Lambert, célébré dans les vers de Boileau, et dont Lulli avait épousé la fille, passait pour le meilleur maître de Paris; ce n'était pas beaucoup dire. Après lui venait Camus, Dambray, et Bacilli. Aucun d'eux ne connaissait les principes de la pose de la voix et de la vocalisation.

Sous la régence, la musique dramatique et religieuse resta stationnaire. Il était réservé au règne de Louis XV d'être témoin d'une sorte de révolution dans la musique de théâtre : ce fut Rameau qui la fit. Jean-Philippe Rameau, né à Dijon le 25 octobre 1683, étudia comme enfant de chœur les principes de la musique dans sa ville natale, puis voyagea en Italie, où il n'alla pas plus loin que Milan. De retour en France, il fut organiste à Clermont, en Auvergne, et ensuite à Paris. Habile dans l'art de jouer de l'orgue, il se fit remarquer par les pièces de clavecin qu'il publia et qui étaient d'un genre neuf. Mais ce qui fixa surtout l'attention sur lui, fut la publication d'un *Traité d'harmonie* qui parut en 1722, et qui était fondé sur une théorie nouvelle. Bien qu'il fût reconnu comme un savant et habile musicien, et peut-être à cause de cela, Rameau ne pouvait parvenir à trouver un poëme d'opéra pour en composer la musique. Il avait cinquante ans lorsqu'il put enfin satisfaire son désir : son opéra d'*Hippolyte et Aricie* ne fut représenté qu'en 1733. Vingt-deux opéras composés par Rameau, dans l'espace de dix-sept ans, prouvèrent une fécondité rare chez un artiste déjà âgé dès son début. Les partisans de Lulli se déchaînèrent contre l'artiste qui osait s'écarter de la route tracée par son prédécesseur, et se créer une manière nouvelle. Ils trouvèrent son harmonie dure et baroque, ses mélodies tourmentées, son récitatif trop chantant, et ses airs pas assez. Lulli conserva beaucoup de partisans, mais Rameau eut les siens, et les habitués de l'Opéra se partagèrent en deux camps qui se firent la guerre jusqu'à ce qu'un compétiteur célèbre vînt de l'Allemagne les faire oublier l'un et l'autre.

Les compositeurs français, contemporains de Rameau, furent les derniers qui écrivirent de la musique dans le style purement français. Ces compositeurs furent Mondonville (1742-1758), Berton (1755-1775), d'Auvergne (1752-1773), Trial (1765-1771), et quelques autres moins connus. En 1752, l'arrivée d'une troupe de chanteurs italiens à Paris, opéra dans le goût de la musique française, une révolution dont les résultats ne se firent pas sentir tout de suite, mais qui ne fut pas moins réelle. Ces chanteurs, qui donnaient des représentations à l'Académie royale de musique alternativement avec l'Opéra français, firent entendre pour la première fois, aux habitués de l'Opéra, *la Serva padrona* de Pergolèse, et d'autres ouvrages des meilleurs compositeurs italiens de cette époque. Une partie de la société, c'est-à-dire cette portion intelligente qui devance toujours le temps où elle vit, montra la plus vive admiration pour cette musique élégante, spirituelle, dans laquelle la vérité de diction, la forme gracieuse de la mélodie et la convenance de l'instrumentation s'unissaient pour former un tout séduisant pour l'oreille et pour l'esprit. De leur côté, les enthousiastes de la musique française furent fort scandalisés de l'atteinte qu'on osait porter aux objets de leur admiration. Une guerre s'alluma entre les deux partis, et le parterre se divisa en deux camps qui se désignèrent sous les noms de *coin de la reine* et *coin du roi*, parce qu'ils étaient rangés près des loges de la reine et du roi. A la tête du coin de la reine étaient J.-J. Rousseau et le baron de Grimm. La thèse soutenue par Grimm et Rousseau était que, non-seulement la musique française ne pouvait lutter avec l'italienne, mais qu'à proprement parler, il n'y avait point de véritable musique française, et qu'il ne pouvait y en avoir. Ces assertions ne restèrent point sans réponse, et les partisans de cette musique dont on niait l'existence, ripostèrent par une multitude de pamphlets. Cette guerre dura près de deux ans, après quoi l'on s'aperçut des progrès sensibles que faisait le goût de la musique italienne, et les chanteurs ultramontains furent renvoyés.

Toutefois, le coup était porté, et le besoin de la musique italienne se venait sentir. L'Opéra-Comique français, qui ne faisait que de naître, s'empara de ce que le grand Opéra avait dédaigné, et vécut avec les traductions des opéras qu'on ne pouvait plus entendre dans la langue originale. Un compositeur italien, Duni, sorti de la même école que Pergolèse, vint à Paris en 1757, et composa l'un des premiers opérascomiques originaux, le *Peintre amoureux de son modèle*; son succès, dû principalement à la musique simple et naturelle de Duni, engagea ce musicien à se fixer en France, et successivement il donna l'*Ile des Fous, Mazet, le Milicien, les Chasseurs, la Fée Urgèle, la Clochette, les Moissonneurs* et *les Sabots*. Ce que Duni avait commencé, Philidor l'acheva en donnant, dans le goût italien et avec une certaine force d'harmonie inconnue alors (1759), *Blaise le savetier*, suivi du *Soldat magicien*, du *Maréchal*, de *Sancho Pança*, du *Bûcheron*, de *Tom Jones* et des *Femmes vengées* La mélodie de Philidor manquait quelquefois de grâce, mais elle était dramatique.

Une autre compositeur français, venu dans le même temps que Philidor, Monsigny, contribua beaucoup aussi à faire oublier le style lourd et soporifique de la musique française. *Les Aveux indiscrets,* qu'il fit représenter en 1759, commencèrent sa réputation. Encouragé par un premier succès, il donna en 1760, le *Maître en droit* et le *Cadi dupé,* remarquables par l'esprit et la finesse de la musique; enfin, *On ne s'avise jamais de tout, le Roi et le Fermier, Rose et Colas, le Déserteur, et Félix,* mirent le comble à sa réputation, et préparèrent la nation française à une grande révolution musicale qui était imminente.

Grétry, né à Liége en 1743, avait passé plusieurs années de sa jeunesse en Italie, lorsqu'il arriva à Paris en 1766. Déjà le mouvement était imprimé vers la voie de perfectionnement; ce musicien, organisé pour traiter la musique dans une manière spirituelle, convenable pour des Français, acheva l'ouvrage de ses prédécesseurs, et jeta dans cinquante opéras de tout genre, une multitude de mélodies heureuses, de traits d'un excellent comique et d'une expression touchante. Son premier opéra, représenté en 1768, fut *le Huron.* Parmi les autres, les meilleurs sont *le Tableau parlant* (1769), *Zémire et Azor* (1771), *l'Ami de la maison* (1772), *la Rosière de Salency* (1774), *la Fausse magie* (1775), *l'Amant jaloux* (1778), *la Caravane* (1783), *Richard* (1785) et *Anacréon* (1797). De tous les compositeurs d'opéras-comiques, Grétry est celui dont la musique a obtenu les succès les plus brillants, et dont les ouvrages sont restés le plus longlongtemps en faveur; soixante ans les ont à peine usés.

Pendant que la musique faisait du progrès en France par l'Opéra-Comique, l'ancienne musique française semblait s'être réfugiée à l'Académie royale de musique, c'est-à-dire au Grand-Opéra, comme dans un fort inexpugnable. Mais la nécessité d'une réforme se faisait sentir de plus en plus, et le moment vint où il fallut qu'elle se fît. Ce fut un musicien étranger qui se chargea de ce soin. Gluck, compositeur allemand, venait de faire entendre à Vienne un style absolument nouveau et beaucoup plus dramatique que ce qu'on avait fait jusque-là en France et même en Italie; déjà les opéras d'*Alceste* et d'*Orphée*, dans lesquels Gluck avait essayé son style nouveau, avaient produit une vive impression sur la cour impériale. Les directeurs de l'Opéra de Paris, convaincus de la nécessité de changer le genre de pièces qu'on représentait sur leur théâtre, appelèrent Gluck à leur secours. Il vint, et vit que tout était à réformer. Un système de chant suranné, une exécution instrumentale fort mauvaise, une musique lourde et fatigante, voilà ce qu'on trouvait à l'Opéra. Homme de génie et doué d'une volonté inébranlable, il sut persuader aux artistes de l'Opéra qu'ils devaient renoncer à leurs anciennes habitudes, et son *Iphigénie en Aulide* fut rendue à peu près comme il le voulait. Cet opéra fut représenté le 19 avril 1774; son succès fut immense, et la révolution de goût fut achevée aussitôt que commencée.

Pendant que Gluck obtenait ces succès, quelques amateurs lui reprochaient de manquer de grâce dans sa mélodie; l'arrivée de Piccinni à Paris, en 1777, leur parut favorable pour faire triompher leur critique. Piccinni, l'un des compositeurs italiens les plus renommés de cette époque, arrivait en France après avoir fait représenter plus de cent opéras. On lui confia celui de *Roland* dont il composa la musique, et qui fut représenté peu de mois après l'*Armide* de Gluck. Une guerre de plume commença alors entre les partisans de ces compositeurs. La Harpe, Marmontel, Suard, l'abbé Arnaud et Ginguené y prirent part et publièrent une multitude de brochures et d'articles de journaux qui sont maintenant oubliés. *Atys*, et surtout *Didon*, de Piccinni, restèrent au théâtre ; néanmoins les ouvrages de Gluck finirent par l'emporter dans l'opinion générale, et la part de gloire la plus grande lui fut dévolue.

Telle était la situation de la musique dramatique à l'aurore de la révolution française de 1789. A l'égard de la musique d'église, elle était faible de style en France, parce que les études sérieuses de contrepoint et d'harmonie étaient faites dans un mauvais système. Gossec, seul, mérite d'être distingué.

L'art du chant, toujours ignoré, n'avait point encore pénétré chez les Français. Avec de belles voix, Larrivée, Jéliotte, mademoiselle Laguerre, et plus tard Legros, Chardini, mademoiselle Arnould et d'autres encore étaient des chanteurs médiocres.

La révolution de la musique française, contemporaine de l'autre, eut pour instigateurs Méhul, Chérubini et Spontini.

Enthousiaste de la musique de Gluck, et disposé par la nature à sentir avec force tout ce qui appartenait à l'expression dramatique, Méhul, né à Givet dans le département des Ardennes, Méhul qui, sans avoir fait des études bien fortes, avait l'instinct d'une harmonie élégante et pure, comprit que ce qui avait manqué jusqu'alors à la musique française était, indépendamment de cette harmonie dont il avait le sentiment, l'adoption de quelques formes italiennes, les morceaux d'ensemble développés, les airs réguliers et l'instrumentation brillante dont Mozart avait donné l'exemple quelques années auparavant dans les *Noces de Figaro* et dans *Don Juan*. Le résultat de ses méditations fut l'opéra d'*Euphrosine* ou *le Tyran corrigé*, qu'il fit représenter en 1790. *Stratonice* (1792), *Phrosine et Mélidor* (1794), *Ariodant* (1799), et *Joseph* (1807), achevèrent de développer dans toutes ses conséquences le nouveau système introduit par Méhul dans la musique française.

Chérubini, né à Florence, et venu à Paris en 1788 avec un nom déjà célèbre, exerça une influence très-active sur la révolution qui s'opérait alors dans la musique française, en y appliquant les qualités particulières de son talent solide et profond comme il apparut dans l'opéra de *Lodoïska* qu'il fit représenter en 1791. Ce talent se déploya avec toute son énergie dans le *Mont Saint-Bernard* (1794), dans *Médée* (1797), et dans les *deux Journées* (1800).

Spontini dès l'année 1806 posa en France les bases de sa renommée et imprima à notre musique dramatique le sceau de sa puissante individualité. Continuateur de Gluck, précurseur de Rossini, il a légué à l'art deux chefs-d'œuvre éternels, la *Vestale* et *Fernand Cortès*. Ces ouvrages complétèrent la révolution de la musique en France.

Méhul, Chérubini et Spontini avaient été suivis dans leur système par M. Lesueur, qui néanmoins avait mis un cachet d'originalité dans la *Caverne* (1798), *Paul et Virginie* (1794). *Télémaque* (1796), et par M. Berton, qui jetait les fondements de sa renommée dans les *Rigueurs du cloître, Montano et Stéphanie* et *le Délire*. Boïeldieu préludait à ses brillants succès par *Zoraïme et Gulnar*; enfin l'école française avait agrandi son domaine.

L'art du chant, longtemps ignoré en France, commença à y être connu et cultivé avec succès vers le même temps. Ce fut encore à la musique italienne que l'école française fut redevable de cette amélioration importante. En voici l'occasion. En 1789, Léonard, coiffeur de la reine, obtint, on ne sait pourquoi, le privilége d'un théâtre d'opéra italien. Viotti, célèbre violoniste italien, alors établi à Paris, fut chargé de l'organisation de la troupe, et il mit tant de zèle et d'intelligence dans sa mission, qu'il parvint à réunir une partie des meilleurs chanteurs qui existaient alors. Le nouveau théâtre s'ouvrit en 1790 dans une espèce bouge de la foire Saint-Germain, en attendant qu'on eût bâti la salle Feydeau qui lui était destinée. Raffanelli, Mandini, Viganoni, Rovedino et madame Morichelli composaient une partie de cette troupe, la meilleure qu'il fût possible de réunir alors. Ces excellents chanteurs exécutaient les délicieuses compositions de Cimarosa, de Sarty et de Paisiello. Un orchestre excellent composé des meilleurs artistes de France, et dirigé par Mestrino, ajoutait au charme des représentations; enfin rien ne manquait à l'ensemble de ce spectable, le plus parfait qui eût jamais existé à Paris.

Le chanteur le plus étonnant que la France ait produit, Garat, qui venait de se lancer dans le monde musical, allait former son goût et sa méthode à l'école de ces virtuoses et se préparait à fonder l'excellente école de chant d'où sont sortis tous les artistes qui depuis ont brillé sur les théâtres français. Ce chanteur joignait à l'organisation la plus parfaite qu'on puisse imaginer, une accentuation merveilleuse, et cette expression de vérité qui est l'âme de musique française.

Tel était l'état de la musique française lorsque toutes les maitrises des cathédrales furent supprimées par suite de la révolution, ce qui détruisit l'éducation publique de la musique dans toute la France. Après la chute de Robespierre, le 9 thermidore an III, la Convention nationale décréta l'organisation du Conservatoire de musique, sur le rapport de Chénier, pour remplacer ces anciennes écoles.

En peu de temps la nouvelle école donna des résultats remarquables, et dès l'an IV les concours des

élèves furent assez brillants pour que le ministre de
l'intérieur se chargeât de faire lui-même une distribution solennelle de prix dans la salle de l'Opéra.
Cette cérémonie se répéta pendant plusieurs années,
et excita vivement l'émulation des élèves. Une multitude d'instrumentistes de mérite fut formée en peu
de temps ; les orchestres se recrutèrent et s'améliorè-
rent d'une manière sensible ; des chanteurs supérieurs
à ceux qu'on avait entendus jusque-là peuplèrent les
théâtres, et l'on vit successivement débuter à l'Opéra
et à l'Opéra-Comique Mme Branchu, MM. Nourrit, Dérivis, Roland, Despéramont, Mme Duret, Mme Bou-
langer, MM. Ponchard, Levasseur, Mme Rigaut,
Mlle Cinti (depuis Mme Damoreau), et beaucoup d'autres chanteurs qui ont fait et qui font encore la gloire
de l'école française.

La fin du régime révolutionnaire et la réaction qui
s'ensuivit se firent sentir dans la musique et surtout
dans la musique dramatique. Après les vives émotions
qu'on avait éprouvées, on éprouvait le besoin du calme
et des sensations douces ; or il n'est guère de besoin
dans la société qui ne soit bientôt satisfait. Un jeune
musicien, que rien n'avait fait connaître encore, se
lança tout à coup sur la scène et réussit dans son premier essai de manière à causer des inquiétudes aux
compositeurs les plus renommés. Ce musicien se
nommait *Della-Maria*. Son *Prisonnier ou la Ressemblance* fut accueilli avec un enthousiasme difficile à
décrire, grâce à la musique simple et naturelle qu'il
y avait adaptée, et qui causa une sensation d'autant
plus vive qu'elle était en opposition directe de système avec celle qui depuis plusieurs années était seule
en possession du théâtre. Tel fut le succès de cet ouvrage que, presque subitement, les autres compositeurs changèrent de manière pour en adopter une
plus douce et plus analogue à la direction nouvelle

que prenait la société sous le consulat de Bonaparte. Méhul lui-même essaya de modifier son talent et donna des ouvrages d'un genre tout différent des premiers, tels que *l'Irato*, *Une folie* et *le Trésor supposé*. Boieldieu, né pour la musique gracieuse et spirituelle, donna successivement *le Calife de Bagdad*, *Ma tante Aurore*, *Jean de Paris* et *le Nouveau Seigneur de village*. Deux acteurs, aimés du pubic, Elleviou et Martin, tous deux chanteurs agréables et doués de belles voix, ne furent pas étrangers à cette métamorphose de la musique dramatique. Ils aimaient celle qui était favorable au développement de leur talent, et c'était la musique légère qui leur convenait le mieux. Or, ils procuraient des succès, il était naturel qu'on travaillât pour eux; de là la réaction complète qui se fit sentir dans l'Opéra comique.

Cette réaction fut même telle qu'on reprit les ouvrages de Grétry, délaissés depuis longtemps, et que le public les revit avec enthousiasme. Dalayrac, qui avait aussi écrit dans le même genre, eut sa part de succès; enfin, de nouveaux compositeurs, parmi lesquels on remarquait Nicolo Isouard, Hérold, mort en janvier 1833, et Kreutzer, dont les débuts avaient été fort heureux, prirent aussi la direction qui plaisait au public, et la musique française se répandit à l'étranger avec succès.

La musique française était moins brillante dans le genre instrumental, et même, il faut le dire, elle n'a rien encore produit en ce genre qui ait pu la faire comparer à l'école allemande.

Un des premiers soins des professeurs du Conservatoire avait été de rédiger des méthodes élémentaires pour les diverses parties de la musique, en l'absence d'ouvrages satisfaisants pour cet objet. C'est ainsi qu'on vit paraître une Méthode de violon par Kreutzer, Rode et Baillot, une Méthode de piano par

Adam, une méthode de musique et des solféges auxquels avaient coopéré tous les professeurs, une Méthode de chant, et enfin une méthode d'harmonie, fruit des méditations de Catel.

La révolution opérée par Rossini dans la musique dramatique, ne fut connue en France que longtemps après qu'elle eut été faite; mais enfin on entendit le *Barbier de Séville*, *Otello*, *Sémiramis*, et après que cette musique originale eut essuyé bien des critiques, elle devint l'objet de l'imitation. Insensiblement les faits résultant de la nature de cette musique se classèrent, et les compositeurs n'en prirent que ce qui était une source de richesses nouvelles. Rossini lui-même changea de style et de manière quand il vint en France composer pour notre grand Opéra. Ce qu'il ajouta au *Siége de Corinthe* et au *Moïse*, écrits en Italie et transportés ensuite sur la scène française, annonçait déjà cette glorieuse transformation qui se compléta par le *Comte Ory* et *Guillaume Tell*.

Parmi les compositeurs qui travaillent aujourd'hui pour la scène française, on remarque Meyerbeer, Auber, Halevy, Carafa, Adam, Ambroise Thomas, Grisar, Boïeldieu fils, Clapisson, F. David, Reber, Niedermeyer, Bazin, V. Massé, Montfort, Cadeaux, Maillard, E. Gauthier, Boisselot, etc. Dans la grande musique instrumentale on distingue surtout Berlioz et Onslow.

Parmi les compositeurs de romances, on peut citer Labarre, Romagnesi, Bruyère, Panseron, Bérat, Grisar, Masini, Clapisson, Henrion, Arnaud, mademoiselle Loïsa Puget; Musard et Tolbecque pour les contredanses.

Parmi les chanteurs d'opéra, on admire Nourrit, Duprez, Barroilhet, Levasseur, Ponchard, Chollet, Massol, Gueymard, Obin, Bussine, Bataille, Faure, Herman-Léon, Laurent, Roger, Coudere, madame Cinti-Damoreau, mademoiselle Falcon, madame Gras-

Dorus, mademoiselle Nau, mesdames Stoltz, Ugalde, de La Grange, Mesdemoiselles Miolan, Duprez, Cabel, etc., etc.

Parmi les compositeurs instrumentistes célèbres, français ou qui ont acquis une réputation en France, nous comptons entre autres, pour le piano, Adam père, Zimmerman, Henri Bertini, Henri Herz, Prudent, Ravina, Goria, Stamaty, madame Pleyel, mademoiselle J. Martin; pour le violon, Baillot, Habeneck, Girard, Alard, Herman, Ch. Dancla; pour la basse, Franchomme, Chevillard, Offenbach, Seligman; pour le hautbois, Verroust; pour le cor, Gallay; pour la flûte, Tulou, Dorus, Remuzat; pour l'alto, Urhan, C. Ney; pour la contrebasse, Gouffé; pour le trombone, Dieppo; pour le cornet à piston, Forestier; pour la clarinette, Klosé, etc., etc. (Voir les articles ACADÉMIE ROYALE DE MUSIQUE, OPÉRA-COMIQUE.)

FREDONNER. Chanter à voix basse, entre les dents et sans suite, quelque passage d'air ou de chanson.

FUGUE. L'objet essentiel de la fugue est d'enseigner, au moyen d'imitations de divers genres artistement combinées, à déduire une composition toute entière d'une seule idée principale, et par là d'y établir en même temps l'unité et la variété. L'idée principale s'appelle le *sujet* de la fugue. On appelle contre-sujet d'autres idées subordonnées à la première, et l'on donne le nom de réponse aux diverses imitations de sujets et de contre-sujets. On conçoit d'après cela qu'il y aura un grand nombre d'espèces de fugues, selon la manière dont se fera la réponse.

Cette première considération nous conduit à en remarquer quatre espèces principales, savoir : la fugue du ton, la fugue réelle, la fugue régulière modulée, et la fugue d'imitation. La fugue du ton est celle dans laquelle le sujet module de la tonique à la dominante :

la réponse doit moduler de la dominante à la tragique. La fugue réelle est celle dans laquelle la réponse se fait à la quinte supérieure, ou à la quarte inférieure, note pour note, intervalle pour intervalle. La fugue régulière modulée est fondée sur la tonalité moderne. Telles sont presque toutes les fugues de Jomelli, de Chérubini, de Haendel, de Bach. Enfin la fugue d'imitation, dans laquelle la réponse imite le sujet à un intervalle quelconque.

Pour faire une fugue en autant de parties que ce soit, il faut considérer cinq choses : 1º le sujet ou thème; 2º la réponse, c'est la reprise du sujet, transposé, selon l'espèce, dans une autre partie de fugue ; 3º le contre-sujet, qui accompagne le sujet; 4º la modulation ; 5º le contrepoint dont on remplit l'espace d'une modulation à l'autre, et qui s'appelle *divertissement, épisode*.

La fugue est *obligée* ou *libre*. Elle est obligée, quand on ne traite que le sujet pendant toute la fugue, en ne le quittant que pour le mieux reprendre, soit entier, soit en partie. Elle est libre, quand on ne traite pas le sujet seul et qu'on le quitte de temps en temps pour passer à une autre idée, qui, bien qu'elle ne soit pas tirée du sujet, est néanmoins en parfait accord avec lui.

FURIE. En Italie, les compositeurs de ballets se servent de ce mot pour indiquer certains morceaux de musique de mouvement vif, avec des couleurs et des accents forts, analogues à l'action des passions violentes, comme la colère, la vengeance.

FUSÉE. Trait rapide en montant ou en descendant. Ce mot était en usage dans l'ancienne musique française. On ne s'en sert plus aujourd'hui.

G

G. Cette lettre est le signe par lequel on indique encore la cinquième note de la gamme d'*ut*, c'est-à-dire le *sol* dans la solmisation allemande et anglaise.

G RÉ SOL. Ancien nom du *sol* dans la solmisation française.

GAILLARDE. Ancien air de danse d'un mouvement animé, en mesure ternaire. Il se jouait dans les seizième et dix-septième siècles après la pavane et autres danses lentes.

GAJO, GAI. Cette expression italienne, placée en tête d'un morceau de musique, signifie que le mouvement et le caractère du morceau doivent être vifs et animés.

GALOUBET. Instrument à vent dont l'usage est fort ancien en France, et qui depuis plus de deux siècles n'est cultivé que dans la Provence. Le galoubet est le plus gai de tous les instruments champêtres et le plus aigu des instruments à vent. Ce n'est qu'à force de travail et de soins que l'on parvient à bien jouer de cet instrument qui n'emploie que la main gauche, et sur lequel il faut former deux octaves et un ton avec trois trous seulement. Le galoubet ne va pas sans le tambourin, sur lequel l'exécutant marque le rhythme et la mesure en le frappant avec une baguette.

Les joueurs de galoubet sont très-communs en Provence et dans quelques parties du Languedoc; il y en a d'une force extraordinaire et qui exécutent des concertos de violon sur leur instrument. On en rassemble jusqu'à vingt-cinq dans une fête champêtre, et quoique leur musique soit toujours gaie et rapide, l'ensemble le plus parfait ne cesse jamais d'exister entre eux.

GAMMA. Troisième lettre de l'alphabet grec, qui correspond à notre G. Anciennement on donna le nom de *gamma* à l'échelle de Guido, où la corde la plus grave était marquée par le *sol* et appelée *hypo-proslambanomenos*.

GAMME. Tout système de musique ou *tonalité* possède une espèce de formule appelée *gamme*, qui le résume et le représente. Ainsi la gamme des Grecs résume et représente leur système de musique ; ainsi notre gamme moderne résume et représente notre tonalité moderne.

Une gamme est tout bonnement une série ascendante ou descendante de sons, que l'on a disposée d'une manière conforme à la tonalité qu'elle doit représenter.

Notre gamme est composée de huit notes, dont la huitième est la répétition de la première à l'octave, nom qui vient du latin *octavus*, *huitième*, et que l'on donne à l'espace entier occupé par la gamme, parce que celle-ci est composée de huit notes, et à la huitième de ces notes en haut ou en bas, par la bonne raison qu'elle est la huitième.

Ces huit notes sont désignées par ces huit syllabes : *ut* ou *do*, *ré*, *mi*, *fa*, *sol*, *la*, *si*, *ut*.

Ces notes sont séparées les unes des autres par des intervalles qui ne sont pas tous égaux : les uns ont une certaine étendue appelée *un ton* comme d'*ut* à *ré*, etc.; et les autres, une étendue moitié plus petite, à peu près. qu'on appelle *demi-ton*, comme de *mi* à *fa*, etc. La gamme tout entière est composée ainsi : un ton.

un ton, un ton, un demi-ton, un ton, un ton, un ton, un demi-ton.

La première tierce inférieure d'une gamme peut être composée de deux tons, comme d'*ut* à *mi* naturel ou d'un ton et demi, comme d'*ut* à *mi* bémol. Elle est appelée majeure dans le premier cas, et mineure dans le second. Si elle est majeure, la gamme est dite du mode majeur et si elle est mineure, la gamme est dite du mot mineur.

La gamme *ut, ré, mi, fa, sol, la, si, ut* est le type des autres gammes employées dans la tonalité moderne, et celles-ci doivent en offrir une exacte reproduction *pratique*. Cette reproduction est obtenue au moyen de signes conventionnels appelés dièses, bémols, bécarres, qui élèvent ou qui abaissent les notes de la gamme typique, précisément comme il faut qu'elles le soient, en pratique, pour former les gammes nouvelles. Ainsi, par exemple, en élevant d'un demi-ton, par un dièse, la note *fa* de la gamme typique, on obtient une gamme nouvelle *sol, la, si, ut, re, mi, fa dièse, sol*, qui est l'exacte reproduction pratique de la gamme typique. Il en est ainsi des autres gammes.

Chacune de ces gammes individuelles forme précisément ce que l'on appelle *un ton*, quand on dit, par exemple, que tel morceau de musique est dans tel *ton*. Ainsi, le ton d'*ut*, de *ré*, de *mi*, etc., n'est pas autre chose que la gamme particulière dont *ut, ré*, ou *mi*, est la première note.

L'origine de la gamme moderne, c'est-à-dire l'ordre dans lequel les tons et les demi-tons y sont disposés n'avait pu être encore expliqué d'une manière satisfaisante par aucun de nos théoriciens, avant les remarquables travaux de M. Fétis. Le nom de gamme qui a été donné à cette échelle vient d'une lettre de l'alphabet grec, Γ, que Guido d'Arrezzo choisit pour désigner la corde qu'il ajouta au grave du diagramme des Grecs, et dont il fit la base de son système musical. Les anciens se servaient de sept lettres de l'alphabet pour marquer les différents degrés de l'échelle musicale, et comme le nombre de ces lettres ne suffisait pas à l'étendue de leur gamme, ils les changeaient de forme ou les redoublaient pour indiquer la position respective de chaque degré par rapport aux différentes octaves. Dans notre système musical moderne, nous n'avons également que sept lettres, C, D, E, F, G, A, B pour le *si* bémol, H pour le *si* naturel, ou sept syllabes, *ut*, *ré*, *mi*, *fa*, *sol*, *la*, *si*, pour désigner les cinquante degrés appréciables de l'étendue intrumentale comprise entre l'octave grave du *sol* de la contre-basse et le *sol* aigu de la petite flûte. Mais pour obvier à cet inconvénient et marquer d'une manière indubitable la position relative de chaque degré, on emploie des lignes parallèles qu'on divise de cinq en cinq, à l'aide de certains signes appelés clefs.

Les gammes sont d'un usage fréquent et indispensable en musique. Quels que soient le genre d'un morceau, la couleur ou le sentiment d'une mélodie, il est bien rare d'en parcourir plusieurs mesures sans rencontrer une gamme ou une parcelle de gamme. Les gammes des deux genres sont un excellent exercice pour l'étude de la musique instrumentale ou vocale, sous le rapport de l'exécution. On ne saurait trop en recommander l'usage aux personnes qui désirent atteindre à un certain degré de perfection. C'est par l'exercice très-fréquent des gammes dans tous les tons que la voix d'un chanteur et les doigts d'un instrumentiste peuvent acquérir cette souplesse, cette flexibilité, cette agilité qui les rendent propres à l'exécution irréprochable des passages les plus difficiles. De nos jours, les cantatrices abusent des gammes chromatiques dans leurs roulades. Elles ont d'autant plus fort, que les gammes de ce genre ne peuvent être rendues d'une manière satisfaisante que sur les instruments à clavier, à cordes et sur quelques instruments à vent. Quant à la voix, elle se prête peu à une succession rapide de demi-tons, qui exigent tant de netteté, de justesse et de précision.

GAMME CHROMATIQUE. Gamme procédant par demi-tons successifs.

GAMME DIATONIQUE. C'est la gamme ordinaire, procédant par tons et demi-tons.

GAMME ENHARMONIQUE. Cette gamme, qui n'existe pour ainsi dire que pour l'œil, offre la succession suivante : *ut, ré* bémol, *ut* dièse, *ré, mi* bémol, *ré* dièse, etc.

GASAPH. Espèce de chalumeau ou cornemuse des côtes de la Barbarie.

GAVOTTE. Sorte de danse dont l'air est à deux temps et d'un mouvement modéré. Les gavottes d'*Armide* et d'*Orphée* sont des modèles de grâce. Celle de Panurge a eu une vogue prodigieuse qu'elle doit à son rhythme fortement marqué, qualité précieuse pour les danseurs vulgaires. Cette gavotte n'a pas de seconde partie, et pour y suppléer, l'auteur fait redire la première à la quarte.

GÉNIE MUSICAL. Le génie, en musique, c'est la faculté, la puissance de création. Le musicien de génie est celui qui sait trouver des idées nouvelles, et ouvrir à l'art des routes inexplorées. La nature et le cœur humain offrent sans cesse une mine abondante et riche aux explorations de l'artiste ; mais il n'est qu'un petit nombre de privilégiés qui sachent recueillir cet or pur, le séparer de tout alliage, le façonner avec habileté et le marquer d'une empreinte ineffaçable.

Cette faculté de création indique la différence qui existe entre le musicien de génie et celui qui n'a que du talent. Le premier, marchant dans sa force et dans sa liberté, fait entendre au monde des chants nouveaux et des mélodies inconnues. Le second s'empare de cette œuvre commencée, la perfectionne et la complète. A l'un la gloire des découvertes, l'initiative des idées ; à l'autre l'habileté de la mise en œuvre.

L'histoire a enregistré les noms des hommes d'élite qui ont agrandi par leurs travaux le domaine de l'art musical ; mais, il faut le dire, ces hommes éminents n'ont pas toujours recueilli le fruit de leurs efforts. Supérieurs à leurs contemporains, la foule a quelquefois refusé de les suivre dans leur essor hardi vers des sphères inconnues ; et, longtemps incompris, ils ont eu à lutter contre l'indifférence ou le dédain du public dont ils froissaient les préjugés et les habitudes. On sait quelles préventions, quels obstacles eut à vaincre le génie de Gluck avant qu'il lui fût possible de se déployer sur notre scène lyrique ; on sait quelles tempêtes de récriminations soulevèrent les chefs-d'œuvre de ce grand musicien. On contesta la haute valeur de ses travaux, on méconnut son originalité puissante, on proscrivit ses innovations les plus heureuses, et l'on ne craignit pas même d'appeler un *galimatias stupide* ses plus éclatantes et ses plus sublimes beautés. Mais l'illustre compositeur ne se découragea pas ; il tint tête à l'orage avec cette attitude calme et fière que donne la conscience d'une grande supériorité ; et peu à peu les préventions cessèrent : aux injures succéda l'admiration, et le nom de Gluck est arrivé jusqu'à nous entouré d'une glorieuse auréole.

Ce dédain de la foule pour tout génie novateur n'a pas même épargné le plus grand musicien de notre temps, Rossini. Personne n'ignore qu'à l'époque de son apparition, *Guillaume Tell* fut peu goûté par la masse des dilettantes ; et cependant *Guillaume Tell* est regardé aujourd'hui comme la création la plus admirable de Rossini, comme celle où l'illustre compositeur a déployé le plus de sève et d'originalité.

Ces exemples prouvent qu'en dépit des préjugés, des habitudes prises, des préventions de la médiocrité et de l'ignorance, le génie véritable est toujours sûr d'arriver au succès ; et souvent même ce succès est d'autant plus éclatant, d'autant plus durable, qu'il a été plus lent et plus difficile à obtenir.

GENRES. Il y a trois genres dans la musique, le diatonique, le chromatique et l'enharmonique. Le genre diatonique procède par tons et par demi-tons naturels, c'est-à-dire sans altération. Ainsi, les deux demi-tons qui se trouvent dans la gamme, sont du genre diatonique, et la gamme, soit en montant, soit en descendant, se nomme gamme ou échelle diatonique. Le genre chromatique ne procède que par demi-tons. Ainsi, une gamme, en montant ou en descendant par demi-tons, se nomme gamme ou échelle chromatique. On emploie en montant le chromatique par dièses, et en descendant le chromatique par bémols, suivant la manière la plus naturelle. On peut l'employer cependant des deux manières, en montant et en descendant. Le genre enharmonique est le passage d'une note à l'autre, sans que l'intonation de la note ait été changée d'une manière sensible, comme par exemple, d'*ut* dièse à *ré* bémol, de *mi* naturel à *fa* bémol, de *si* dièse à *ut* naturel, etc.

GENRE ÉPAIS OU SERRÉ. Dénominations anciennes des genres chromatique et enharmonique, où les sons se trouvent plus serrés que dans l'échelle diatonique, appelée pour cela *genus rarum*.

GENUS EPITRICTUM. Espèce de rhythme de la musique grecque, dont les temps étaient en raison sesquitierce, ou de 3 à 4.

GESTE. L'art du geste a été considéré par les anciens comme un art indépendant ; il est intimement lié à la musique, à la danse, à l'art dramatique et à l'éloquence, mais il n'en est pas inséparable ; en effet, un chanteur peut avoir une belle voix et chanter avec expression, sans donner à ses gestes le mouvement qui leur convient. Un danseur peut se mouvoir avec habileté, sans exprimer par la pantomime le caractère, l'esprit, la pensée du pas qu'il exécute ; mais d'un autre côté, un chanteur, s'il ne sait s'accompagner de gestes expressifs, ne remplira jamais convenablement son rôle. Un orateur, possédât-il les trésors d'éloquence de Démosthène et de Cicéron, ne pourra impressionner fortement son auditoire par le simple débit de ses paroles, s'il ne sait faire usage des gestes et des mouvements de la physionomie.

Suivant Varron, *saltatio* ou la pantomime, l'art du geste, était chez les Romains une imitation savante et raisonnée de tous les mouvements du corps et des différentes expressions de la physionomie. Cet art se subdivisait en plusieurs espèces, et avait produit chez les Romains un si grand nombre de danses et de pas, que Meursius a composé de leurs noms et de leurs genres un dictionnaire entier. Nous lisons dans quelques historiens que l'art du geste était de tous les arts libéraux celui que les anciens aimaient et pratiquaient le plus ; car on l'enseignait à tous, à l'histrion de bas étage comme à l'orateur distingué ; mais cet art n'était pas le même pour tous. Aussi Quintilien dit-il à ce sujet qu'il ne faut pas qu'un orateur prononce comme un comédien, ni qu'il fasse des gestes comme un danseur.

L'art du geste se divisait en deux classes, en naturel et en artificiel. Le geste naturel était celui dont on se servait en chantant ou en déclamant, pour donner plus de force au discours ; comme, par exemple, en parlant de la Divinité, d'élever les yeux et une main vers le ciel. Le geste artificiel était celui des acteurs pantomimes, et il consistait à tracer dans l'espace ou à décrire, en employant tels ou tels signes intelligibles, l'objet qu'on avait l'intention de représenter.

Le jeu de la physionomie, que nous comprenons dans l'art du geste, n'avait pas d'importance pour les anciens, au moins sur le théâtre, car on sait qu'ils portaient des masques. L'expression du visage, qui nous charme tant sur nos scènes lyriques, était, chez les anciens, tout à fait inutile; en effet, les salles de spectacle étaient si grandes, et les acteurs s'y trouvaient par conséquent si éloignés du public, que les mouvements des yeux et les changements des traits eussent passé inaperçus.

Cicéron, qui avoue lui-même avoir appris l'art du geste du comédien Roscius, dit que celui qui se destine à déclamer ou à chanter en public, ne doit point négliger cet art, le plus utile de tous. L'orateur Hortensius, rival de Cicéron, avait reçu des leçons de la célèbre danseuse Dyonisia.

L'art du geste théâtral, chez les anciens, se divisait en trois genres : 1º le geste tragique; 2º le geste comique; 3º le geste satirique. Ces trois divisions faisaient partie de la mimique ancienne, divisée elle-même en hypocritique, c'est-à-dire celle qui servait de base à l'art du geste, et en rhythmique, qui indiquait les temps en marquant les mouvements de cet art.

Chez les anciens, les auteurs et compositeurs dramatiques écrivaient sur leurs manuscrits, au-dessous de leurs vers et de leurs notes de musique, les gestes que les acteurs devaient faire en les répétant. L'art du geste était poussé à un tel point, que le chanteur ou le comédien qui se serait trompé en faisant mouvoir les jambes ou les bras, ou la tête, eût été hué par les spectateurs, comme s'il eût chanté faux ou mal prononcé une phrase. C'est ce qui a donné lieu au proverbe grec : « faire un solécisme avec la main. » Les anciens avaient même des instruments pour régler les gestes des acteurs. Ammien Marcellin dit à ce sujet : « On ne voit plus que chanter et faire de la musique. Partout on ne voit que des lyres, des flûtes et des instruments qui servent à régler les gestes des acteurs. C'est alors que la *saltation* ou l'art du geste reçut de tels perfectionnements, qu'on se mit à jouer toutes sortes de pièces sans ouvrir la bouche. On nomma ces acteurs *pantomimes*, ou imitateurs de tout. Un poète composa à ce sujet cette épigramme célèbre :

« Tous les membres du corps d'un pantomime sont autant de langues, à l'aide desquelles il parle sans ouvrir la bouche. »

Les faits et les exemples que nous venons de citer, montrent quelle importance avait chez les anciens la gesticulation considérée comme accessoire de l'art théâtral, de la musique, de la déclamation et de la danse. Elle formait une science particulière qui avait ses systèmes et ses professeurs spéciaux. Les rivalités des mimes et des danseurs donnèrent souvent lieu à des discussions orageuses sur les théâtres de l'antiquité. On sait quels longs débats soulevèrent, chez les Athéniens, les danseurs Pyrrhus et Bathyle, qui, tous deux, excellaient dans la gesticulation.

Aujourd'hui, on semble avoir perdu les traditions de cet art qui jadis savait animer la danse par les séductions du geste. Les gestes d'expression des pas de caractère dans les ballets du seizième, du dix-septième et du dix-huitième siècle, ont disparu pour faire place aux mouvements monotones et froids qu'on a nommés figures de la contredanse française. Cependant, depuis quelques années, la danse paraît vouloir se frayer une nouvelle route. Taglioni lui a donné plus d'expression, plus de légèreté; Fanny Ellsler a fait faire un pas immense à l'art de la mimique et de la pantomime; enfin Carlotta Grisi, la Rosati, la Priora, la Plunkett, ont donné à l'art chorégraphique, une animation, une grâce, un cachet d'originalité qui les ont placées au premier rang parmi les danseuses modernes.

Malgré les progrès que nous signalons, l'art du geste est encore beaucoup trop négligé sur nos scènes lyriques. La plupart de nos chanteurs, même les plus éminents, ignorent, lorsqu'ils sont en scène, l'art de marcher, de placer leurs mains, et d'exprimer par leurs gestes, les paroles qu'ils prononcent. A cet égard, d'importantes améliorations restent encore à obtenir.

Gigue. Air d'une danse du même nom, dont la mesure est à six-huit et d'un mouvement assez rapide. La gigue n'est plus en usage qu'en Angleterre. Corelli a fait un grand nombre de gigues.

Giocoso (enjoué). Cet adjectif italien exprime l'allégresse, le mouvement vif, léger, badin.

Gittith. Mot hébraïque, qu'on trouve parfois en tête de quelques psaumes. Ce terme n'est probablement que le premier mot d'une ancienne chanson qui était généralement connue au temps de David, et d'après laquelle on devait chanter ces psaumes.

Glee (mot anglais qui se prononce glie). C'est un chant joyeux particulier à l'Angleterre. Tous les artistes distingués de ce pays ont écrit des *glées*, et des hommes même de génie se sont adonnés à ce genre de composition. Ce chant a donné naissance à Londres à une société composée de riches amateurs, qui s'efforcent de conserver les traditions de ce genre de musique et d'en répandre le goût. Le mot *glée* indiquant une forme particulière dans la composition musicale, ne se trouve employé dans ce sens que vers 1667, dans un ouvrage publié par *Playfort*, qui consistait dans la réunion de *scènes*, *glées*, airs, ballades pour deux, trois ou quatre voix.

Selon le docteur Burney, un *glée* est un chant de deux ou trois parties sur un sujet triste ou gai, dans lequel toutes les voix commencent et finissent ensemble, en chantant les mêmes mots ; et il ajoute que lorsqu'on y rencontre des sujets de figure ou d'imitation, et que la composition est plus travaillée qu'un simple contrepoint, le chant est moins un *glée* qu'un *madrigal*, et on doit lui donner ce nom surtout si le sujet est d'un genre sérieux ; car un *glée* sérieux semble être un solécisme et offrir une contradiction directe avec le mot. Le mot *glée*, dans les dictionnaires saxons, allemands et anglais, tant anciens que modernes, signifie *joie, alléyresse*. Le *glée* ne peut jamais être chanté en chœur ; c'est un morceau pour deux, trois, quatre ou cinq voix uniques, sans aucun accompagnement. On en trouve cependant dans des opéras anglais qui sont accompagnés par l'orchestre, mais alors l'emploi de ce mot est une usurpation que rien ne peut expliquer. Les plus célèbres compositeurs de *glées* furent Atterburg, Danby, Baildon, Harrington, B. Cooke, son fils Robert Mornington, Samuel Webbe, Calcott, Stevens, Horsley Beale, etc.

GLORIA. Sur ce mot latin qui entre dans la messe, on écrit deux différents morceaux de musique : le premier sur les paroles *Gloria in excelsis Deo*, le second sur celles *Gloria Patri, et Filio, et Spiritui sancto*.

GLOSE. Quelques anciens auteurs se servent de cette expression en musique, pour indiquer un ornement vicieux et de mauvais goût.

GLOTTE. Embouchure des instruments à vent chez les Grecs. C'est aussi cette partie de l'organe de la voix dont les mouvements contribuent à l'articulation des sons.

GONG. Instrument de métal des Indous en forme d'arc, dont on joue avec un batail en bois. C'est aussi l'instrument que nous nommons *tamtam*.

Gorgheggio. Mot italien par lequel on désigne un passage rapide exécuté avec la voix. Il s'emploie aussi dans le sens de *vocalise*.

Goût. Chaque homme a un goût particulier par lequel il donne aux choses, qu'il appelle belles et bonnes, un ordre qui n'appartient qu'à lui. L'un est plus touché des morceaux pathétiques, l'autre aime mieux les airs gais ; l'un cherchera la simplicité dans la mélodie, l'autre fera cas des traits recherchés. Cette diversité vient tantôt de la différente disposition des organes, tantôt du caractère particulier de chaque individu, tantôt de la différence d'âge et de sexe. Dans tous ces cas, chacun n'ayant que son goût à opposer à celui d'un autre, il est évident qu'il n'en faut pas disputer.

Mais il y a aussi un goût général sur lequel tous les hommes bien organisés s'accordent, et c'est celui-là seulement auquel on peut donner absolument le nom de goût. Faites entendre un concert à des oreilles suffisamment exercées, le plus grand nombre des auditeurs s'accordera, pour l'ordinaire, sur le jugement des morceaux et sur l'ordre de préférence qui leur convient. Demandez à chacun raison de son jugement, il y a des choses sur lesquelles ils la rendront d'un avis presque unanime : ces choses sont celles qui se trouvent soumises aux règles ; mais il y en a d'autres à l'égard desquelles ils ne pourront appuyer leur jugement sur aucune raison solide et commune à tous, et ce dernier jugement appartient à l'homme de goût : si l'unanimité parfaite ne s'y trouve pas, c'est que tous ne sont pas également bien organisés.

Le génie crée, mais le goût choisit ; sans goût on peut faire de grandes choses, mais c'est lui qui les rend intéressantes. C'est le goût qui fait saisir au compositeur les idées du poète, c'est le goût qui fait saisir à l'exécutant les idées du compositeur, et c'est le goût qui donne à l'auditeur le sentiment de toutes les convenances.

GRACIOSO. Mot italien qui signifie *gracieux*. Placé à la tête d'un air, il indique le mouvement qui tient de l'*andante* et de l'*andantino*, et la nuance d'expression qu'il convient de lui donner.

GRADATION. Mélodie dans laquelle l'expression monte, pour ainsi dire, au moyen d'une progression successive de figures qui se ressemblent.

GRADUEL. Chant qui se récite dans l'office solennel de la messe après l'épître.

GRAMMAIRE MUSICALE. Résumé des règles qui enseignent à disposer les matériaux de la musique, c'est-à-dire à combiner scientifiquement, en suivant les règles de l'art, les sons et les accords.

GRAND-OPÉRA. Nom par lequel on désignait autrefois l'Opéra de Paris, pour le distinguer de l'Opéra-Comique. On dit maintenant l'Opéra. (Voyez ACADÉMIE IMPÉRIALE DE MUSIQUE).

GRASSEYEMENT. Défaut de l'organe qui gâte la prononciation ordinaire, celle que nous désirons dans la déclamation et le chant. On chante gras lorsqu'on double les *r*, et qu'on prononce les *l* comme s'il y avait un *y*, en disant : *perre, merre, aurorre, famiye. cariyon.* Le grasseyement sur les autres lettres, quoique plus supportable, n'en est pas moins un défaut.

Dans le chant, le grasseyement est encore plus vicieux que dans le langage ordinaire. Le son à donner change, parce que les mouvements que le grasseyement emploie sont étrangers à celui que forment, pour rendre l'*r*, les voix sans défaut. Le premier soin des maîtres de chant devrait donc être de donner aux élèves une prononciation mélodieuse, en délivrant leurs organes des entraves et de la dureté du grasseyement.

GRATIS (Spectacles). Ce gratis-là du moins n'a rien

de fallacieux, et tient à la lettre ce qu'il promet pour les spectateurs, car le gouvernement se charge d'indemniser les directeurs de théâtre pour ces représentations gratuites : il leur alloue ordinairement, en pareil cas, le montant d'une recette calculée au *maximum*.

Dans l'ancien régime, les spectacles gratis offraient un vif attrait au peuple, qui avait peu de théâtres à bon marché. La rareté de ces représentations, qui n'étaient guère données qu'à l'époque de naissance ou de mariage des princes de la famille royale, ajoutait ainsi à leur charme et à leur effet. L'amour-propre de la classe inférieure y était en outre agréablement flatté, en voyant deux de ses corporations ouvrières occuper, dans ces solennités dramatiques, les loges du roi et de la reine.

Pendant la révolution, cette vanité avait un autre aliment dans la pompeuse rédaction des affiches, où les représentations gratuites étaient annoncées en gros caractères dans ces termes : *Dimanche, pour le peuple*.

On fait maintenant avec lui moins de façon : quand un modeste *gratis* par ordre, en caractères ordinaires, l'a convoqué à l'une de ces fêtes de la petite propriété, les places sont au premier occupant ; mais la prudente administration du théâtre a fait fermer d'avance son élégant foyer.

C'est principalement vers l'Opéra, dont le haut prix est habituellement moins accessible pour elle, que la foule se dirige dans ces occasions. Le drame lyrique, il est vrai, n'est guère intelligible pour ce public d'exception ; mais la danse légère et voluptueuse des nymphes et des bayadères du lieu est à la portée de tous les yeux, et les spectateurs non payants n'ont pas pour elles moins d'applaudissements que les autres.

GRAVE. Ce mot marque la lenteur dans le mouvement, et de plus une certaine gravité dans l'exécution.

GRAVE, FUGUE GRAVE. C'est celle dont le mouvement est lent, et les notes d'une longue valeur : cette espèce de fugue est fort rare.

GRAVÉ, ÉE, MUSIQUE GRAVÉE. C'est par la gravure, plutôt que par l'impression en caractères mobiles, qu'on est dans l'usage de multiplier aujourd'hui les exemplaires des ouvrages de musique que l'on veut mettre au jour. Cet usage ne remonte guère qu'au commencement du dix-huitième siècle. Tous les opéras de Lulli et de ses contemporains furent imprimés : la gravure ne commença que pour la musique instrumentale. C'est ce moyen qui nous transmit les œuvres de Corelli, de Locatelli, de Tartini, et c'est à la France qu'on en doit l'invention. Comme on ne gravait alors que sur cuivre, et que cette pratique était excessivement dispendieuse, on ne pouvait guère l'employer que pour des ouvrages peu volumineux ; mais on trouva bientôt le moyen de la rendre plus économique en se servant de l'étain, et l'on en vint à graver des opéras entiers.

GRAVEUR, GRAVEUSE. Celui ou celle qui fait profession de graver de la musique.

GRAVITÉ. C'est cette modification du son par laquelle on le considère comme grave ou bas, par rapport à d'autres sons qu'on appelle hauts ou aigus. La gravité du son dépend du nombre de vibrations que le corps sonore exécute dans un temps donné ; plus il est petit, plus le son est *grave* ou *bas*. Autrefois on avait fixé à 32 oscillations ou 16 vibrations par seconde la limite des sons graves perceptibles. Grâce aux travaux de M. Savart, on distingue fort bien des sons correspondants à 15 ou 16 oscillations par seconde. Il est très-probable qu'en augmentant leur intensité, on pourrait distinguer des sons plus graves encore.

Le mouvement vibratoire est naturellement plus lent, à mesure que le corps vibrant est plus massif ou plus long : voilà pourquoi on dit aussi que la gravité des sons dépend du volume et de la masse des corps sonores.

GRECS ANCIENS (Musique des). La Grèce reçut sa musique des mains des Phéniciens, qui lui en communiquèrent le système peu à peu, et à mesure que le permirent les circonstances et l'état de la civilisation. Pour bien comprendre ce système et pouvoir en suivre les développements, il faut savoir que le mot *lyre*, qu'on a depuis appliqué à un instrument de musique en particulier, n'était d'abord qu'un terme générique donné à la musique elle-même, et transporté par extension à l'instrument scientifique, au moyen duquel on en déterminait les lois. Le mot grec *lyra* exprimait tout ce qui est harmonieux et concordant. Ce qu'on entendait par la lyre à trois ou quatre cordes ne s'appliquait pas à l'instrument de musique dont on jouait, mais à celui qui en constituait l'accord fondamental.

La lyre à trois cordes dont parle Diodore de Sicile désignait le système des tétracordes conjoints. C'était le système le plus ancien. Ces trois cordes étaient *si, mi, la*. La lyre à quatre cordes, dont il est question dans Boëce, indiquait le système des tétracordes disjoints. Ces quatre cordes étaient *mi, la, si, mi*, ou bien *la, ré, mi, la*. Indiquer la lyre, c'était indiquer le système ; c'était tout indiquer. Car la disposition d'un tétracorde étant mathématiquement fixée dans le genre diatonique, on ne pouvait pas se tromper. Or, cette disposition était, pour chaque tétracorde, en allant de l'aigu au grave à la manière des Phéniciens, de deux tons successifs et d'un semi-ton.

Dans les deux systèmes des tétracordes conjoints et disjoints, le mode fluctuant entre les toniques *la* et *mi* s'arrête de préférence sur le *la* ; ce qui est très conforme aux idées qu'on a de ce mode consacré à la nature féminine. Cependant, comme la finale, ou grave du système des tétracordes conjoints, s'arrêtait sur le *si* et laissait un moment dominer le principe assimilé à la nature masculine, les Phéniciens voulurent effacer encore cette dominance, et, pour cet effet, ils ajoutèrent au grave une corde qui se trouva être la double octave du son le plus aigu du système des tétracordes disjoints, c'est-à-dire un *la* fondamental. Ainsi ils communiquèrent aux Grecs leur mode favori, appelé locrien, le *chant de l'alliance*, célèbre par son effet mélancolique. Au moyen de l'adjonction de ces deux cordes, les deux systèmes furent fondus en un seul.

Ce système musical, qu'on peut appeler ionien, étant parvenu à sa perfection, resta longtemps en cet état parmi les Grecs. Il paraît constant que toute la modulation de ces peuples se bornait d'abord à faire passer les mélodies des tétracordes conjoints aux disjoints, et alternativement. Souvent même ils ne modulaient pas, et alors ils chantaient sur la lyre à trois et quatre cordes, suivant qu'ils voulaient admettre le diapason de septième ou de l'octave. Comme la mélodie se renfermait dans l'étendue du tétracorde, le chant était simple et facile. Il suffisait souvent au chanteur de se donner le son des cordes principales des lyres *si, mi, la* ou *mi, la, si, mi*, pour improviser le remplissage des cordes secondaires.

Il serait difficile de dire combien de temps la musique ionienne resta dans sa simplicité. Tout ce qu'on peut affirmer de raisonnable à cet égard, c'est que ses variations suivirent celles de la secte qui l'avait adoptée comme un symbole de son alliance. Cette secte ne tarda pas à se diviser, et il se fonda une foule de systèmes différents, parmi lesquels ceux qu'on nomma lydien, phrygien, dorien, furent les principaux. Ces systèmes consistaient dans une série de tétracordes conjoints ou disjoints, et différaient entre eux par l'enchaînement de ces mêmes tétracordes, tantôt par la place que le semi-ton y occupait, tontôt par une simple transposition, soit au grave, soit à l'aigu.

Telle est la confusion que le grand nombre de ces systèmes entraîna, et le peu de soin que les écrivains qui en ont parlé ont mis à les distinguer, que même parmi les trois principaux, le lydien, le phrygien et le dorien, il est impossible de dire aujourd'hui rigoureusement si la tonique du lydien était *mi* ou *ut*, et celle du dorien *ut* ou *mi*. Il n'y a pas un auteur qui sur ce point ne contredise l'autre, et ne se contredise souvent lui-même. Dans ce conflit d'opinions contradictoires, on en distingue pourtant deux qui autorisent à donner au lydien la tonique *mi*, et au dorien la tonique *ut*. La première est celle d'Aristoxène, qui dit que les Doriens exécutaient le même chant à un ton plus bas que les Phrygiens, et ces derniers à un ton plus bas que les Lydiens. La seconde, qui confirme la première, est du judicieux Saumaise, qui dans son *Commentaire sur les comédies de Térence*, nous apprend que la musique adaptée à ces comédies s'exécutait sur des flûtes appropriées à chaque mode; les unes servant au mode phrygien, les autres au dorien, plus grave que le phrygien, et la troisième au lydien, plus grave que les deux autres modes. Zarlin en Italie, Sax en Allemagne, et J.-J. Rousseau en France, ont adopté cette opinion.

GRECS MODERNES (Musique des). Les Grecs modernes n'emploient dans leur musique ni les notes dont nous faisons usage, ni les lettres de leur alphabet, ainsi que le faisaient leurs ancêtres, mais ils se servent de ce qu'ils appellent accents. Une pareille notation a beaucoup d'imperfections, car elle n'indique que la gravité et l'acuité des sons, sans en fixer la durée.

Les principaux signes sont : 1° l'*ison*, qui désigne le ton fondamental de leur gamme diatonique. L'ison est le principe, le milieu et la fin, ou plutôt le système de tous les tons ou signes; car sans lui on ne peut produire aucun son; 2° l'*oligon*, signifie en général son aigu, et 3° l'*apostrophe*, son grave.

La musique des Grecs modernes est extrêmement grossière. Le fifre criard, le monotone tambour, et même l'inharmonieux monocorde slave produisent sur eux le plus grand effet. Et c'est par une semblable mélodie que dans la nouvelle Grèce un voyageur est fêté pendant toute la journée par la société dans laquelle il se trouve.

GRÉGORIEN. (Voyez le mot CHANT GRÉGORIEN.)

GROS FA. Certaines vieilles musiques d'église en notes carrées, rondes ou blanches, s'appelaient jadis du *gros fa*.

GROSSE CAISSE. Instrument à percussion; gros tambour dont on se sert aujourd'hui dans l'orchestre, et qu'on n'employait autrefois que dans les musiques militaires. On l'utilise encore sur le théâtre pour imiter le bruit du tonnerre.

GROUPES. Plusieurs notes réunies ensemble par leurs queues, au moyen d'une ou plusieurs barres, forment un groupe. Il y a des groupes de deux, de trois, de quatre et six notes. Les fusées et les gammes chromatiques présentent des groupes de trente-deux, de soixante, de quatre-vingts notes.

GRUPETTO. Mot italien qui signifie petit groupe. C'est un agrément de chant composé de trois petites notes prises quelquefois sur la valeur de la note qui en est affectée, quelquefois au lever de la mesure qui précède cette note.

GUDDOK. Nom d'un violon rustique à trois cordes en usage parmi les paysans russes.

GUIDE. C'est une partie sur laquelle on indique toutes les entrées des instruments, et qui sert au chef d'orchestre, lorsqu'il ne conduit pas sur la grande partition.

GUIDE-MAIN. C'est une espèce de barre attachée au piano devant le clavier, destinée à donner plus d'élasticité aux poignets et à empêcher qu'on ne joue du coude. Ce procédé a été inventé et pratiqué par M. Kalkbrenner.

GUIDON. Petit signe de musique qui se met à l'extrémité de la portée, sur le degré où sera placée la note qui doit commencer la portée suivante. Si cette première note est accompagnée accidentellement d'un dièse, d'un bémol ou d'un bécarre, il convient d'en accompagner aussi le guidon.

GUITARE. Instrument à six cordes, dont on joue en pinçant. Il est formé de deux tables parallèles, l'une en sapin, l'autre en érable ou en acajou, assemblées par une éclisse dont la valeur varie de trois à quatre pouces. A l'une des extrémités est adapté un manche divisé par des *touches* sur lesquelles on pose les doigts de la main gauche, tandis qu'on pince avec ceux de la main droite. Ce manche est terminé par un sillet, et garni de chevilles pour monter ou descendre les cordes qui sont fixées à l'autre extrémité de l'instrument sur un chevalet fort bas. Au milieu de la table supérieure est pratiquée une ouverture appelée *rosace* ou *rosette*. Les cordes sont accordées par quartes justes en montant, excepté la quatrième et la cinquième, entre lesquelles il n'y a que l'intervalle d'une tierce majeure. L'accord de l'instrument est donc, en partant du grave, *mi, la, ré, sol, si, mi.* La musique écrite pour la guitare est notée sur la clef de *sol*, mais se joue un octave plus bas.

On ne sait rien de certain sur l'origine de cet instrument. On pense généralement qu'il est aussi ancien que la harpe (voy. ce mot), et que les Maures l'ont apporté en Espagne, d'où il s'est ensuite répandu en Portugal et en Italie. Du temps de Louis XIV, il était fort à la mode en France; mais la vogue qu'il eut fut de courte durée, et après avoir brillé d'un éclat tout nouveau, il y a quelques années, sous les doigts d'artistes fort habiles, il est aujourd'hui presque complétement abandonné comme le plus ingrat et le plus monotone de tous les instruments.

GUSLI ou GUSSEL. Harpe russe qui a la forme du psaltérion allemand.

GUZLA. Instrument champêtre des Morlaques, sur lequel il n'y a qu'une corde de crin tressée. Cet instrument sert à accompagner les chants nationaux appelés *pismes*.

GYMNASE MUSICAL MILITAIRE. Le gymnase musical est une école militaire où l'on forme des chefs de musique et des instrumentistes pour les divers régiments de l'armée. Il y a toujours dans cette école deux élèves par chaque régiment d'infanterie, et un par chaque régiment de cavalerie et d'artillerie. Ces élèves restent deux ans et demi à faire leurs études. Après, ils sont dirigés sur les différents corps de musique de nos régiments. Le nombre des élèves du gymnase est de deux cent quatre-vingt-cinq. Cette école a été fondée dans l'année 1836, par M. Beer. M. Carafa, le célèbre compositeur dramatique, lui a succédé en 1838. Sous son intelligente direction, le gymnase musical n'a cessé de marcher dans la voie du progrès. On compte parmi les professeurs de l'établissement nos harmonistes et nos exécutants les plus habiles, MM. Le Borne, F. Bazin, Verroust, Forestier,

Dieppo, Klosé, Cokken, Rousselot, Dauverné, Paulus. Grâce à la sollicitude de M. Carafa, le gouvernement a accordé des fonds à cette école, pour que toutes les années des prix soient donnés aux élèves qui se sont le plus distingués dans les concours.

GYMNOPEDIE. Danse à nu, accompagnée de chant, que les jeunes filles spartiates dansaient dans certaines occasions.

H

H. Lettre qui désigne en Allemagne le *si* naturel.

HACHE (Pas de). On donne ce nom à une danse fortement caractérisée, à cette espèce de pyrrhique moderne qui est exécutée par une troupe de soldats, de Scythes, de sauvages, de cyclopes ou de bacchantes, armés de toute pièces ou couverts de peaux de bêtes, et tenant des haches, des massues ou des thyrses à la main. Les airs des pas de hache sont rhythmés avec force, et d'un caractère fier, martial ou sauvage. On les accompagne d'instruments de percussion, tels que timbales, tambours, cymbales, triangles, tambours de basque, dont les frappements rhythmiques, les vibrations argentines donnent de l'éclat à ces compositions.

Les danses des soldats romains dans la *Vestale*, celles des Scythes dans *Iphigénie en Tauride*, l'entrée des Africains dans *Sémiramis*, sont des pas de hache.

HALALI. Nom du ton de chasse que l'on sonne pour annoncer que la bête se rend. Les chasseurs crient alors : halali! halali! halali! c'est-à-dire victoire! victoire! victoire!

Méhul s'est servi du halali pour terminer sa belle ouverture du *Jeune Henri*. Cet air y forme le motif que tous les instruments à vent attaquent *fortissimo* après le point d'arrêt. Philidor et Haydn ont aussi fait entendre le halali dans la chasse de *Tom Jones*, et dans celle de l'oratorio des *Saisons*.

HARMATIAS. Nom d'un nome dactylique de la musique grecque, inventé par le premier Olympe phrygien.

HARMODION. Chanson que les Athéniens chantaien en faveur d'Armodius, pour avoir délivré Athènes du joug des Pisistrates.

HARMONICA. Instrument de musique, d'origine allemande, qui consistait d'abord en une certaine quantité de verres inégalement remplis d'eau et placés par demi-tons, dans une caisse. Ces instruments produisent sur les sens un effet en quelque sorte magnétique. L'harmonica donnait des sons mélodieux lorsqu'on trempait les doigts dans l'eau et qu'on les passait légèrement sur le bord des verres après l'avoir humecté avec une éponge mouillée. Le degré de perfectionnement auquel cet instrument est arrivé aujourd'hui, doit être attribué surtout au célèbre Franklin. C'est à Paris qu'on le fit connaitre pour la première fois en 1765. Les derniers perfectionnements sont de MM. Lenormand, Chladni et Dietz; celui du premier consiste à placer des lames de verre de différentes dimensions par demi-tons, et à les frapper avec un petit marteau de liége enveloppé de tafetas.

HARMONICA A CORDES. Instrument à clavier inventé en 1788. Cet harmonica consiste dans un excellent piano, accordé et uni avec une espèce d'épinette qu'on peut jouer seule, ou conjointement avec le piano. Cette union produisait un effet agréable.

HARMONICA DOUBLE. Cet instrument est composé d'une caisse de deux pieds de longueur, et dont la hauteur est en rapport avec les petites cloches de verre ou de métal qu'elle contient; on fait résonner ces clochettes au moyen d'un archet de violon, dont les crins sont enduits de colophane ou de térébenthine, ou de cire, ou de savon.

Harmonica météorologique. Inventé en 1765 par J. César Gattoni, à Rome. Il fit attacher quinze fils de différentes grosseurs à une tour très-élevée, et forma ainsi une espèce de harpe gigantesque, qui allait jusqu'au troisième étage de sa maison, vis-à-vis de la tour; elle était accordée de manière à pouvoir exécuter de petites sonates. Le tout réussit à merveille. Mais l'influence des vicissitudes atmosphériques et d'autres circonstances rendirent sans effet cette découverte; l'abbé Gatoni ne se servit de cet instrument que pour faire des observations météorologiques, et pour prédire avec ses sons harmonieux les divers changements de l'atmosphère.

Harmonie. Ce mot a plusieurs sens. Il signifie la réunion de plusieurs *accords* (voy. ce mot); c'est en ce sens que l'on dit : *suave harmonie, harmonie aigre et discordante, le pouvoir de l'harmonie, etc.*

Il signifie encore l'*art* d'écrire des accords, de les enchaîner entre eux et de les faire concourir avec la mélodie, à l'expression des pensées et des sentiments du compositeur. C'est la science enseignée dans les traités d'harmonie.

Les traités de ce genre sont presque innombrables, et il n'entre en aucune façon dans le plan de cet ouvrage de les analyser tous, ni même de les énumérer. Les principaux théoriciens qui font autorité, sont Rameau, Marpurg, dont les idées ont été reproduites par Choron et Delafage; Tartini, Valotti et son école, Vogler et son école, Godefroi Weber, Catel, Reicha, et aujourd'hui le savant M. Fétis.

Presque tous ont essayé de donner une base scientifique à l'harmonie, dont la vraie base est pour nous la tonalité moderne.

La tonalité moderne est l'ensemble des rapports mutuels qui existent entre les notes de la gamme moderne : nous avons développé cette définition au mot TONALITÉ. De ces relations mutuelles, comme d'une source féconde, jaillit toute entière la vraie théorie de l'harmonie moderne. En voici le résumé :

Lorsqu'on entend simultanément la tonique d'un ton, sa tierce, sa quinte, sa septième et, si l'on veut, son octave, par exemple, *ut, mi, sol, ut*, dans le ton d'*ut*, l'intelligence éprouve le sentiment du repos. C'est un fait connu.

Au contraire, lorsqu'on entend simultanément la dominante d'un ton, sa tierce, sa quinte, sa septième et, si l'on veut, son octave, par exemple, *sol, si, ré, fa, sol* dans le ton d'*ut*, l'intelligence éprouve le besoin du mouvement et le désir de passer à un autre accord : c'est encore un fait connu.

Ainsi, rapport de repos entre trois notes de la gamme moderne et rapport de mouvement entre ses quatre autres notes, tels sont, à nos yeux, les éléments constitutifs de la tonalité moderne, et, par suite, de l'harmonie moderne.

Est-ce à dire que l'harmonie soit une chose monotone ? Non, certes ! elle possède les moyens d'une immense variété.

Si elle n'a que deux accords principaux à employer successivement dans le même ton, elle peut les modifier d'une foule de manières. Elle peut les employer alternativement dans le mode mineur et le mode majeur du même ton ; elle peut doubler ou retrancher quelques-unes de leurs notes, et les *disposer* de plusieurs manières ; elle peut les écrire dans leur état naturel, comme nous l'avons indiqué plus haut, ou les modifier par le *renversement*, les *altérations multiples*, le *retard*, l'*anticipation*, la *substitution*, les *appogiatures* les *notes de passage*, les *pédales* et les *progressions*. (Voyez chacun de ces mots.)

On peut employer isolément ces modifications nombreuses, ou les combiner entre elles.

Le changement de ton fournit des ressources plus grandes encore. Outre les effets multipliés et énergiques qu'il produit par lui-même, il permet d'employer de nouveau toutes les richesses harmoniques que nous venons d'énumérer, et peut se renouveler à son tour aussi fréquemment qu'on le désire. (Voyez le mot MODULATION.)

Enfin, comme l'harmonie et les autres parties de la musique forment un seul langage, sont solidaires et se prêtent un secours mutuel, l'harmonie hérite de tous les moyens de variété que le reste de la musique possède, et qui sont également nombreux. Tels sont, par exemple, les formes infiniment variables de la mélodie; les différents genres de compositions musicales; le nombre et la marche des parties harmoniques; les diverses combinaisons possibles des voix et des instruments; la mesure, le mouvement, le rhythme, les nuances d'exécution; l'accompagnement, dont les formes sont infiniment variables, comme celles de la mélodie; le mélange habile des chœurs, solos, duos, trios, quatuors, quintettes, etc.; et cent autres moyens qu'un bon maître, un bon livre, l'exercice et l'étude des modèles feront bien vite connaître.

Veut-on une preuve évidente, palpable, irréfragable de cette variété infinie? Voyez les œuvres de tous les grands maîtres. Toutes se réduisent à l'application des deux principes énoncés plus haut, et, cependant, nous le répétons, quelle variété infinie! Sauf en Europe et dans quelques pays civilisés, l'harmonie n'est nulle part ailleurs connue. Ainsi, les Orientaux, comme les Chinois et autres peuples, ne

peuvent supporter nos mélodies, surtout à cause des
accords qui les accompagnent.

Indépendamment de ce qui vient d'être dit, il y a
en musique différentes acceptions du mot *harmonie*.
Ainsi, on l'emploie pour désigner la masse des instruments à vent qui entrent dans la composition d'un
orchestre; on le prend aussi, quoique à tort, comme
synonyme de *composition*.

HARMONIE. Terme de facteur d'orgue. On entend
par *harmonie*, dans la confection des divers jeux de
l'orgue, la qualité de sons qui convient à chaque jeu,
soit jeu d'anches ou jeu à bouche; on ne dit point :
ce jeu est d'un bon timbre, d'une belle qualité; mais
on dit : ce jeu a une belle harmonie, il est d'une harmonie ronde, moëlleuse, grêle, sourde, éclatante.

HARMONIE DIRECTE. C'est celle où la basse est fondamentale, et où les parties supérieures conservent
l'ordre direct entre elles et avec cette basse.

HARMONIE FIGURÉE. C'est celle où l'on fait passer
plusieurs notes sous un accord.

HARMONIE PREMIÈRE. Quelques auteurs ont donné
ce nom à l'accord parfait, en appelant ensuite son
premier renversement *harmonie seconde*, et son
deuxième renversement *harmonie troisième*.

HARMONIE RAPPROCHÉE, HARMONIE SÉPARÉE. La
première a les sons de l'accord très-rapprochés, et
la seconde les présente différemment.

HARMONIE RENVERSÉE. C'est celle où le son fondamental est dans quelques-unes des parties supérieures, et où quelque autre son de l'accord est transporté
à la basse au-dessous des autres.

HARMONIE SIMULTANÉE. C'est la percussion d'un accord.

HARMONIE SUCCESSIVE. Succession de plusieurs accords.

HARMONIEUX. Tout ce qui fait de l'effet dans l'harmonie : plusieurs voix réunies dans l'exécution d'un morceau de musique à plusieurs parties rendent un son harmonieux.

HARMONIPHON. L'harmoniphon a été inventé en 1837, par M. Paris, de Dijon. L'harmoniphon est un instrument à vent et à clavier, de quinze pouces de longueur sur cinq de large et trois de hauteur, dont les sons ressemblent à ceux du hautbois. Il se joue avec la bouche, au moyen d'un tube élastique qui sert à y introduire l'air, en même temps que les doigts agissent sur le clavier, qui est exactement semblable à celui du piano.

L'harmoniphon produit plusieurs sons en même temps, et paraît se prêter aux accords les plus compliqués.

HARMONIQUES (Sons). Espèce singulière de sons qu'on tire de certains instruments, tels que le violon, la viole, le violoncelle, par un mouvement particulier de la main et de l'archet, qu'on approche davantage du chevalet, et en posant légèrement la main sur certaines divisions de la corde. Ces sons sont fort différents, pour le timbre et pour le ton, de ce qu'ils seraient si l'on appuyait tout à fait le doigt : quant au ton, par exemple, ils donneront la quinte, quand ils donneraient la tierce, la tierce, quand ils donneraient la sixte, etc. ; quant au timbre, ils sont beaucoup plus doux que ceux qu'on tire pleins de la même division, en faisant porter la corde sur le manche.

Les sons harmoniques de la harpe s'obtiennent en attaquant la corde à son milieu avec la partie inférieure du pouce.

HARMONISTE. Musicien savant dans l'harmonie. Haendel, Bach, Mozart, Haydn, Chérubini, sont de grands harmonistes.

HARPE. C'est un des plus antiques instruments que nous connaissions et dont l'Écriture sainte, ainsi que

les ouvrages des anciens font déjà une mention particulière. On lui donnait différents noms, tels que
kinnor chez les Hébreux, la *cithare* chez les Grecs, la
cinnara chez les Romains, le *nablum*, la *sambuque* et
la *harp* ou *harpa* chez les Celtes et les Cimbres. Il est
de forme triangulaire, monté de cordes de boyaux
disposées verticalement, et qui, étant pincées avec
les deux mains, donnent les sons. On sait bien que le
roi David chantait la gloire du Seigneur, et dansait
même en s'accompagnant de la harpe.

Quatre pièces principales composent la harpe,
savoir : la *console*, la *colonne*, le *corps sonore* et la
cuvette ; cette dernière, en réunissant les deux
précédentes dans leur partie inférieure, forme la
base de l'instrument. Le corps sonore est une
caisse convexe faite de bois d'érable, plus large à la
base qu'au sommet, et recouverte d'une planche de
sapin. Cette planche, sur laquelle se trouvent fixés
les boutons qui servent à attacher les cordes, s'appelle
table d'harmonie. Quant à la console, c'est une bande
courbée en forme d'*s*, et garnie de chevilles qui servent à monter les cordes fixées à l'extrémite opposée
sur la table d'harmonie. Pour la colonne, enfin, elle
est un montant solide ou creux, selon que la harpe
est simple ou à mouvement.

La harpe ancienne n'avait d'abord que treize cordes accordées selon l'ordre de la gamme diatonique.
Plus tard, on en ajouta d'autres, et on apporta tour à
tour plusieurs perfectionnements à cet instrument,
dont les principaux datent du dix-huitième siècle, et
sont dus à MM. Hochbruker, Naderman, Érard. D'a-
près ces artistes, la harpe dite *à simple mouvement*
(c'est-à-dire ayant sept pédales, dont une pour chaque note de la gamme), se trouve montée de quarante-
trois cordes disposées sur un seul rang et accordées en
mi bémol. Les crochets y sont remplacés par des *four-*

chettes à deux bascules, de sorte que chaque corde peut recevoir trois intonations, le bémol, le bécarre et le dièse. On accorde la harpe comme le piano, c'est-à-dire, par tempérament.

Quand il ne s'agit pas d'une musique intime, destinée à être écoutée de près, l'effet des harpes est d'autant meilleur quelles sont en plus grand nombre.

Les notes, les accords, les aspéges qu'elles jettent au travers de l'orchestre, sont d'une extrême splendeur. Rien de plus sympathique aux idées de pompes religieuses et de fêtes poétiques que les sons d'une grande masse de harpes ingénieusement employées. De tous les timbres connus, c'est le timbre des cors, des trombones et, en général, des instruments en cuivre qui se marie le mieux avec le leur. Les cordes inférieures, à part celles de l'extrémité grave, ont un son pénétrant, riche et mystérieux dont on pourrait tirer un parti magnifique, et, cependant ou les néglige presque toujours!

Les cordes de la dernière octave supérieure ont un son délicat, cristallin, plein de fraîcheur et de volupté. Mais c'est à condition qu'on pince les cordes avec douceur; car si on les pince avec force, elles rendent un son sec et dur, semblable à celui de vitres qu'on brise.

Les sons harmoniques de la harpe, et surtout de plusieurs harpes à l'unisson, ont bien plus de magie encore.

Rien ne saurait être comparé à l'effet de ces notes mystérieuses et féeriques réunies aux doux accords de la clarinette et de la flûte jouant dans le médium.

Les artistes qui se sont le plus distingués sur la harpe sont: Parish Alvars, et Félix Godefroid, les virtuoses les plus extraordinaires, peut-être qu'on ait jamais entendus sur cet instrument; Dalvimare, Naderman, Bochsa, Th. Labarre, Léon Gatayes, Prumier, etc., etc.

Harpe chromatique. L'étendue de cet instrument,

inventé au commencement de ce siècle, par un médecin saxon nommé Pfranger, est de cinq octaves. Les cordes de la gamme diatonique sont d'une couleur blanche, et celle de la gamme chromatique d'une couleur rougeâtre.

HARPE D'ÉOLE, ou HARPE ÉOLIENNE. Instrument dans lequel les cordes résonnent au moyen d'un courant d'air qui les frappe. Aussitôt qu'il fait un peu de vent, ses cordes commencent à résonner à l'unisson; mais à mesure que le vent augmente, elles font entendre un charmant mélange de tous les sons de la gamme diatonique, ascendants et descendants, et l'on entend aussi des accords harmonieux et des crescendo et des décrescendo inimitables.

HARPE DOUBLE. Instrument composé de deux harpes réunies, en usage dans le seizième siècle.

HARPE HARMONICA-FORTE. Inventée par M. Keyser de Lisle, en 1809. C'est une harpe ordinaire, à laquelle on a ajouté trente-quatre cordes de laiton, accordées deux à deux, qui forment une espèce de contre-basse de dix-sept demi-tons, et qu'on fait résonner avec le pied, au moyen de dix-sept touches correspondant à autant de marteaux en contact avec les cordes.

HARPE IRLANDAISE. Les grands dommages occasionnés en Irlande par l'irruption danoise furent réparés par O'brien Boiromh, mort en 1014. Il rétablit les colléges des Bardes, et s'occupa de la musique avec un soin particulier. On prétend que la harpe déposée dans le collége de la Trinité, à Dublin, appartient à O'brien. La forme en est gracieuse, et le travail exquis. La harpe irlandaise resta dans le même état pendant plusieurs siècles; mais dans le quinzième siècle, elle fut sensiblement améliorée par le jésuite Nugent, qui demeura quelques temps en Irlande. Henri VIII, quand il fut proclamé roi d'Irlande, adopta pour armoiries une harpe.

Harpo-lyre. Cet instrument, qui a la forme d'une lyre antique, est monté de vingt et une cordes réparties sur trois manches. Les cordes du manche du milieu sont les mêmes que celles de la guitare, à six cordes, et sont accordées de la même manière. La conformation de l'instrument, permettant de démancher plus facilement que sur la guitare, a donné la facilité d'y ajouter quinze cordes de plus, ce qui en porte le nombre à vingt-et-une. Ces quinze autres cordes sont réparties sur deux autres manches, et forment dans l'ensemble de l'instrument quatre octaves et demie. L'on obtient sur ces deux manches des effets nouveaux. La harpo-lyre a été inventée, en 1829, par M. Salomon, professeur de musique à Besançon.

Haut. Ce mot signifie la même chose qu'aigu, et ce terme est opposé à *bas*. C'est ainsi qu'on dit que *le ton est trop haut*, qu'il *faut monter l'instrument plus haut*.

Hautbois. Instrument de musique à vent, en cèdre, en chêne, et le plus souvent en buis. Il y a deux espèces de hautbois, l'ancien et le moderne. L'ancien avait la taille plus basse d'une quinte que le dessus, et avait un trou de moins, le huitième ne se bouchant point : sa longueur était de quatre pieds deux pouces. Il y avait encore la basse du hautbois, qui avait cinq pieds, et onze trous. Le hautbois moderne a le son plus fort que la flûte : sa cavité intérieure est pyramidale, et se termine par le bas comme une trompette.

Le hautbois est formé de trois pièces entrant les unes dans les autres ; l'anche fait la quatrième. Sa longueur est de vingt et un pouces huit lignes, sans compter l'anche : son étendue est à l'unisson du violon ; elle contient deux octaves et quatre demi-tons. Le hautbois de forêt ressemble beaucoup au hautbois militaire : il se démonte en cinq pièces ; il a la même étendue de ton ; mais le son, quoique agréable, est moins sonore et plus velouté. Rien n'est plus suave que le chant simple et champêtre de cet instrument.

Le hautbois est essentiellement candide, naïf, simple, innocent, et exprime encore très-bien une joie simple et tranquille ; mais il est ridicule de lui demander des accents belliqueux, triomphants, ou trop fortement passionnés. Gluck et Beethoven ont admirablement compris et employé le hautbois. Tels sont, par exemple, le solo de hautbois qui accompagne l'air d'Agamemnon, *Peuvent-ils ordonner qu'un père*, dans *Iphigénie en Aulide*, de Gluck ; et la fameuse ritournelle de l'air d'*Iphigénie en Tauride*, *O malheureuse Iphigénie*; et ce cri tonnant qui vient réveiller dans Alceste mourante le souvenir de ses jeunes enfants. Tels sont aussi les solós de hautbois que Beethoven a mis dans le scherzo de la symphonie pastorale, dans le scherzo de la symphonie avec chœur, surtout dans l'air de *Fidelio* où *Florestan*, mourant de faim, en proie à une délirante agonie, se croit entouré de sa famille en larmes, et mêle ses cris d'angoisse aux gémissements du hautbois.

L'étude du hautbois est difficile : il faut une grande persévérance pour arriver à une exécution bien nette. Le système de Boëhm, nous l'espérons, fera disparaître les difficultés importunes.

Hautbois. Jeu d'orgue compris parmi les jeux d'anches; il ne tient que la moitié du clavier, le jeu du basson lui servant de basse.

Haute-taille, ou plutôt taille, deuxième des quatre parties de la musique, en comptant du grave à l'aigu. Quand la taille se divise en deux parties, l'inférieure prend le nom de *basse-taille* ou *concordant*, et la supérieure *haute-taille*.

Hébreux (Musique des). Moïse remonte, comme on sait, jusqu'aux temps antérieurs à Abraham pour l'histoire de l'art hébraïque. Ce législateur appelle Jubal le père de ceux qui jouaient du *kinnor* et de l'*ugab*. Par ce nom il entend sans doute le premier ou le plus habile joueur, ou l'inventeur de ces instruments. Chaque auteur a ensuite traduit à sa guise les mots *kinnor* et *ugab*, les uns par harpe et orgue, les autres par cithare et luth.

Depuis l'histoire de Laban et de Jacob jusqu'au passage de la mer Rouge, période de deux cent quarante-huit ans environ, la *Bible* ne signale aucun fait important qui ait rapport à la musique. A l'occasion du passage de la mer Rouge, Moïse et les enfants d'Israël chantèrent un hymne adressé à l'Être-Suprême. Mariam la prophétesse, sœur d'Aaron, prit en main un tambourin, *tof*, et toutes les autres femmes, formant des chœurs de danse, la suivirent avec des tambourins.

Après la mort de Moïse et de Josué, c'est-à-dire sous les Juges, il n'est pas question de musique dans la *Bible*. On parle seulement d'un cantique ou hymne exécuté par la prophétesse Débora et Baruk. Sous le règne de David, la musique hébraïque devint florissante, et ce prince rendit Jérusalem le centre du culte divin. On fit la première et la seconde translation de l'arche au son d'un grand nombre d'instruments.

La musique parvint à un haut degré de splendeur sous le règne de Salomon, qu'on peut appeler le siècle d'Auguste des Hébreux. La construction du temple fut la première entreprise remarquable de ce prince qui, pour la consécration de ce monument, fit fabriquer un nombre prodigieux d'instruments. S'il faut en croire l'historien Josèphe, on comptait dans cette cérémonie quarante mille harpes, autant de sistres d'or, deux cent mille trompettes d'argent, et deux cent mille chanteurs, en tout quatre cent quatre-vingt mille musiciens.

Après la mort de Salomon, on ne voit dans la *Bible* aucune circonstance où la musique ait été employée et qui puisse faire juger de ses progrès. Enfin, Nabuchodonosor ayant conquis et détruit la ville de Jérusalem, amena la plus grande partie du peuple à Babylone. Cette captivité porta le dernier coup aux Hébreux qui, pendant soixante-dix ans, oublièrent leurs chants et leurs cérémonies. Revenus possesseurs de leur ville, mais aussitôt retombés en captivité une seconde fois; de nouveau libres, puis successivement vaincus par les Égytiens, les Perses et les Romains, les Hébreux n'eurent plus ni le pouvoir ni le loisir de se livrer à la culture des arts.

HEXACORDE. Instrument à six cordes, ou système composé de six tons, tel que l'hexacorde de Guido d'Arezzo.

HIALEMOS. Nome grec chanté en l'honneur d'Apollon.

HIPPOTHOROS. Chant exécuté par les Grecs, à l'époque de l'acouplement des chevaux.

HOMOEOPTOTON. Ce terme signifiait, chez les anciens Grecs, une pause générale avec une cadence, et *homœtaleuton*, la pause qui suivait cette même cadence.

HOMOPHONIE. Nom grec du chant exécuté par plusieurs voix à l'unisson.

HONGRIE (De la musique en). La musique jeta peu d'éclat en Hongrie jusqu'au temps de Mathias Corvin, fils du fameux Corvin; il rendit les Hongrois rivaux des autres nations dans les sciences et dans les arts, qu'il cultivait lui-même avec succès. Le nonce du pape qui vint à Bade, en 1483, pour rétablir la paix entre l'empereur Frédéric et Corvin, combla d'éloges les chanteurs de la chapelle hongroise, dans une lettre adressée au souverain pontife.

Sous les rois Ladislas VI et Louis II, la musique, quoique cultivée avec soin, l'était avec moins d'éclat. On diminua le nombre des artistes de la chapelle de la cour.

Comme tous les autres peuples, les Hongrois n'avaient d'abord qu'un chant sans mesure et sans mode déterminé, sur une poésie sans harmonie. Du reste, tandis que toutes les autres nations, notamment celles du Nord, aimaient les sons vifs et aigus, les Hongrois, au contraire, aimaient les sons moyens et les mouvements lents. Le chant régulier fut plus tard importé en Hongrie avec la religion chrétienne et les belles-lettres.

Aujourd'hui les Hongrois dansent beaucoup : la danse est leur passion ; aussi la musique nationale est-elle, pour ainsi dire, une musique de danse. Elle a ordinairement un caractère mélancolique, mais souvent aussi elle est bruyante et semble exciter à la guerre. Les Hongrois aiment les modes mineurs ; et si une danse commence en mineur, elle tombe bientôt en majeur : ils aiment aussi beaucoup les triolets.

Les Slaves, qui habitent une grande partie du pays, et les Valaques en Transylvanie, aiment beaucoup la cornemuse. Les Grecs qui sont en Hongrie aiment aussi la danse nationa'e ; mais ils en ont une qui leur est propre. Les nouveaux Grecs dansent en cercle avec les genoux repliés, et les paysans valaques sautillent en rond avec leurs bâtons: c'est comme une danse d'ours.

En Hongrie, les chansons nationales sont pour la plupart plaintives et passionnées ; cependant il y en a beaucoup de celles du bas peuple qui sont grossières, féroces et obscènes.

Tout ce qui vient d'être dit n'est applicable qu'au bas peuple, car la musique est cultivée par la bourgeoisie et la noblesse avec autant de zèle que dans les principales villes d'Allemagne, d'Italie et de France.

HORÆ REGULARES. Heures fixes auxquelles on exécutait, dans les couvents et dans les églises capitulaires, certains chants de pratique.

HOTTENTOTS (Musique des). Les Hottentots ont une

musique et des danses particulières très-caractéris-
tiques. Dans leurs danses, les Hottentots, se tenant
par la main, composent une chaîne plus ou moins
longue à proportion du nombre des danseurs et des
danseuses placés toujours avec beaucoup d'ordre. La
chaîne étant formée, les danseurs se mettent en mouvement, tournent de côté et d'autre, se quittent de
temps en temps sans cependant rompre la chaîne,
pour marquer la mesure en frappant dans leurs
mains, et leurs voix, s'unissant aux sons des instruments, répètent continuellement : *Hoo, hoo*. Les Hottentots terminent ces divertissements par une danse
générale où la chaîne se rompt, et où chacun danse
pêle-mêle et s'abandonne à la plus grande joie.

Les principaux instruments des Hottentots sont : le
rabuchin, qui est une planche triangulaire sur laquelle on attache trois cordes de boyaux soutenues
par un chevalet, et tendues à volonté au moyen de
chevilles. Le *rampelot*, instrument le plus bruyant des
Hottentots, est formé d'un tronc d'arbre creux d'environ deux ou trois pieds de hauteur; à l'une de ses
extrémités se trouve une peau de mouton bien arran-
gée et bien tendue, que l'on frappe avec un bâton ou
avec les poings. Le *gorah*, instrument très-curieux,
est une longue baguette avec une corde de boyaux de
chat tendue d'un bout à l'autre de manière à se cour-
ber légèrement, à peu près comme l'archet du violon;
au bas de la corde est attaché un tuyau de plume d'au-
truche qui réunit le bout de la corde à la baguette. Ce
tuyau se place entre les lèvres, et on le fait vibrer en
aspirant et en respirant fortement. Lorsqu'il est joué
avec soin, le son du *gorah* approche de celui du violon.

HUIT-PIEDS. On nomme ainsi un orgue dont les
tuyaux les plus grands ont huit pieds de haut. La
quatrième corde du violoncelle sonne l'unisson du
huit-pieds.

Hyménée. Chanson nuptiale des Grecs.

Hymeos. Chanson des anciens meuniers de la Grèce.

Hymne. Chant en l'honneur des dieux et des héros. Il y a cette différence entre l'hymne et le cantique, que celui-ci se rapporte plus communément aux actions, et l'hymne aux personnes. Les premiers chants de toutes les nations ont été des cantiques ou des hymnes. Orphée et Linus passaient chez les Grecs pour auteurs des premiers hymnes, et il nous reste parmi les poésies d'Homère un recueil d'hymnes en l'honneur des dieux.

Hymne s'emploie ordinairement au féminin en parlant des hymnes qu'on chante dans l'église : *entonner une hymne, chanter une hymne, une belle hymne.* Santeuil a composé un grand nombre de belles hymnes, parmi lesquelles on remarque celle pour le jour de la Purification, *Stupete gentes,* et une pour la fête de sainte Cécile, *Festis læta sonent.*

Hypocriticos. Partie de la musique grecque, qui se rapportait à la danse et à la mimique.

Hypo-proslambanomenos. Nom d'une corde ajoutée par Guido d'Arezzo, un ton plus bas que la proslambanomène, ou dernière corde grave des Grecs, qui sonnait le *la.* L'auteur de cette nouvelle corde l'exprima par la lettre gamma de l'alphabet grec, et de là nous est venu le nom de la gamme.

FIN DU PREMIER VOLUME.

PARIS. — IMPRIMERIE J. CLAYE, NOEL, PLACE DE LA BOURSE, 4.